本书受国家重点研发计划课题
（2016YFC0803202）资助

应急物流教程

黄定政　主编

中国财富出版社

图书在版编目（CIP）数据

应急物流教程／黄定政主编．—北京：中国财富出版社，2018.4
ISBN 978－7－5047－6640－3

Ⅰ．①应…　Ⅱ．①黄…　Ⅲ．①突发事件—物流管理—研究生—教材　Ⅳ．①F252.1

中国版本图书馆 CIP 数据核字（2018）第 089404 号

策划编辑　郑欣怡　　**责任编辑**　邢有涛　杨　枭
责任印制　尚立业　　**责任校对**　杨小静　　**责任发行**　敬　东

出版发行　中国财富出版社
社　　址　北京市丰台区南四环西路 188 号 5 区 20 楼　　**邮政编码**　100070
电　　话　010－52227588 转 2048/2028（发行部）　010－52227588 转 321（总编室）
010－68589540（读者服务部）　010－52227588 转 305（质检部）
网　　址　http://www.cfpress.com.cn
经　　销　新华书店
印　　刷　北京京都六环印刷厂
书　　号　ISBN 978－7－5047－6640－3/F·2879
开　　本　787mm×1092mm　1/16　　**版　　次**　2018 年 6 月第 1 版
印　　张　16.25　　**印　　次**　2018 年 6 月第 1 次印刷
字　　数　346 千字　　**定　　价**　48.00 元

版权所有·侵权必究·印装差错·负责调换

内 容 提 要

本书按照“学科专业理论知识学习，学位论文写作技巧体验，学术创新研究方法探索”三者紧密结合的思路，涵盖应急物流新兴学科专业理论体系，设置了应急物流概念辨析、应急物流历史演进、应急物流支撑理论、应急物流矛盾规律、应急物流技术体系、应急物流发展模式、应急物流案例研究、应急物流系统工程等八个教学专题，每个教学专题分为导语、正文、拓展、实训等四个教学模块，并将研究生学位论文写作中应掌握的方法技巧融入其中，设计了文献检索、课程论文选题、文献综述、提炼论点及展开论述、拟制课程论文提纲、撰写课程论文初稿、课程论文修改、学术交流等八次实训作业，为读者提供了一套较为系统完整的学位论文写作和学术研究方法专题训练方案。

本书以应急物流新兴学科理论知识学习为载体，以学位论文写作技巧体验为途径，以学术创新研究能力提升为指向，不仅适用于物流专业研究生教学，也可供其他专业研究生和本科生选用，还可供有关学科专业教学科研人员参考使用。

序

在带研究生的过程中，我曾学习参考过许多教材和专著，但大都没有什么印象了。唯独黄定政创编的这本《应急物流教程》，却着实让我眼前一亮，引发了我诸多的思考与联想。

首先让我想到了创新思维。创新思维乃是研究生论文写作的灵魂，也是创编各类教材和著作的灵魂。眼前这部《应急物流教程》，恰恰在布局谋篇、内容设置以及推理论证等方面，独辟蹊径，独具特色，令人耳目一新。

其次让我想到了创新实践。想知道苹果的滋味吗，最好亲口尝一尝。黄定政恰恰是硕博研究生优秀论文的写作者，有着较为丰富的实践经验，故而谈起体会来深刻感人，极易引起研究生读者的强烈共鸣。唯有理论联系实际的现身说法，才更能令人信服。为此，该教程还特意设置了写作实训的内容，引导学员亲手练一练，这就更增强了教学效果。

最后让我想到了系统思维。通篇教程突显了系统思维的方法，环环相连，丝丝相扣，结构严谨，浑然一体。书中既讲述了研究生论文写作的选题问题，又阐述了研究生论文提纲拟制与修改；既介绍了文献资料的收集与整理，又介绍了论文的写作技巧与方法；既阐明了论文创新点的归纳提炼，又诠释了论文写作的行文规范。全书脉络清晰地勾勒出了研究生论文写作系统，无异于给读者上了一堂生动活泼的系统思维课。

更有高峰在前头。愿黄定政再接再厉，继续攀峰，力争推出更多的新品佳作。也愿与研究生读者们一道，共赏应急物流之花，共享论文写作的快乐。

谨以此为序。

王宗春

二〇一七年十二月，北京

序

前 言

盖文章经国之大业，不朽之盛事。年寿有时而尽，荣乐止乎其身，二者必至之常期，未若文章之无穷。

——曹丕《典论·论文》

2012 年起，我承担了“应急物流研究”选修课的教学任务。在备课中，我反复思考一个问题，就是如何能让我的教学更有价值，而不仅仅是研究生选了、学了、考了，然后很快就忘了。我考虑，研究生选修这门课程时，基本上已经完成了专业课的学习，即将进入学位论文写作阶段。而且根据调查了解，很多研究生在入学前并没有专门从事学术研究的经历，有的甚至没有上手写过研究类文章，加之入学后大多也没有进行过专门训练，对学位论文写作的有关方法技巧和技能知识也知之不多，遑论发表过像样的学术论文。以这样的状况，进入学位论文写作阶段，尽管有导师的倾力指导，但对研究生本人而言，摸着石头过河终究是忐忑惶恐难当，而且难免事倍功半，不如稍加指点，或可豁然开朗，奏事半功倍之效。

基于这样一个想法，我就考虑是否能够将自己写作并获得全军优秀硕士、博士学位论文的一些体会感悟，以及当初攻读学位时的所见所闻、所思所想，融入到课堂教学中，为这门选修课增加一些“附加值”——也就是在研究生学习掌握学科专业理论知识的基础上，一起探讨学位论文写作技巧，进而使研究生在教学中能够体验到一些学术创新研究方法。经过几轮教学实践，在这门选修课中，逐步探索形成了“学科专业理论知识学习，学位论文写作技巧体验，学术创新研究方法探索”三者相互结合的教学模式。我觉得，这样或许能够让选修这门课程的研究生有所启迪、有所裨益，或许可以少走一些弯路。当然，以我之卑微鄙陋，自是不敢与孟夫子“得天下英才而教育之”的崇高境界相比，也不敢与名师大家的渊博厚德相提并论，但能以微薄之质助人一臂之力，也算是从教一乐吧。

这本教材的创编，总体上是以我的博士论文为基础的，并结合我在学位论文写作以及学术理论研究中的体会，区分课上、课下两个环节，按照学科专业理论知识、学位论文写作技巧、学术创新研究方法三个方面，参考借鉴有关专家学者论文写作和学术研究方面的大量研究成果，形成一个初步的教学成果。这本教材，共分8讲，每一讲都围绕应急物流学科专业理论体系中一个有代表性的知识点，融入学位论文写作应当关注的重点内容和基本技巧，两相对照呼应，并以课程论文的选题、综述和撰写贯穿教学全程，起到连珠穿线的作用。

对于这本教材的使用方法，笔者做了一些设想：大致按照一周一讲的进度，读者可以结合正文内容阅读“导语”和“拓展”部分，根据个人情况完成“延伸阅读”，当然正文内容仅仅是提供了一个参考借鉴而绝非范文或模板，从中读者可以了解笔者当年在完成论文时的所思所想和思考过程，不一定就是完美和正确的。在阅读的基础上，结合正文内容，按照课程论文的“作业要求”，参考“作业辅导”的内容，完成“实训作业”。通过文献检索、课程论文选题、文献综述、提炼论点及展开论述、拟制课程论文提纲、撰写课程论文初稿、课程论文修改、学术交流八次实训作业，读者可以进行一次较为系统完整的学术研究方法训练，以此来提升学位论文写作乃至学术研究能力。当然读者也可以结合自身的实际，有重点地选择一些内容进行学习。此外，本书还提出延伸阅读《形式逻辑》《科技哲学》和《现代汉语》——这是源于笔者给新入学研究生作“研究生学业规划”讲座中推荐重点阅读的“两本半书”，“两本书”是《形式逻辑》和《科技哲学》，“半本书”是《现代汉语》。读《形式逻辑》有助于准确表达自己的思想，把握概念、演绎、归纳、推断、类比等逻辑思维工具；读《科技哲学》有助于提升思考认识的层次，把握自然界、科学技术发展的一般规律以及认识自然、改造自然的基本方法，面对快速发展的科学技术，不致迷失方向；读《现代汉语》则有助于我们精准使用文字语言工具，运用语法、修辞等基本知识技巧，使我们能够把自己的学术思想清晰准确地落到文字上。

期待研究生通过对这本教材的研读和练习，能够以应急物流这个新兴前沿学科专业理论知识体系为载体，以学位论文写作为目标指向，初步掌握学术创新研究方法，为完成学位论文以至后续开展学术研究奠定一定的基础。当然，学术创新研究能力和学位论文写作能力的提高不是一蹴而就的，也不可能仅仅通过这样一门选修课的学习就能够实现。就我而言，即使经过了长期的艰苦的实践锻炼，或许也只是徘徊在学术研究的门外，能够稍有管窥些许真谛就已经幸甚至哉了。从这个角度来说，这本教材也仅仅只能算是在提高研究生学术研究能力方面做了一点小小的尝试而已，期待能够发挥出我预期的功效作用。

在教材的编写中，学习借鉴和参考引用了许多专家学者的研究成果，恕难一一列举，择其主要列于参考文献，谨致诚挚谢意。丁志成、郑文博等文友对本书提出了很多宝贵的意见，特别是我的恩师王宗喜教授欣然为本书作序，在此也致以衷心的感谢。

尽管笔者惮尽心力，力求尽善尽美，但终究水平有限，书中难免有错讹疏漏之处，恳请读者能够批评指正。作者邮箱：hngdngzhng@ yeah. net。

编 者

2017 年 12 月

目　录

第一讲　应急物流概念辨析 …… 1
【导语】要高度重视概念研究 …… 1
一、应急物流的概念表述 …… 2
二、应急物流的特点分析 …… 6
三、应急物流与应急管理、现代物流、军事物流的关系 …… 8
【拓展】概念的界定 …… 10
【延伸阅读】《形式逻辑》 …… 14
【实训作业之一】文献检索 …… 15
第二讲　应急物流历史演进 …… 20
【导语】要注重从历史中发现规律 …… 20
一、古代应急物流 …… 22
二、近代应急物流 …… 23
三、现代应急物流 …… 25
【拓展】研究历史的方法 …… 28
【实训作业之二】课程论文选题 …… 32
第三讲　应急物流支撑理论 …… 36
【导语】要找到恰当的理论基础 …… 36
一、物流活性理论 …… 36
二、供应链管理理论 …… 38
三、物流资源统筹理论 …… 39
四、军地物流一体化理论 …… 40
【拓展】辨析理论基础二三例 …… 41
【实训作业之三】文献综述 …… 45

第四讲 应急物流矛盾规律 …… 53
【导语】要关注论文的思想容量和理论深度 …… 53
一、基本属性 …… 54
二、基本矛盾 …… 58
三、规律性认识 …… 64
【拓展】不妨站在哲学的角度看问题 …… 68
【延伸阅读】《现代汉语》 …… 69
【实训作业之四】提炼论点及展开论述 …… 69
第五讲 应急物流技术体系 …… 84
【导语】重视和提倡原始创新，但也不要忽视和轻视集成创新 …… 84
一、模块预储技术 …… 85
二、高效转运技术 …… 87
三、高速运输技术 …… 89
四、精确分发技术 …… 90
五、实时调控技术 …… 91
【拓展】创新思维与创新点 …… 95
【延伸阅读】《科技哲学》 …… 98
【实训作业之五】拟制课程论文提纲 …… 99
第六讲 应急物流发展模式 …… 101
【导语】要注重对实践经验的理论抽象 …… 101
一、以军民联储联供为牵引的“准军事化”发展模式 …… 102
二、以突发事件应急为导向的“泛行政化”发展模式 …… 103
三、以应急产业发展为基础的“弱市场化”发展模式 …… 105
【拓展】调查研究 …… 107
【实训作业之六】撰写课程论文初稿 …… 121
第七讲 应急物流案例研究 …… 126
【导语】要善于运用案例实证研究方法 …… 126
一、西安国际港务区应急物流示范园区规划建设的重大意义 …… 128
二、西安国际港务区应急物流示范园区规划建设的基本思路 …… 129
三、西安国际港务区应急物流示范园区规划建设的主要内容 …… 131

四、西安国际港务区应急物流示范园区规划建设的重点模块 …………… 133
五、西安国际港务区应急物流示范园区规划建设的几点启示 …………… 135
【拓展】案例 …………………………………………………………………… 137
【实训作业之七】课程论文修改 ………………………………………………… 139
第八讲 应急物流系统工程 ……………………………………………………… 143
【导语】要注重定性研究与定量研究相结合 …………………………………… 143
一、应急物流需求预测 ………………………………………………………… 144
二、应急物流库点选址 ………………………………………………………… 164
三、应急物流路径优化 ………………………………………………………… 170
四、应急物流库存控制 ………………………………………………………… 176
【拓展】系统工程方法 ………………………………………………………… 188
【实训作业之八】学术交流 ……………………………………………………… 191

参考文献 ………………………………………………………………………… 194
附 录 ……………………………………………………………………………… 197
一、学位论文编写规则 GB/T 7713.1—2006（节录） ……………………… 197
二、文后参考文献著录规则 GB/T 7714—2005（节录） …………………… 206
三、标点符号用法 GB/T 15834—2011 ……………………………………… 222

第一讲　应急物流概念辨析

导语

要高度重视概念研究

概念是人类思维的起点，是构成其他思维形式的基本要素。概念是思维形式最基本的单位，由概念组成判断，再由判断组成推理。没有概念，人类就无法进行思维活动；准确地理解和把握概念，是正确进行判断和推理的必要条件。对于每一项学术研究成果而言，概念都是基础，离开了概念的正确表述和基本认同，就没有学术研究。

概念是构建科学理论大厦的基础。概念的基本功能是揭示事物的本质特征，对自然和人类社会活动各种现象进行高度抽象和概括。科学认识的成果，都是通过形成各种概念来加以总结和概括的。概念、原理构成的体系，就是理论。正如毛泽东同志指出的那样，“概念这种东西已经不是事物的现象，不是事物的各个片面，不是它们的外部联系，而是抓着了事物的本质，事物的全体，事物的内部联系了。概念同感觉，不但是数量上的差别，而且有了性质上的差别。”他还进一步指出，要完全地反映整个的事物，反映事物的本质，反映事物的内部规律性，“造成概念和理论的系统，就必须从感性认识跃进到理性认识。”

概念是学术研究中逻辑推理的前提。在人的思维方式中，逻辑推理是一种基本的思维方式，而在整个逻辑推理过程中，概念是进行推理的基础、前提和基本工具。有了清晰的概念，进而使用判断和推理的方法，才能够产生合乎论理的结论来。在理论研究中，我们经常会发现，在运用逻辑推理的方式进行研究论证时，大家运用同样的形式逻辑推理基本模式，但得出的结论却大不一样。为什么会出现这种结果呢？核心问题就在于用来进行逻辑推理的前提不统一。前提不统一的原因在于概念不统一，因此导致逻辑推理的结果差异巨大。

概念是开展学术交流的基础。早有学者指出，中国古代逻辑学不发达，古人对于揭示概念没有明确的逻辑方法，虽然凭借古人的睿智，对很多事物能够高度概括，一语中的。但从总体上看，由于没有运用逻辑方法，在很多概念上也容易引起歧义，影响学术思想的交流。著名军事理论家克劳塞维茨曾经深刻指出，“任何理论首先必须澄清杂乱的、可以说是混淆不清的概念和观念。只有对名称和概念有了共同的理解，才可能清楚而顺利地研究问题，才能同读者常常站在同一个立足点上。……如果不精确地确定它们的概念，就不可能透彻地理解它们的内在规律和相互关系。”①

人类历史既是一部发展史、进步史，也是一部灾难史、危机史。人类社会是在不断战胜灾难和克服危机中发展进步的。正如恩格斯所说，“没有哪一次巨大的历史灾难不是以历史的进步为补偿的。”② 古今中外应对突发事件的实践表明，战胜灾难和危机必须要有坚强有力的物质基础作为支撑，及时、充足、可靠的应急物资供应保障能够有效提高应急救援的效率，大大降低人民生命财产的损失，确保社会稳定和国家安全。人们在不断的实践探索中，提出了“应急物流”这一概念。在应对突发事件的过程中，应急物流理论方法逐步得到应用，显示出良好的效果。

一、应急物流的概念表述

理解和把握应急物流的基本概念，对于应急物流理论和实践问题的研究具有重要的基础性作用。

（一）应急物流概念的提出

2003 年，我国爆发了波及全国 30 个省（自治区、直辖市）的 SARS 疫情。在党中央和国务院的正确领导下，全国人民团结一心，取得了抗击 SARS 的最终胜利。在战胜 SARS 疫情之后，以王宗喜教授为代表的军队专家学者，敏锐地察觉到现代物流在应对突发事件中的巨大作用，率先提出了“应急物流”这一全新概念并进行了系统研究③。

应急物流概念提出后，经过不懈的理论研究和实践探索，逐步得到政府和军队的认可，已经被列入重要议事日程。2009 年，国务院发布《物流业调整和振兴规划》，首次提出了“应急物流工程”④，标志着应急物流已经进入到国家宏观战略决策中，从此揭开了应急物流建设的新篇章。2011 年，原总后勤部《关于现代军事物流体系建设的意见》要求，“着重围绕……应急物流……等重大现实问题，广泛进行学术交流，分

---

① 克劳塞维茨．战争论（上卷）［M］．中国人民解放军军事科学院译．北京：解放军出版社，1964：86.

② 马克思，恩格斯．马克思恩格斯全集：第 39 卷［M］．北京：人民出版社，1976：149.

③ 注：《中国物流与采购》2003 年第 23 期集中发表了王宗喜领衔的科研团队撰写的“应急物流专题系列报道”10 篇论文；《重庆大学学报》2004 年第 3 期发表了欧忠文等撰写的《应急物流》一文。

④ 国务院．国务院关于印发物流业调整和振兴规划的通知［EB/OL］．（2009 - 03 - 13）［2009 - 03 - 15］. http：//www. gov. cn/zwgk/2009 - 03/13content_ 1259194. htm.

析掌握特点规律，不断指导工作实践，为现代军事物流体系建设和发展提供理论支撑。”2014 年，国务院发布《物流业发展中长期规划（2014—2020 年）》，再次明确了“应急物流工程”[①]；国务院办公厅发布《关于加快应急产业发展的意见》，将应急物流作为应急服务的重要内容[②]。2015 年 8 月，国家发展改革委颁布《关于加快实施现代物流重大工程的通知》，要求重点引领企业开展应急物流工程等领域的项目建设[③]。2017 年，国务院办公厅发布《国家突发事件应急体系建设“十三五”规划》，明确提出：“建立健全应急物流体系，充分利用国家储备现有资源及各类社会物流资源，加强应急物流基地和配送中心建设，逐步建立多层级的应急物资中转配送网络；大力推动应急物资储运设备集装单元化发展，加快形成应急物流标准体系，逐步实现应急物流的标准化、模块化和高效化。充分利用物流信息平台和互联网、大数据等技术，提高应急物流调控能力。”[④]

（二）应急物流概念的讨论

应急物流的定义有多种表述。分析这些表述，大致可以将应急物流的定义归纳为“预案活动说”和“特殊活动说”。

应急物流的“预案活动说”出自国家标准《物流术语》（GB/T 18354—2006），具体表述为“针对可能出现的突发事件已做好预案，并在事件发生时能够迅速付诸实施的物流活动”[⑤]。但是，实际上并不能确保每一次应急物流都有预案，意外情况下仓促应对也屡见不鲜。更为重要的是，应对突发事件的应急物流，固然强调预案的准备，但由于应急物流实际运行中的不确定因素多、次生及衍生事件发展变化难以准确预测、部分预案缺少实践检验等多种原因，预案作用的发挥常常受到诸多影响和限制。正如有专家指出，“只要是像 2003 年这样由 SARS 引发或者影响的、事先没有准备的物流活

① 国务院．国务院关于印发物流业发展中长期规划（2014—2020 年）的通知［EB/OL］．（2014 - 10 - 04）［2014 - 10 - 04］http：//www. gov. cn/zhengce/content/2014 - 10/04/content_ 9120. htm.

② 国务院办公厅．国务院办公厅关于加快应急产业发展的意见［EB/OL］．（2014 - 12 - 24）［2014 - 12 - 25］．http：//www. gov. cn/zhengce/content/2014 - 12/24/content_ 9337. htm.

③ 国家发展改革委．关于加快实施现代物流重大工程的通知［EB/OL］．（2015 - 08 - 03）［2015 - 08 - 25］．http：//bgt. ndrc. gov. cn/zcfb/201508/t20150813_ 745175. html.

④ 国务院办公厅．国务院办公厅关于印发国家突发事件应急体系建设“十三五”规划的通知［EB/OL］．（2017 - 07 - 19）［2017 - 07 - 25］．http：//www. gov. cn/zhengce/content/2017 - 07/19/content_ 5211752. htm.

⑤ GB/T 18354—2006，物流术语［S］．北京：中华人民共和国国家质量监督检验检疫总局，中国国家标准化管理委员会，2006.

动，或者是事先虽然制定了预案，但是不知具体需求的物流活动都属于应急物流的范畴”[①]。从这个意义上来讲，“预案活动说”还存在一定的不足，在很大程度上还没能够准确表达出应急物流的实质。

应急物流的“特殊活动说”表述相对较多。如，有学者认为，“应急物流是指各类突发事件中对物资、人员、资金的需求进行紧急保障的一种特殊物流活动”[②]；也有学者认为，“应急物流是指以提供突发性自然灾害、突发性公共卫生事件等突发性事件所需应急物资为目的，以追求时间效益最大化和灾害损失最小化为目标的特种物流活动”[③]；还有学者将应急物流定义为“为应对严重自然灾害、突发性公共卫生事件、公共安全事件及军事冲突等突发公共事件而对物资、人员、资金等的需求进行紧急保障的一种特殊物流活动”[④]；还有学者参照现代物流的定义，把应急物流定义为“以提供自然灾害、公共卫生事件、重大事故等突发性事件所需应急物资为目的、以追求时间效益最大化和灾害损失最小化为目标，借助现代信息技术，整合应急物资的运输、包装、装卸、搬运、仓储、流通加工、配送及相关信息处理等各种功能而形成的特殊的物流活动”[⑤]。类似表述虽然存在一定的差别，但都强调应急物流是为了应对突发事件而组织实施的具有特殊性的物流活动。这一点已经为学术界所广泛认可和接受。

列宁指出，“人的概念不是不动的，而是永恒运动的，相互过渡的，往返流动的；否则，它们就不能反映活生生的生活。”[⑥] 应急物流是现代物流的一种特殊物流形式。它的构成要素是在普通物流的基础上形成的，因“急”而区别于普通物流。这就决定了应急物流要在国家的物流体系内发展，普通物流的要素可以经紧急动员调用而归属于应急物流。应急物流不同于平时社会生产中的常态物流，不同于军粮、被装供应等军队日常保障活动中的军事物流，而是以应对突发事件为主要指向，主要用于应急的一种物资保障活动。从国家层面来看，《中华人民共和国突发事件应对法》的实施对研究我国应急物流提供了基本的法律保障[⑦]。对于军队而言，遂行应急物流服务保障任务的依据是《军队参加抢险救灾条例》和《军队处置突发事件预案》等相关法规、预案，侧重于反恐维稳、抢险救灾、处置突发事件等非战争军事行动以及局部的军事冲突。

---

① 何明珂．应急物流的成本损失无处不在［J］．中国物流与采购，2003（23）：18－19.

② 高东椰，刘新华．浅论应急物流［J］．中国物流与采购，2003（23）：22－23.

③ 欧忠文，王会云，姜大立，等．应急物流［J］．重庆大学学报，2004（3）：164－167.

④ 王丰，姜玉宏，王进．应急物流［M］．北京：中国物资出版社，2007：1.

⑤ 孟参，王长琼．应急物流系统运作流程分析及其管理［J］．物流技术，2006（9）：15－17.

⑥ 列宁．哲学笔记［M］．2版．中共中央马克思恩格斯列宁斯大林著作编译局，译．北京：人民出版社，1993：213.

⑦ 邹晓美，樊守林．论《突发事件应对法》与应急物流［J］．中国流通经济，2008（8）：38－40.

（三）应急物流概念的内涵

因此，在借鉴和吸收以往研究成果的基础上，应急物流的定义可以表述为：

应急物资从供应地到突发事件发生地的流动转移，包括筹措、运输、储存、配送等环节。

应急物流是一种特种物流活动，是“物”的流动转移活动，起点是供应地，终点是突发事件发生地；作用对象是应急物资，包括防护用品、生命救助、生命支持、救援运载、临时食宿、污染清理、动力燃料、工程设备、器材工具、照明设备、通信广播、交通运输、工程材料等各类应急物资；应急物流是一个有机的功能链条，涵盖了筹措、运输、储存、配送等环节。

在国外的文献资料中，“Emergency Logistics”（应急物流）一词并不多见。例如，检索《美国标准目录.2010》所收录的10107条美国国家标准（截至2010年6月），没有与“Emergency Logistics”直接相关的标准项目①。国外学者主要研究“Humanitarian Supply Chain”（人道主义救援供应链）、“Humanitarian Logistics”（人道主义救援物流）和“Disaster Logistics”（灾害物流）等问题。例如，托马斯（Thomas）认为，“物流是任何一种应急救援行动的关键所在，没有它，将会导致大量人员伤亡”（“Logistics is the life of any emergency aid operation, and without it, lives would be lost.”）②。萨米（Samii）等则强调了物流的重要性，“认为应对自然灾害的物流机构最近经过调整变换，在物流各个方面得到了很好的组织和提高，不仅包括采购，还包括库存、供应链、管理和报告”（“The logistics unit for this disaster had recently gone through a conversion. They were well－organized and versed in all aspects of logistics, including not only purchasing but also warehousing, supply chaining, management, and reporting.”）③。

（四）应急物流概念的外延

外延是概念对事物的范围的反映。对于类概念来说，它是对事物类的反映，即反映类是由哪些子类或分子组成的。从这个意义上来说，按照不同标准，应急物流的类型有不同的划分方法。

应急物流依据其是否具有军事意义可分为军事应急物流和非军事应急物流，非军事应急物流又可进一步分为灾害应急物流和疫情应急物流④。

---

① 中国标准化研究院国家标准馆．美国标准目录.2010［M］．北京：中国标准出版社，2011.

② THOMAS A. Humanitarian logistics: Enabling disaster response［J］. Fritz Institute, 2003: 15.

③ SAMII R, VAN WASSENHOVE, L N, KUMAR K, et al. Choreographer of disaster management: the Gujarat earthquake［R］. Report No. 602/046/1, Fontainebleau, France: INSEAD.

④ 谢如鹤，宗岩．论我国应急物流体系的建立［J］．广州大学学报：社会科学版，2005，4(15): 55－58.

应急物流按引发原因可分为突发自然灾害应急物流、突发疫情应急物流和突发社会危害应急物流。根据突发事件发生的可能性和对应急物资的可预测程度还可分为相对可预测的应急物流和较难预测的应急物流①。

按照应急物流的等级可分为企业级应急物流、区域级应急物流、国家级应急物流和国际级应急物流，根据引起灾害的原因可分为自然灾害应急物流、技术灾害应急物流和人为灾害应急物流。按照应急物流的层次可分为微观应急物流、中观应急物流和宏观应急物流②。

需要强调的是，应急物流以《中华人民共和国突发事件应对法》作为基本的法规依据③，根据该法第三条，突发事件是指突然发生，造成或者可能造成严重社会危害，需要采取应急处置措施予以应对的自然灾害、事故灾难、公共卫生事件和社会安全事件④。应急物流可以区分为自然灾害应急物流、事故灾难应急物流、公共卫生事件应急物流和社会安全事件应急物流。一般来讲，事故灾难应急物流影响面相对较小，需求的物资器材专业性较强，通常情况下可以归属于微观层面突发性的物流作业。而自然灾害应急物流、公共卫生事件应急物流和社会安全事件应急物流往往涉及面大、波及地域范围广、需求多样，通常需要从宏观战略层面进行调度指挥。

二、应急物流的特点分析

特点，是事物特有的本质属性的表现，或者说是事物发展的特殊规律在一定条件下的外在表现，是事物具有的区别于其他事物的特殊矛盾。应急物流是在突发事件处置中紧急进行物资保障的一种特殊物流活动，与常态条件下的物流活动相比，应急物流通常具有不确定性、高时效性、非常规性、弱经济性等特点⑤⑥⑦。

（一）不确定性

应急物流受多种外部因素的制约和影响，具有很强的不确定性。首先，应急物流的启动时机难以确定。突发事件的发生一般都具有很强的突然性，例如，在当今科技

---

① 王旭坪，傅克俊，胡祥培．应急物流系统及其快速反应机制研究［J］．中国软科学，2005（6）：127－131.

② 王丰，姜玉宏，王进．应急物流［M］．北京：中国物资出版社，2007：4－5.

③ 邹晓美，樊守林．论《突发事件应对法》与应急物流［J］．中国流通经济，2008（8）：38－40.

④ 应对突发事件课题研究组．各级领导者应对和处置突发事件必备手册［M］．北京：中国商业出版社，2012：322.

⑤ 高东椰，刘新华．浅论应急物流［J］．中国物流与采购，2003（23）：22－23.

⑥ 王丰，姜玉宏，王进．应急物流［M］．北京：中国物资出版社，2007：2－4.

⑦ 王宗喜，阳波．论应急物流的地位作用［J］．物流技术与应用，2008（7）：104－106.

水平条件下，地震、洪涝等自然灾害的发生地点、强度、波及范围等都是难以准确预测的。这就使得应急物流的响应时间、保障区域、数量规模、通道路线等诸多因素很难在事先进行准确的预测，需要应急物流指挥决策人员临机做出判断和决策。其次，应急物流的情报信息难以实时获取。突发事件应对中，一般伴随着信息的不完整性，通常需要一个时间过程才能逐步了解掌握较为详尽的信息。由于需求信息不够明确，应急物流服务保障活动也相应地处于一种灰色状态，难以准确判断应急物资的种类、数量及供应地与需求地等，也就难以进行精确化的供应保障，往往只能在信息资源有限、决策时间紧迫的情况下，将“大致满意”和“阻止恶化”等作为应急物流决策指挥的概率性目标。例如，2003 年上半年我国抗击 SARS 的初始阶段，人们对防护和医疗用品的种类、规格和数量都无法准确把握，各类防护服的规格和质量要求都是随着对疫情不断了解而逐步确定的①。最后，应急物流的动态变化性强。应急物流服务保障活动本身就始终处于动态发展变化中，受到气候、道路、人员、运力等多种因素的叠加影响，往往不能完全按照人们的预期进行，而且突发事件还会衍生出各种意外情况，这些都为应急物流指挥决策带来不确定的因素。例如，2008 年汶川特大地震造成宝成铁路隧道塌方，原计划走该路线的大批物资只能临时改道，或者使用公路运输、航空运输方式进入灾区。

（二）高时效性

由突发事件引发的应急物流，一个突出的特点就是物流活动的高时效性。在突发事件情境下，时间就是生命。所以，一般物流运行机制难以有效满足应急状态下的物流需要。应急物流强调时间第一，效率至上，在最短时间内调集应急物流力量，尽量压缩甚至省略一般物流的中间环节，使整个作业流程更加紧凑简捷，从而确保整个应急物流服务保障活动能够在第一时间完成。例如，1998 年抗洪抢险中，庐山火车站作为九江地区抗洪最前沿的物资卸载站，直接承担了 324 辆列车货物的卸载任务，列车卸载最短时间仅为 20 分钟，超过该站卸载能力的 1 倍②。

（三）非常规性

应急物流是在常态物流的基础上，增强物流活性，提高应急应变能力，按照急事急办、特事特办的原则，紧急动用全社会物流力量，进行非常规的应急色彩浓厚的物流活动。在突发事件应对中，应急物流往往临时组建指挥决策机构，采取非常规的措施手段，紧急调集各级各类仓库的储备物资，或面向全社会采购应急物资，并协调应

① 宋则，孙开钊. 中国应急物流政策研究（上）[J]. 中国流通经济，2010（4）：19 -21，33.

② 高东椰，刘新华. 浅论应急物流 [J]. 中国物流与采购，2003（23）：22 -23.

急运力，必要时临时动员征用社会物流资源，在组织方式、时限要求、运作模式等方面都异于常态物流。应急物流力量的指挥调度，不可能完全按平时的程序进行，往往只能依靠指挥决策人员个人的经验和智慧进行决策。

（四）弱经济性

突发事件发生时，短时间内需要大量物资，从救灾专用设备、医疗设备、通信设备到生活用品等几乎无所不包。同时，伴随着物流环境恶化，如道路被洪水或山体滑坡阻断、通信线路中断等，除了需要及时配齐所需物品，往往还要求将物品及时送达。这些对物流系统都是严峻考验，也使得物流成本急剧增加。在重大险情或事故处理过程中，经济效益将不再作为物流活动的中心目标来考虑，人民群众的生命和财产安全成了首要选择。在应急物流中，更多开展的是社会公共事业物流而非商业物流，而且相对于经济利益，公共利益势必具有更高的地位。这种情境下，应急物流成为一种公益性行为，呈现出明显的弱经济性。但是，应急物流也不能完全不讲求经济效益。目前，“我国已具备了较高的应急物资保障能力，只是应急物流体系建设未臻完善。加快应急物流体系建设，首先要妥善处理‘时效性’与‘经济性’的关系，在强调时效的同时，也要克服应急物流体系不计运作成本和代价高昂的缺陷。”① 虽然“应急物流具有弱经济性的特点，但不能因此而忽视效益问题，造成社会资源不必要的浪费。必须按照建设节约型社会的要求，在应急物流体系建设中着力突出效益问题，搞好前端设计和预案制定，不过分固化占用平时生产建设的资源，以适度的冗余满足应急物流保障的需要，确保应急时能够以最小的代价换取最大的效益。”② 在实践中“成本—效能原则是构建应急物流体系总思路的核心”，“所谓‘不惜一切代价’或‘全力以赴’不应被误解，而必须建立在事先科学设计基础上”，而且“受稀缺公共资源和有限公共财力的制约，在应急物流体制、政策和预案方面，必须更讲究成本—效能原则，按照效率最高、效果最好、成本最低的总思路进行科学全面合理的系统化设计，并据此进行实战后利弊得失的评估和改进”③。

三、应急物流与应急管理、现代物流、军事物流的关系

哲学意义上的关系，主要指事物之间的区别与联系。应急物流既是突发事件应急

---

① 陈巧颜．霍震寰宴培华公仆班［N/OL］．香港文汇报，（2010－10－30）［2011－03－30］．http：//paper. wenweipo. com.

② 戴定一，王宗喜，贺登才，等．中国应急物流体系建设研究［R］//中国物流与采购联合会，中国物流学会．中国物流重点课题报告（2009）．北京：中国物资出版社，2009：67－94.

③ 宋则，孙开钊．中国应急物流政策研究（下）［J］．中国流通经济，2010（5）：11－14.

管理体系的重要构成内容，也是现代物流体系的有机组成部分，与军事物流彼此相互交叉而又相对独立。如图 1－1 所示。

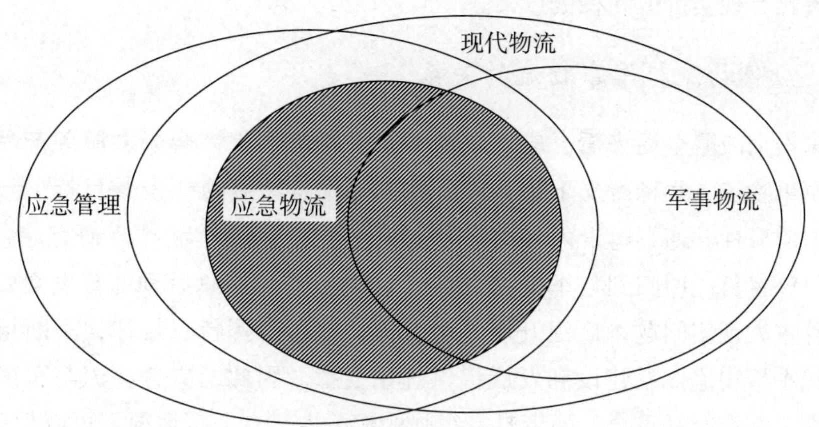

图 1－1 应急物流与应急管理、现代物流、军事物流的关系示意

（一）应急物流与应急管理的关系

应急物流属于应急管理的范畴，是应急管理的重要内容。应急物流相关内容一直存在于应急管理领域，例如，《中华人民共和国突发事件应对法》明确规定，“国家建立健全应急物资储备保障制度，完善重要应急物资的监管、生产、储备、调拨和紧急配送体系”①。2006 年 6 月 15 日发布的《国务院关于全面加强应急管理工作的意见》（国发〔2006〕24 号）明确要“加强各类应急资源的管理”，要求在应急资源储备制度建设、重要应急物资储备库规划、储备物资的动态管理等方面，加强应对突发公共事件的能力建设②。随着应急物流理论和实践的深化发展，政府在突发事件应急管理体系建设中高度重视并积极推进应急物流建设。例如，“十二五”期间，确定全国性和区域性应急物流建设项目，已经成为加强突发事件应急管理能力建设的重点工作之一③。

（二）应急物流与现代物流的关系

应急物流也属于现代物流的范畴，是现代物流体系中的一种特种物流。现代物流体系是应急物流的基础，为应急物流服务保障提供了资源和力量的基本保证。“应急物

① 应对突发事件课题研究组．各级领导者应对和处置突发事件必备手册［M］．北京：中国商业出版社，2012：326.

② 国务院．国务院关于全面加强应急管理工作的意见［EB/OL］．（2006－06－15）［2012－03－15］．http：//www.gov.cn/gongbao/content/2006/content_352222.htm.

③ 洪毅．中国应急管理报告［M］．北京：国家行政学院出版社，2012：2.

流作为现代物流衍生出来的新生代事物，是为应对危机问题处理提供物资支援的物流分支"①。加强应急物流建设，对于提高现代物流体系的运作效率、优化现代物流体系的资源配置具有现实价值和积极意义。

（三）应急物流与军事物流的关系

从国家安全战略全局来看，应急物流与军事物流都是社会公共服务产品。应急物流脱胎于军事物流，某种意义上说，应急物流与军事物流的“发展目标一致、地位作用相同、本质属性共通、建设内容相近”②，以至于有专家认为，“在研究应急物流的发展过程中应该将目光回归到与军事物流结合的角度”③。原总后勤部曾发文要求，围绕应急物流等重大现实问题，广泛开展学术交流，分析掌握特点规律，不断指导工作实践，为现代军事物流体系建设和发展提供理论支撑。因此，应急物流与军事物流彼此独立存在而又互有交叉重合，两者具有很强的相关性，在一定情况下可以相互转化。

拓 展

概念的界定

概念是理论思维的细胞，是反映客观事物本质属性的一种思维形式。

（一）概念的内涵与外延

概念是反映对象本质属性的思维形式。属概念是被定义概念的上位概念，但必须是最邻近的上位概念；种概念是指被定义概念，是相对邻近的属概念而言的；种差是指被定义概念和同类同层次概念之间的本质区别。

概念既反映对象的本质属性，也反映对象的范围，这就形成了概念的两个方面，一个是概念的内涵，另一个是概念的外延。概念的内涵是指概念所反映的对象的本质属性，是概念在质的方面的规定性。它表明概念所反映的对象是什么样的。例如，“火炮”这个概念的内涵就是“口径在2cm以上，能发射炮弹的重型射击武器”；“商品”这个概念的内涵就是“为交换而生产的劳动产品”。概念的外延是指概念所反映的对象的范围，是概念在量的方面的规定性，它表明概念所反映的对象有哪些。例如，“人”这个概念的外延就包括古今中外一切的人，既包括孔子、秦始皇，也包括柏拉图、拿

① 左小德．应急物流管理［M］．广州：暨南大学出版社，2011：11.

② 王宗喜，张志鹏，张磊．略论军事物流与应急物流协同发展战略［J］．后勤学术，2010（11）：64－66.

③ 左小德．应急物流管理［M］．广州：暨南大学出版社，2011：3.

破仓；“商品”这个概念的外延就包括古今中外所有具体的为交换而生产的劳动产品。每一概念都具有内涵和外延这样两个既密切联系又相互区别的因素，正因为如此，概念之间才得以相互区别，并且在使用概念时既不容混淆，更不容随意偷换。

逻辑思维对概念的基本要求是：概念要明确。所谓概念明确，就是要求概念的内涵和外延要明确，即概念所反映的对象具有什么本质属性应当是明确的，概念所指的对象是哪些应当是明确的。一个概念只有在内涵和外延两个方面都是清楚明白的，才能说是明确的。概念要明确，是进行正确思维的必要条件。只有概念明确，才能作出恰当的判断，进而作出合乎逻辑的推理，取得正确的认识。

（二）定义的方法及规则

定义是用来揭示概念内涵的逻辑方法。通过给概念下定义，揭示概念所反映对象的本质属性，从而达到明确概念的目的。定义是由被定义项、定义项和定义联项三个部分构成的。被定义项就是通过定义来揭示其内涵的概念，如上述事例中的“商品”就是被定义项。定义项就是用来揭示被定义项内涵的概念，如事例“用来交换的劳动产品”就是定义项。定义联项就是联结被定义项与定义项的联结词，在汉语中常用“……是……”“……即……”“所谓……就是……”来表示。

1. 定义的基本方法

定义的基本方法是内涵定义法，即种差加邻近属概念定义法。

运用这种方法一般分三步进行：①找出被定义概念的邻近属概念。例如，给“商品”下属加种差定义，首先要从“物品”“产品”和“劳动产品”等不同层次的概念中，确定它邻近的属是“劳动产品”。②把被定义概念所反映的这种对象与包含在同一属中的其他种事物进行比较，找出二者之间的差别，即种差。例如，“劳动产品”中有“用来交换的劳动产品”和“不用来交换的劳动产品”，两相比较，“商品”是用来交换的劳动产品，与其他劳动产品的差别就在于是否“用来交换”，这就是“商品”在“劳动产品”这个属中的种差。③把种差“用来交换”和属概念“劳动产品”连接起来，形成定义项“用来交换的劳动产品”，再用“是”这个联结词把定义项“用来交换的劳动产品”与被定义项“商品”联结起来。这样，就得出了“商品”的定义，“商品就是用来交换的劳动产品”。

其结构公式为：被定义概念 = 种差 + 邻近属概念。

内涵定义法一般分为实质定义法、发生定义法、功用定义法、关系定义法等。

实质定义，是种差揭示概念本质属性的定义，如“后勤指挥是后勤指挥员及其指挥机关对后勤保障、后勤防卫和其他后勤行动的组织领导活动”。

发生定义，是种差揭示事物发生情况的定义，如“油料战损是受敌火力打击和破坏、自然灾害和意外事故造成的油料损失”“核燃料是能产生裂变或聚变反应并释放出巨大核能的物质”。

功用定义，是种差揭示事物功能和作用的定义，如“多功能净水车是具有取水、储水和水净化等多种功能的专用车辆”“核化污染监测车是用于测量阵地环境受核辐射、推进剂污染程度的专用车辆”。

关系定义，是种差揭示被定义对象与其他对象关系的定义，如“后勤与经济是军事后勤与国家经济的相互关系”。

2. 定义的基本规则

定义的基本规则是给概念下定义时必须遵守的原则，也是判定一个定义在形式上是否正确的标准。

（1）不能“同语反复”或“循环定义”。定义项中不能直接或间接地包括被定义项，如果定义项中直接或间接地包含了被定义项，那么就无法达到揭示被定义项内涵的目的。违反这条规则，就会犯“同语反复”或“循环定义”的逻辑错误。“同语反复”就是在定义项中直接地包含了被定义项；“循环定义”则是在定义项中间接地包含了被定义项。循环定义或有种差而没有属概念，界定不完整；或既无种差也无属概念，等于没下定义。例如，“军校教员就是被人们称为军校教员的人”直接包含了被定义项“军校教员”，定义项不过是重复被定义项而已，丝毫没有增加新内容，定义后仍不能明确被定义概念的内涵，因而犯了“同语反复”的逻辑错误；“直系亲属就是旁系亲属以外的亲属”间接地包含了“直系亲属”这一概念，而什么是“旁系亲属以外的亲属”又需要用“直系亲属”来说明，这样的定义没有能揭示出概念的内涵，因而犯了“循环定义”的逻辑错误。

（2）定义项和被定义项所指的对象要等同。违反这条规则，就会犯“定义过宽”或“定义过窄”的逻辑错误。“定义过宽”就是定义项的外延大于被定义项的外延，“定义过窄”就是定义项的外延小于被定义项的外延。比如“训练就是理论教育和专业技能的教练活动”的定义中所指对象就不等同，出现了定义不是宽就是窄的问题。

（3）定义不能是否定判断。定义的目的是要揭示概念的内涵，使人明确被定义对象所反映的本质属性是什么。因此，正确的定义一般都应该用肯定的形式。如果定义采用否定的形式，则只能说明被定义概念不是什么，或不具有某种本质属性。这在一般情况下都不能达到定义的目的。违反这条规则，就会犯“定义否定”的逻辑错误。定义中出现“定义否定”的错误有两种情况，一种是定义中采用否定的语句形式，另一种是定义项中包含有否定概念。例如，“商品不是供生产者自己消费而生产的产品”，定义联项用了否定词“不是”；定义“商品不是供生产者自己消费而生产的产品”中，定义项“不是供生产者自己消费而生产的产品”，则是一个否定概念。在这两种情况下，都表示被定义项“商品”不具有“供生产者自己消费而生产的产品”的属性。但是，“商品”究竟具有什么属性，仍然不清楚。为此，在给一个概念下定义时，应当尽量使用肯定的语句形式，而且在一般的情况下不能用否定的语句形式给概念下定义，定义项中不应包含否定概念，但否定概念的定义除外。

（4）定义项不能包含有不确定的概念。定义项是用来明确被定义项内涵的，如果定义项使用含混不清的语词或概念，或者借用比喻，则被定义项的内涵就无法得到明确。违反这条规则就会犯“定义含混”的逻辑错误。如，“应急物流技术是应急物流硬技术和软技术”，硬技术和软技术就是不确定的概念；“生命是通过塑造出来的模式化而进行的新陈代谢”，“塑造出来的模式化”就是不确定的概念，它往往使人不知所云；“儿童是生命之花”用比喻的语词下定义，其定义项只是对“儿童”这一被定义项的比喻，虽然能起到对儿童的赞美作用，但却达不到明确概念的目的。

总之，定义是揭示知识主题内涵的逻辑方法，是对知识主题特有属性的界说。定义在人们的思维中具有重要的作用，它不仅是巩固认识成果的重要方式，而且在帮助人们掌握知识、检验把握概念的明确程度等方面都具有重要的实际意义，在人们认识和交流思想的过程中具有重要作用。列宁指出，“所有的定义只有有条件的、相对的意义，永远也不可能包括充分发展的现象的各方面的联系。”从这个意义来说，要给一个事物下一个准确的定义，必须尊重历史而又不能被历史所束缚，必须着眼现实而又不能拘泥于现实，必须以实践为检验真理的唯一标准，高度抽象，使定义具有较广的覆盖面、相对的稳定性和广泛的适应性。要运用辩证唯物主义和历史唯物主义的观点，分析考察迄今为止的全部实践，突破时间和空间局限，摆脱体制的局限，从大量的理论与实践中，进行高度抽象，用言简意赅的文字，科学揭示出事物的本质属性。

（三）界定概念应注意的几个问题

（1）切勿轻视概念辨析。克劳塞维茨就针对当时有些不重视概念研究的现象尖锐地指出，“如果有谁认为这一切都是毫无意义的，那么他除非不进行理论研究”。不重视概念辨析，直接导致许多最基本的概念不能达成共识，虽然在理论研究中大量运用，但在理解上却大相径庭。

（2）切勿随意制造名词。常常有学者很愿意提出貌似创新的名词，并不去认真研究其科学的内涵和外延，也不考虑其实用价值和可行性，不仅读者看不懂，恐怕作者自己也不一定明白。一些学者在理论研究中，根据自己的需要随意解释概念。很明显，从实践看，随意运用概念的不良后果就是把理论搞乱。有人常说，看一些理论文章和专著比较累，累的原因不是理论太深奥，而是概念太随意，让人十分费解。尤其是围绕最时髦的词组合出来的概念就最易使人混乱，像信息化、社会化等词派生的很多概念，都是让人很难把握的。

（3）切勿概念口号化。概念在人们认识世界中所处的特殊地位，决定了概念既是理论研究的开始，又是深化理论研究的起点。在理论研究中，人们很愿意提出新概念，但概念提出后，往往就成了单纯的概念，很少有人进行深入研究，尤其是一些经领导者提出的概念名词，在各种文章、著作、讲话中大量出现，大家都习惯性地使用，但很少有人关注其确切的内涵，这就使重要的概念口号化。

（四）特点分析的基本步骤

特点反映了事物的规定性。任何事物都有自身的特点，对特点的分析是全面认识一个事物的重要方面。分析事物的特点，通常的步骤是：

（1）确定选择参照物的条件，即回答参照物应具备哪些条件。

（2）依据条件正确选定参照物。

（3）明确分析特点的基本依据。

（4）逐条与参照物进行比较，找出其中的差异性或个性化。

（5）反复推敲，形成综合性的结论。

（五）逻辑起点的特征

逻辑起点不是任意的抽象规定，应具有以下特征：

第一，它是研究对象最一般的本质规定。作为对象适度合理的抽象规定，反映着对象最一般的本质关系，只有从这一抽象规定入手，联结其他规定性，才能形成对象的统一整体。

第二，它是构成研究对象整体最基本最直接的要素。它不需要别的抽象规定来说明，却能说明其他抽象规定，是其他抽象规定的前提和基础，具有对象自身的基本特征，成为对象的最基本形态。

第三，它包含着研究对象自身一切矛盾的“胚芽”。逻辑起点自身是一个矛盾统一体，它规定和制约着其他矛盾的产生。对象内在的一切矛盾都可以从这个矛盾统一体中找到“根据”。这是因为，上升过程是逻辑起点内在矛盾的展开，其构成了对象的矛盾统一整体。

第四，它与历史上最初的东西相符合。历史从哪里开始，逻辑也就从哪里开始，历史的起点就是逻辑的起点，逻辑的东西必须与历史的东西相一致。

延伸阅读

《形式逻辑》

形式逻辑是一门历史悠久且有强大生命力的思维科学，它在人类文明史上发挥了巨大的作用，在科学领域地位很重要。形式逻辑能使人们思维更敏捷，能帮助人们准确表达自己的思想，促进人们深入认识客观世界。阅读《形式逻辑》应掌握的主要知识点有：

◆概念。

◆判断。

◆演绎推理。

◆归纳推理。

◆类比推理。

实训作业之一

文献检索

检索应急物流学科专业有关文献，认真阅读研究文献。

（一）作业要求

（1）区分重点时期、重点刊物、重点专家，依托网络系统，从“应急物流”“灾害救援”“Emergency Logistics”“Humanitarian Supply Chain”“Humanitarian Logistics”“Disaster Logistics”等词汇中选定关键词，检索不少于30篇中文和外文文献，并进行初步归类整理。

（2）区分泛读、精读，初步梳理提炼主要学术观点，进行简要评论，并整理完成电子文档笔记。

（3）区分“优秀”“良好”“合格”“不合格”等4个级别，对文献阅读情况进行自评小结。

（二）作业辅导

1. 文献检索

文献是记录知识的一切载体。具体地说，文献是将知识、信息用文字、符号、图像、音频等记录在一定的物质载体上的结合体。

（1）文献检索的方法。

计算机检索的主要方法。①截词检索法。是为了在检索中避免西文单、复数的区别，以及名词、形容词的区别，保证检索的查全率，保持词的部分一致所采用的方法。有前方一致、后方一致、中间一致、中间不一致等形式。如后方一致，是保持检索词的后面一部分的一致性。②组配检索法。所谓组配即两个以上概念的组合。组配检索法即将表示提问的检索词用布尔逻辑连接成一个检索提问式进行计算机检索的一种方法。一般用 and 表示“和”的关系，用 or 表示“或”的关系，用 not（and not）表示“否”的关系。③加权检索法。即检索者（用户）根据检索词的重要关系，分别给每一个检索词赋予一个值，经过特定的加权运算后，输入一个规定值，以此值的大小决定收取文献。④扩展检索法。是为节省时间并保证查全率所采用的应用上位概念扩展查找有关文献的方法。

手工检索的主要方法。①顺（倒/抽）查法。顺查法：自课题研究的起始年代，由远而近查找。只要知道某一专题是从何年何时开始研究，某一方法或技术是在某年被发现或发明，就可从该年度开始查找线索。缺点是费时、费力、工作量大。倒查法：与顺查法相反，是一种由近而远、逆时间顺序的检索方法。一般由当年开始，倒查1～2年或5年、10年。查到的文献虽不如顺查法系统，但灵活、节省时间、效率高。抽查法：是针对学科或课题的研究特点，根据文献资料发表集中的年代或时期，抽出其中一段时间进行文献检索的方法。一般适合在熟悉该学科、课题发展特点的情况下使用。②追溯法。追溯法是利用现有文献资料后面所附的参考文献进行追溯查找的方法。一般多利用述评、综述或专著进行追踪查找。查到这些文献有助于对论文的背景和立论依据的深入理解，但缺点是漏检、误检的可能性较大。③分段法，也叫循环法、交替法。是交替使用“顺查法”和“追溯法”进行查找的综合性文献检索方法。这种检索方法多在科研人员选定了课题、制订了科研计划后使用，或在检索工具不全时使用。

（2）文献检索的步骤。

检索者因需求和习惯的不同，检索方法和途径也多不同，但检索的基本步骤却是一样的。一般包括：分析研究检索课题，明确文献检索要求；编制检索策略；使用检索工具，查找文献线索；了解馆藏情况，索取原始文献，满足课题需要。

（3）文献检索的主要渠道。

通常，在收集资料的过程中，可以通过以下几种主要渠道：①利用计算机在网上查阅资料。互联网上信息量大、内容丰富、信息传递快，使用计算机在网上可以查找与自己科研有关的材料和信息、了解国内外的新动态，为科研提供依据。②到图书馆查阅资料。各地的图书馆藏书量很多，种类比较齐全，可满足不同人和不同课题研究的需要。③对报纸上的有关文章进行剪贴、归类整理。这种做法不但便于资料的积累，更重要的是使报纸充分发挥了作用。通过翻阅、整理报纸，不仅增长了知识、开阔了视野，而且可以把值得借鉴的文章及时剪下来保存好，便于以后的运用。④从能够接触到的同行、专家等人士那里借阅、复印有关方面的书籍资料，并及时购买新出版的有关书籍。

常见的中文数据库：

◆中国期刊论文网。

◆万方资源（含期刊、学位论文、会议、成果等）。

◆超星数字图书馆。

◆万方学术期刊。

◆万方学位论文。

◆人大报刊复印资料。

◆中文社会科学引文索引（CSSCI）。

◆龙源期刊网。

◆人民日报。

常见的外文数据库：

◆ScienceDirect。

◆Web of knowledge 平台（含 SCIE，SSCI，AHCI，INSPEC，BCI 等）。

◆EBSCO 总平台（含 ASP，BSP，PsycInfo，PsycArticle，ERIC，Ebooks 等）。

◆SpringerLink Journals。

◆JSTOR。

◆SpringerLink Books。

◆Reaxys。

◆ERIC。

◆ProQuest 学位论文全文库。

◆Oxford Journals。

◆Cambridge Journals。

上述每一个数据库都有专属的特色，这些特色既有可能体现在学科或主题上，也有可能体现在文献年代上。科研工作者可以在图书馆的数据库介绍中了解和知晓不同数据库的文献特色，并在此基础上选择能够有效服务自己当前研究领域或主题的特定数据库。

（4）文献检索的方式。

有了这些数据库，仅仅表明我们找到了蕴含我们想要的文献的“矿山”，但具体的“矿藏”究竟在哪个具体位置，还需要进一步借助搜索工具来确定。在电子资源数据库中，一般都提供多种形式的检索方式，如“主题”“篇名”“关键词”“作者”“单位”等。任何一种检索方式都可以帮助你找到想要的文献或论文，究竟是用哪种检索方式，取决于我们的检索需要或使用习惯。一般而言，“主题”和“关键词”是人们最常使用的检索方式，因为使用这两种检索方式可以搜索到尽可能多的与我们研究领域或主题相关的论文。使用“关键词”检索方式的另一个优势在于所检索到的论文“精准度”相对较高，因为每篇论文在发表时都标有关键词。像类似“作者”这样的检索方式的使用机会就很有限，除非我们事先就知道谁在该领域发表过论文，但往往很多时候我们是根本不知道的。为此，关键词的选择或确定就成为有效检索必须要做好的一项工作。

何谓关键词？论文中的关键概念或术语、关键变量等就是关键词。在一篇论文中，一般会有 3 ~5 个关键词。我们在投稿时，杂志编辑一般会要求作者列出关键词。之所以这样做，主要是方便读者将来检索。由此看来，在投稿时，关键词很重要。如果关键词选择不当的话，将很有可能影响该论文将来的检索及引用率。那究竟该如何选择和确定关键词呢?

假如我们想研究“新高考背景下的大学自主招生”这个问题的话，哪些词是关键词呢?依据这个题目，关键词应该是：新高考、大学、自主招生。如果没有“新高考”这个关键词，你查到的文献可能就包含新高考政策出台之前的讨论大学自主招生的文献；如果没有“大学”这个关键词的话，你有可能会查阅到高中自主招生的文献；如果没有“自主招生”而只是“招生”这个关键词的话，你有可能查阅到既包含自主招生也包含非自主招生的文献。由此看来，关键词的最大作用在于有效地给你所需要的文献划定了边界，以帮助你少阅读一些与主题关系不太密切的论文。

一个最简单的确定关键词的办法就是从论文的题目中析出。如《智能化时代职业教育人才培养模式的根本转型》这篇论文的关键词就是“智能化时代”“职业教育”和“人才培养模式”。当然，有时候也不能完全凭论文题目来确定，因为论文题目中可能只有一个重要概念或术语。以《教育领域供给侧改革的几个关系》这篇论文为例，该论文题目中的重要概念只有“供给侧”。尽管如此，“供给侧”这个词组还不能作为关键词，因为这个概念最初来自经济学领域而不是教育学领域。如果直接将其用作关键词的话，我们将会搜索到很多经济学领域的论文。于是，为了更加准确，我们应该将“教育供给侧”作为关键词。除此之外，还有哪些关键词呢?有些作者或读者可能会将“改革”这个词作为关键词，这样做显然不合适。因为这个词不是专门术语且用途过于广泛。你可以试一下，如果以“改革”为关键词来检索，会得到怎样的检索结果。其实针对这个题目，另外的关键词需要从论文中去挖掘和提炼。这时候的原则就是尽量去寻找那些与“教育供给侧”这个关键词有紧密联系的概念，如“有效供给”“结构性改革”等。

限于时间和精力，我们往往不可能阅读所检索到的上千篇论文。那如何精选我们最需要的论文呢?以中文文献为例，为了节约时间并基于当前大部分院校的论文评价要求，建议优先查阅、下载和阅读那些被列入有一定影响力的引文索引库中的期刊，如中文社会科学引文索引、中国科学引文数据库等。即使如此，我们也可能会遇到上百篇论文，时间还是很有限，怎么办?这时候建议我们依据所研究的主题缩小论文发表的时间，如近五年之内或三年之内。一般而言，后续的研究总是覆盖并反映之前的研究成果。

2. 文献阅读

根据所读内容不同，可以进行泛读、略读、通读、精读、研读。

泛读，可以一目十行，跳跃前进，大致了解其主要内容、主要观点，大略了解各学科进展情况，以使自己对学术动态保持关注和敏感，以便概观全局。

略读，主要是为了发现其中的重要的部分，为了筛选，为通读和精读找到目标。

通读，是对于本专业和所研究课题较为密切的文献资料，应该全面了解其内容。

精读，对重要的文献资料，应仔细咀嚼，深刻体会，得其精髓。

研读，对艰深的理论、深奥的哲理、未弄懂的科学原理及新的学说，都应进行反复阅读、深入研究。这样会得到很大的收益，发现其中的精金美玉，或有新的发现，或得到启迪，或触发灵感。

第二讲 应急物流历史演进

导语

要注重从历史中发现规律

“历史研究是一切社会科学的基础，……世界的今天是从世界的昨天发展而来的。今天世界遇到的很多事情可以在历史上找到影子，历史上发生的很多事情也可以作为今天的镜鉴。重视历史、研究历史、借鉴历史，可以给人类带来很多了解昨天、把握今天、开创明天的智慧。”①

“任何事物的规律，都隐藏在该事物发展变化的过程之中。没有历史的过程，就不会有规律的存在与表现”。②

“我们根本没有想到要怀疑或轻视‘历史的启示’；历史就是我们的一切，我们比任何一个哲学学派，甚至比黑格尔，都更重视历史”。③

“我们仅仅知道一门唯一的科学，即历史科学。”④

历史，简称史，指对人类社会过去的事件和行动，以及对这些事件行为有系统的记录、诠释和研究。历史可认作今人理解过去、筹划未来的参考依据，与伦理、哲学和艺术同属人类精神文明的重要成果。历史是博大的，能给人以深刻的启迪。历史的智慧具有强大的生命力，它可以使人们站到一个很高的起点来思考问题和认识问题，可以提供可靠的参照系。一门科学，如果是值得后人继承的，那么，社会发展中一定有能够让它“活下去”的领域，在历史上也有支持它发展的资源。马克思曾经说过，“人们自己创造自己的历史”并不是随心所欲地创造，而是在“从过去继承下来的条件下创造的”。人类认识真理的过程，是一条绵延不断的历史长河。今人借鉴古人，落后借鉴先进，学科与学科之间互相借鉴，从来就没有间断过。

---

① 中国史学会．深刻领会习近平关于“历史研究是一切社会科学的基础”论断［N］．中国社会科学报，2015－08－28（3）．

② 梁必骎．军事哲学思想史教程［M］．北京：军事科学出版社，2000：25.

③ 马克思，恩格斯．马克思恩格斯全集：第1卷［M］．北京：人民出版社，1956：650.

④ 马克思，恩格斯．马克思恩格斯选集：第1卷［M］．北京：人民出版社，1995：66.

在理论研究中，只有以历史研究为基础，也只有对每一理论问题的研究首先从历史渊源上加以追溯，方可揭示理论内涵中的本质，把握这一理论的历史成因及历史进展，以及正确评价某一理论对实践的指导作用，这便是任何一个理论问题的研究都必须以历史研究作为起点的基本原因。历史研究不仅可以“知其然”，更重要的是可以“知其所以然”。通过学习和研究历史，了解和掌握以往的现象和知识，是谓“知其然”；透过具体的知识表象，深入探寻各种活动产生、发展和演变的机理，发现其中的普遍规律和基本原则，是谓“知其所以然”。如果说“知其然”反映了历史研究的一般价值，那么“知其所以然”则体现出历史研究的核心价值。

历史研究是突破个人和时代局限性的唯一路径。人的生命是短暂的，能够亲力亲为的实践极其有限，即便穷其一生所能体验的也不过沧海一粟。仅凭一个人或一代人的认识和经历，是无法实现社会发展的，越是宏大复杂的社会实践，就越显示出一个人甚至一代人的渺小。好在无数前辈积累的知识遗产提供了摆脱时代局限的条件，使后人无须事事从头摸索和简单重复，可以通过汲取和借鉴来拓展眼界、丰富头脑，进而在传承中谋发展，实现理论和实践的螺旋式上升。

以史为镜，方知兴替。历史与现实是紧密相连的。过去的一切经验教训对于我们认识现实世界进而改造现实世界具有极大的启迪作用。司马迁说，“究天人之际，通古今之变”。希腊历史学家修昔底德认为历史学家应提供“关于过去的正确知识，使其有助于了解将来”①。历史展示了事物的规律及其运行轨迹，掌握了一定的历史知识，不仅可以掌握所研究事物发展的基本规律，而且还有利于把握事物的发展趋势。研究一个问题，如果不了解过去的历史，就无法衡量所研究问题的价值。把历史、现实和未来看作一个过程，就等于伸展了学术探索的角度，科研创新的视野更宽广。因此，论文应当做到历史与现实的统一，创新性与历史延续性的统一。论文的史学品位，也是好论文的重要标志。

历史不仅具有丰富的文化营养和精神营养，而且还具有丰富的科学营养。史学也是人学，是一个有血有肉有智慧的综合体，关键是怎样把历史看“活”，怎样用“活”的眼光来看历史。在科学技术迅猛发展的当今时代，如果我们不懂得回顾历史，不善于从源远流长的历史长河中汲取知识的营养，就可能滑向故步自封、目光短浅的斜路，其结果必然是事倍功半，成果甚微。有生命力的科学，既会在历史上留下显著的成就，也要展示出未来发展的广阔前景。如果我们研究的科学只是一个封闭的系统，只能自珍自爱，那么，这个研究项目就没有多少希望。研究历史的根本价值，在于培养人的人格和精神，完善人的知识和结构，从而实现人的全面发展。我们在广泛吸取新知识的同时，决不能忽视历史方法、历史智慧的巨大魅力和现代价值。

---

① 易冰．国外史学界关于史学功用的讨论［J］．中国史研究动态，1986：2.

应急物流是伴随人类社会的产生和发展而产生和发展的，即使在物流活动规模不大的古代社会，某些情况下的“昼夜兼程”和“快马加鞭”也可以视作应急物流活动。应急物流的发展规律，源于应急物流活动的历史演变过程，并直接产生于认识与反思的历史积淀过程。因此，研究应急物流的历史演进过程，不仅能够对应急物流的范畴产生更加清楚的认识，而且也为揭示应急物流规律奠定了更加扎实的基础，从而使得对应急物流原理的理解与把握，由抽象变得更加具体，真正实现历史与逻辑的统一。综观历史，以运输技术的突破为标志，应急物流在速度、规模、效率等方面都有了长足的发展，总体上经历了渐进的发展历程，显示出不同的发展形态，呈现出明显的演进规律，特别是航空运输技术的发展，对应急物流具有更加强大的推动作用。尽管水路运输在物流规模、物流成本等方面占有较大优势，但由于总体上运行速度偏慢，在应急物流中的地位相对较低，因此水路运输技术的发展对于应急物流的发展所起的作用相对较弱。

一、古代应急物流

在漫长的古代，人类社会生产力水平较低，应急物资相对匮乏，品种结构相对单一，仓储条件和管理水平较为落后，运输工具相对简单，收发、转运等物流环节的作业效率较为低下，应急应变能力比较薄弱，总的来说应急物流尚处于蒙昧状态。

（一）物资储备受到重视

古代人们非常重视粮食等物资的储备，往往采取设立“常平仓”、建立粮食储备的方式来应对猝不及防的自然灾害。据历史记载，2000 多年前我国就出现了粮食储备制度。西汉宣帝五凤四年（公元 54 年），中央政府要求各郡普设以调节市场供求、稳定市场粮价为主要职能的官办粮仓“常平仓”。此后多数朝代都建立过“常平仓”，特别是在京都附近和粮食生产不稳定的多灾地区设置较多。唐朝建立了备灾救灾的仓廪系统，包括正仓、转运仓、太仓、军仓、常平仓、义仓等。据《新唐书·百官一》记载，“三省六部”之一的户部辖仓部司，“以义仓、常平仓备凶年”。据《高宗实录》（卷七七）记载，清乾隆皇帝曾说，“丰年有乐利之休，而歉年无艰食之患矣。”西方也很重视物资储备。公元四世纪时，罗马实行“储丰防缺”政策，当时 291 家公共粮库存储的粮食能支撑首都居民 7 年用粮。

（二）载运工具总体落后

由于技术水平总体较低，在古代，交通运输的动力主要是来自人力、畜力、风力，道路的修建、牛马的使用和车的发明，舟船技术的不断提高，使得运输能力逐步增强。公元前 3500 年，苏美尔人就造出了畜力车。据史载，我国夏商时期，也有用于粮秣、器械运载随军行动的“余车”“胡奴车”。三国时期，出现了相传为诸葛亮发明的用来转运军用物资的“木牛车”。据《通史》记载，“木牛流马，载一岁粮，日行二十里，而人不大劳，牛不饮食。”《三国演义》更将木牛流马的神奇能力描写为“牛马皆不水食，可以昼夜转运不绝也”“蜀兵用木牛流马转运粮草。人不大劳，牛马不食”。明成祖朱棣在永乐八年（公元1410年）亲征漠北时，令工部创制3万辆“武刚车”，随军运粮20万石以资军用。

（三）物流通道取得发展

古代对于物流通道的建设，也大大增强了应急能力。我国公元前2000年就有了可供牛马车行驶的道路。据史载，西周时期的“国野之道”通向四面八方。秦朝以咸阳为中心，大规模修建了“驰道”，还颁布了“车同轨”的法令。蒙恬修筑了当时里程最长的军用道路——“千八百里直道”，从云阳（今陕西淳化西北）直通九原（今内蒙古包头西北），总长约700公里。古代对于水路运输也很重视，认为“一日行三百余里”，而又“不费牛马之力”①。秦汉时期已经有了漕运的历史记载。汉武帝时期徐伯开凿了漕渠，使得长安至黄河的运程减少2/3，运行时间减少1/2②。北京至杭州的大运河自隋朝开凿以来，就成为军粮北运的主要通道，经唐、宋、元、明历代整修拓展，已成为南北长2000余公里的水上通道③。宋代开发的汴渠，通过漕运每年可以从江淮地区向汴京（今河南开封）运送几百万斛粮米。明朝漕运鼎盛时期，漕军达12万人，船只1.1万艘，每年运粮400万石。

总之，从一般意义来讲，古代应急物流侧重于“物”，而在应急运输方面，由于技术手段的匮乏，难以实现较高的时间效率。据《晋政辑要》（卷一六）记载，清光绪年间山西发生严重旱灾，“晋省九郡十州所设常平、社仓谷一百余万”，“当赈务初兴之始，则以本省仓谷为灾黎救命之所”。但当时交通运输条件落后，不能遂行有效的应急物流服务保障，“自光绪三年遭遇奇荒，外省转运之米以时骤难入境”。即使在“物”的方面，也由于社会生产力水平较低，储备物资仅有粮食等少数品种，且主要采取紧急调拨的形式，基本上没有能力组织成规模的应急采购。

二、近代应急物流

恩格斯指出，“一旦技术上的进步可以用于军事目的并且已经用于军事目的，就必

---

① 赵志荣．中国古代的军队后勤保障观［J］．军事历史，2011（4）：25－30.

② 中国人民解放军总后勤部司令部．战略后勤学［M］．北京：解放军出版社，2001：19.

③ 同上。

然会引起作战方式的改变甚至变革。”① 同样，技术进步对于应急物流的发展也具有不容置疑的重要作用。近代两次工业革命，使得科学技术蓬勃兴起，从此，机械力代替了人力、畜力和风力等，人类能够从繁重的“手搬肩扛”式的体力劳动中解放出来。总体来看，应急物流的仓储规模大幅扩大，储存物资品种和数量有所增加，配套设施相对完善，装卸搬运机械逐步应用，技术装备条件已经具备，相应的管理技术取得较大发展，物流作业效率大幅提高，应急物流已经进入到萌芽状态。

（一）技术装备迅速发展

18 世纪后半期瓦特发明蒸汽机。从 19 世纪初开始，蒸汽机技术先后成功应用于船舶和铁路，航道和铁路网逐步形成，规模化运营的蒸汽轮船和蒸汽机车开始进入生产生活领域，导致了交通革命，推动了社会经济的大发展。在蒸汽机的基础上，又产生了更便于使用的内燃机。1885 年德国人卡尔·本茨发明了内燃机动力的汽车，汽车成为公路运输的主要运输工具。1916 年凡尔登战役中，法军利用唯一与后方保持联系的巴勒迪克—凡尔登公路（又称“神圣之路”），组织 3900 辆卡车进行突击运输，一周内就运送物资 2.5 万吨，创造了战争史上第一次大规模有组织的汽车运输范例。第一次世界大战期间，法国利用内河运输的物资就达到 350 万吨。1903 年，美国人莱特兄弟成功试飞了第一架以内燃机为动力的固定翼飞机，为航空运输奠定了基础。内燃机汽车和飞机的出现，引发了第二次交通革命。1942—1945 年著名的“驼峰空运”，美国从印度向我国西南地区运送物资 73.6 万吨，月最大空运量达 7 万多吨。在管道运输方面，美国 1865 年在宾夕法尼亚州首次铺设了 9.7 公里的输油管线；第二次世界大战期间苏军在拉多加湖湖底、顿河、第聂伯河铺设输油管线保障油料供应，美军在世界各地铺设了总长达 1.75 万千米的输油管线。

铁路、公路、水路、航空和管道运输方式全面形成，为应急物流的快速发展奠定了坚实的技术基础。

（二）管理技术广泛应用

管理学、运筹学等学科的发展极大地促进了管理水平的提高，也为应急物流的组织实施提供了新的提升手段，使得应急物流在管理层面上大幅提高了效率和效益。以 19 世纪初美国人弗雷德里克·温斯洛·泰勒（Frederick W. Taylor）创立科学管理理论为标志，各种管理理论层出不穷，为应急物流相关的仓储和运输管理带来了更加先进的管理思想和更加高效的管理制度。电报、电话等通信技术的使用，为远程指挥调度提供了技术手段，人们得以克服更大尺度的时空障碍组织实施应急物流活动。第一次世界大战

① 马克思，恩格斯．马克思恩格斯全集：第 20 卷［M］．北京：人民出版社，1971：187.

（1914—1918 年）中，人们对大批量、多品种、远距离物资保障的成功组织，很大程度上提高了物流的应急能力。第二次世界大战（1939—1945 年）中，美军为了适应军队机动性的提高和机动作战的需要，运用运筹学方法研究流动性部队的后勤保障工作，成功地解决了军事物资供应的诸多棘手问题，并形成了较为完整的后勤保障理论。

总之，近代应急物流具备了一定的基础，能够充分利用机械力，运用有效的管理技术方法，实现较高的保障时效，已经有能力组织相对较为高效快捷的物流活动。

三、现代应急物流

第二次世界大战后，随着科学技术的进步，应急物流的技术装备和理论方法更加先进。特别是高速公路、高速铁路、大型集装箱运输船、大型运输机等快速发展，综合交通运输网络不断完善，极大地推动了应急物流的快速发展。

（一）高新技术进一步提升能力

科技进步一直以来都是现代应急物流发展的重要因素。20 世纪 70 年代以来，信息、航天、新材料、新能源等高新技术得到广泛应用，高速铁路、高速公路、大容量运输机、卫星导航定位系统、计算机网络和信息管理系统等各种先进技术的问世，引发了经济社会的一场深刻变革，在军事领域逐步推广应用了空投军用物资托盘、物资运输投送可视系统、全资产可见性系统等，为应急物流的更快发展提供了可靠的技术手段。例如，早在 2000 年 3 月，美国国防部的平均后勤反应时间（从提出申请到得到物资）就缩短为 14 天，相比 1997 年的 36 天提高了 50%①。在物流技术方面，以托盘、集装箱为主要载体的模块化储运，以高性能装卸搬运机械和运输装备为主要手段的高时效转运，以现代信息技术为主要的智能化管控，使得应急物流在可靠性、时效性等方面有了大幅提升，在应对突发事件中发挥了积极作用。

当前，物联网、云计算、大数据等先进技术在应急物资信息的实时感知、智能决策等方面具有无可比拟的优势，能够有效解决现有物流信息系统与应急物资之间存在的信息“鸿沟”问题，实现物流全系统全过程的可视化管理，实现各个物流作业环节的无缝衔接，全面满足应急物流实时可视可控、精确投送等多种需求，为应急物流向更高层次发展提供了坚实的信息技术基础。此外，随着太空开发技术的飞速发展，也将为应急物流拓展新的运作空间，带来全新的发展思路。

（二）理论方法进一步创新发展

第二次世界大战后，美军的后勤保障理论逐步运用到地方企业活动中，并由此逐

① 黄文寿，李文学．美军后勤转型中的理论创新［J］．外国军事后勤，2007（2）：4－14.

步形成了较为系统的现代物流理论。“供应链管理”“速率管理”和“业务流程再造”等先进的管理理念被用于军事物流系统的升级改造和优化调整中，有效提高了军事物流系统的效率和效益，推进了现代物流系统变革的步伐。现代物流以及供应链管理等先进理论的形成和发展，为应急物流提供了坚实的理论方法基础。

2003 年我国 SARS 疫情后，以王宗喜教授为代表的军队专家敏锐地认识到现代物流在应对突发事件中的积极作用，提出了“应急物流”这一崭新概念，推动创新发展应急物流理论体系，从此掀开了应急物流发展的新篇章。应急物流的概念、特点、类型等基本理论问题不断深化，蚁群算法、层次分析法等量化方法在应急物流的配送、运输等重点问题研究上得到了广泛的应用。有关学者研究提出了应急物流的路径选择方法①、应急物流配送车辆调度模型②、应急物流配送路径优化的数学模型③、突发事件下物流配送多目标优化问题的蚁群聚类优化算法④、混合型模糊聚类优化方法（hybrid fuzzy clustering - optimization approach）⑤、单一目标和多目标的应急物流管理的路径选择模型⑥、自然灾害中的物流决策支持系统规划模型⑦、不完整信息条件下的大规模自然灾害应急物流运作的动态救援需求管理模型（a dynamic relief - demand management model for emergency logistics operation under imperfect information conditions in large - scale natural disasters）⑧ 等一系列具体的模型算法。

（三）实践探索进一步拓展丰富

在应急物流相关的实践探索上取得了大量可以参考借鉴的研究成果。“5·12”汶

① 邹志云，宋程，虢向阳．基于灰色理论的应急物流最优路径选择［J］．物流技术，2008，27（1）：46 -48.

② 张裕华，潘郁．基于蚁群算法的应急物流配送车辆调度研究［J］．物流科技，2009（5）：47 -50.

③ 张立毅，费腾，刘婷，等．基于混沌蚁群算法的应急物流路径优化算法［J］．中国民航大学学报，2011，29（3）.

④ 唐连生，程文明，梁剑，等．应急物流配送问题的蚁群聚类算法研究［J］．铁道运输与经济，2008，30（9）：66 -69，73.

⑤ JIUH - BIING SHEU. An emergency logistics distribution approach for quick response to urgent relief demand in disasters［J］. Transportation Research Part E：Logistics and Transportation Review，2007，43（6）：687 -709.

⑥ YUAN YUAN，DINGWEI WANG. Path selection model and algorithm for emergency logistics management［J］. Computers and Industrial Engineering，2009，56（3）：1081 -1094.

⑦ LINET ÖZDAMAR，EDIZ EKINCI，BESTE KÜCÜKYAZICI. Emergency logistics planning in natural disasters［J］. Annals of Operations Research，2004，129（1 -4）：217 -245.

⑧ JIUH - BIINE SHEU. Dynamic relief - demand management for emergency logistics operation under large - scale disasters［J］. Transportation Research Part E，Logistics and Transportation Review，2010，46（1）：1 -17.

川特大地震发生后，震区蒙受空前巨大的灾难，物流通道基础设施遭受重创。震后，四川省共接收国内帐篷138.1万顶、粮食168.4万吨、饮用水4.6万吨、成品油81.7万吨、棉被（絮）248.4万床、衣物132.1万件和来自57个国家及地区的420批次救援物资。大批物资和人员需要调运、分配和运送，对应急物流管理能力提出了严峻考验。中央和地方各级政府总体指挥和决策应急物流活动，为救灾物资和救援人员开辟“绿色通道”。在抢险救灾的一个月时间里，全国投入运输救灾物资68.5万吨。军队在抗震救灾应急物流保障中发挥了骨干和突击作用。依据《民用运力国防动员条例》，迅速落实数百次军列，动员数百架民航飞机，征用上万台车辆紧急运送人员和物资。至13日晚22时，解放军共出动直升机18架，飞行28架次，向绵阳、绵竹、彭县地区空投食品等物资12.5吨；震后13小时，总后卫生部即向灾区调拨价值近400万元的药材和卫生装备，调拨2万袋战储代血浆支援地方，14日筹措了第二批价值3400万元的卫生物资快速发往灾区。通过空中投送、铁路运输、摩托化机动、水路输送等方式，从全国各地紧急抽调的13万大军以及食品、药品、帐篷、发电机组等大量救灾物资陆续抵达灾区，有力地保障了一线第一时间的物资急需。四川省红十字会、四川省抗震救灾指挥部等单位组织有关高校，在很短时间内梳理和调整了物资管理流程，开发了救灾物资管理的信息平台，建立了底层数据库，构建了物资接收发送管理系统，规范了各类救灾物资的接收、入库、保管、调拨、运送、签收、统计等工作程序，对救灾物资信息进行了科学的管理。这次灾害救援应急物流堪称是对我国应急物流保障能力的一次重大实践检验。

美国、日本、德国等世界发达国家，在自然灾害应急预案、应急救援物资库、各种运输方式替代路线、应急信息平台和现代物流知识及供应链管理理论的运用等方面，也进行了卓有成效的探索[①]，有关发达国家军队应急物流在理论法规建设、组织体制建设、信息化建设和军地一体化建设等方面，为我军提供了可资借鉴的启示[②]。在国外的人道主义救援中，曾因为缺少合作机制而影响救援效率。在2005年美国“卡特里娜”飓风、2011年日本“3·11”特大地震等自然灾害救援中，都不同程度地出现了军地协同方面的矛盾问题，在客观上迟滞了军队的行动，影响了救援活动的展开。正如专家指出的那样，“人道主义组织非常缺乏深入的合作交流。由于自然灾害导致的巨大影响，这些组织必须为了取得更好的效果而共同努力，但有时候缺少合作还导致更深层次的问题，就是某些地区过度保障，而另一些地区保障不足。”（Humanitarian groups have shown a complete lack in inter－organizational coordination and communication；due to

① 王小霞，郗恩崇．国外自然灾害应急物流管理的启示［J］．交通企业管理，2008（10）：6－7.

② 路慧湘，申楠公，马文刚．外军应急物流建设的经验及其启示［J］．军事交通学院学报，2010，12（3）：92－95.

the enormous effects caused by disasters, these groups must coordinate their efforts in order to achieve the greatest effect. Sometimes lack of coordination causes further problems where certain areas become overserviced and other areas are underserviced.)① 在实践中，人道主义救援的速度取决于物流工作者在人道主义救援点获取、运输和接收补给品的能力。而物资配送计划和协调难，造成效率低下的原因，恰恰是救援机构的数量庞大（The planning and coordination of the distribution of these supplies is a problem due to the sheer volume and number of relief agencies that may respond to a region.）②。

灾害救援中的国际合作不断深化，为应急物流提供了更大的拓展空间，有力地实践了人类命运共同体的伟大理念。据统计，2005 年 8 月 29 日美国南部地区遭受“卡特里娜”飓风袭击，中国政府向美国提供 500 万美元救灾援款和一批救灾急需物资；2005 年 10 月 8 日巴基斯坦发生 7.8 级大地震后，中国政府先后四次向巴提供总价值 2673 万美元的紧急人道主义援助，并向巴空运 26 批次救灾物资；2008 年，缅甸发生“纳吉斯”热带风暴，中国政府先后提供价值 100 万美元的紧急援助物资、3000 万元人民币援助款和 1000 万美元援助。

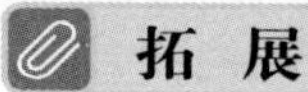

研究历史的方法

历史研究的内容包括人类社会的经济、政治、思想文化以及社会生活中的其他活动和现象，从纵向上涵盖历史过程的记录、历史经验的总结、历史规律的探讨，以及历史发展趋势的预见。

（一）历史方法和逻辑方法相结合

运用历史方法，要按照事物发展的时间顺序来展开研究，了解包括偶然因素在内的各个事件的来龙去脉，具体分析当时当地的历史条件，弄清它们相互之间联系的因果关系，反映事物发展过程的曲折性和多样性，再现出历史的本来面貌。然而，光有历史方法是不够的，还必须使用逻辑方法。运用逻辑方法去研究历史，就是要依据已有的哲学知识、历史知识和科学文化知识，对纷繁复杂的事实材料进行分析与综合、归纳与演绎、抽象与概括，从而做到去粗取精、去伪存真、由此及彼、由表及里，进

① MCCOY J. Humanitarian response: improving logistics to save lives［J］. American Journal of Disaster Medicine, 2008, 3（5）: 283 – 293.

② BALCIK B, BEAMON B M, SMILOWITZ K. Last mile distribution in humanitarian relief［J］. Journal of Intelligent Transportation System, 2008, 12（2）: 51 – 63.

而达到对事物的本质和规律性的认识。恩格斯说过，“历史常常是跳跃式地和曲折地前进的，如果必须处处跟随着它，那就势必不仅会注意许多无关紧要的材料，而且也会常常打断思想进程……逻辑的研究方式是唯一适用的方式。但是，实际上这种方式无非是历史的方式，不过摆脱了历史的形式以及起扰乱作用的偶然性而已。”① 历史方法与逻辑方法是相辅相成的。历史方法是从具体性上再现历史，而逻辑方法则是从抽象概括的形态上再现历史。我们在研究历史的具体进程时，要着重运用历史的方法，在总结经验教训时，要着重运用逻辑的方法，结合运用这两种方法，力求使我们的研究达到历史与逻辑的统一。

（二）宏观研究与微观研究相结合

微观的研究是十分重要的。我们要重视对具体事件、具体问题的研究，要尽可能弄清事物发展过程中的细节。同时，我们也要重视宏观的研究，要从全局上总体上去进行思考。只有了解了全局，才能更深刻地了解局部，只有把某一具体事件放在整体中去观察，才能判定它的性质、地位和作用。也只有站在全局的高度去研究，才能够发现规律性的东西。毛泽东曾提出研究中共党史要运用古今中外法。将这个方法运用于研究，就是更高层次的宏观研究。这就是说，我们的研究，从时间上说要纵贯古今，从空间上说要遍及中外。事物发展的历史，是一个由低级向高级发展的过程。我们把某一事物放在历史长河中去观察，才能发现这一事物处在何种发展阶段。我们研究的每个事物，都是在特定的条件下进行的，都有其特殊性，然而这种特殊性是如何体现普遍性的，它表现了哪些共同的规律，它的经验具有何种程度的普遍意义，这些需要把这一事物放在古今中外的联系中去考察，才能加以判明。这实际上是运用的历史比较法，就是把某一事物放在时间与空间交织的经纬度的一定位置上，去进行纵向和横向的比较，从而认识它本身的性质和价值。

（三）定性分析与定量分析相结合

定性分析，是指主要从事物的质的规定性方面进行分析，从而把握事物的性质和相互之间的联系。这是我们研究历史基本的常用的方法。定量分析是指主要从事物的量的规定性方面去进行分析，从量的变化去认识事物的发展进程和质的变化。定量分析具有精密性、稳定性、程序性、连续性的优点。但事物发展一般是一个充满偶然性和随机性的动态领域，而历史上的事物，数字资料又不充分，特别是时间久远的事物，资料就更加缺乏，加之过去研究手段的落后，所以，在历史研究中进行定量分析有一

① 马克思，恩格斯．马克思恩格斯选集：第2卷［M］．3版．中共中央马克思恩格斯列宁斯大林著作编译局．北京：人民出版社，2012：13－14.

定的困难。过去在研究中，也进行数量分析，但这只是比较简单和初级的，离现代意义上的定量分析相距甚远。随着大数据、云计算等先进技术的发展，为定量分析提供了强有力的手段，从而为定量分析与定性分析相结合创造了有利的条件。我们可以对历史的大量的数据进行统计和分析，制成统计数据表，从中分析出某些带规律性的东西，从而为指导未来实践作参考。我们还可以设想，将人工智能模拟系统引进历史研究，对历史上大量的资料，运用数学方法进行定量与定性相结合的分析，从而反映出事物发展量变与质变的全貌。然而历史中有些因素是难以量化的，到底如何运用智能系统研究历史，还须摸索和验证。

（四）史论结合

史论结合是我国史学的优良传统，我们要在历史研究的领域里加以继承和发扬。史，就是史料、史实。论，就是对史料史实的研究得出来的评论和结论，包括对功过得失的评价、对历史人物的褒贬、对经验教训的总结以及对规律性认识的理论概括。史与论这两个方面都是十分重要的，前者关乎事物发展历史的真实性，后者关乎事物发展历史的思想性。一部高水平的发展史，不仅在于史料的现实和对发展过程详尽的描述，而且要有客观而中肯的评论和使人受到启迪的见解。过去在史学界存在着“论从史出”与“以论带史”的争论。在这场争论中，有些含义不同的概念混淆在一起了。有的把“论”看成是马克思主义理论，把这一争论看成是马克思主义理论从历史中产生，还是用马克思主义理论指导历史研究的问题。有的把“论”看成是研究历史得出的结论，把这一争论看成是研究方法之争。此处所说的“论”，是指后一种概念。“论从史出”与“以论带史”，作为两种方法来说应该分别在两个不同的阶段加以运用。在研究阶段，应该坚持“论从史出”，而不能够“以论带史”。要在辩证唯物主义的世界观和方法论指导下，对大量史实进行研究，从中得出相应的结论来。而不能先有了某种结论，然后去找材料。然而，在写作阶段，应该运用“以论带史”的方法，就是要根据已经研究出来的思想观点去选择和使用材料，也就是用观点统率材料。总之，要把史论结合起来，达到理论与实际统一和观点与材料统一。

研究一个事物的历史，还要把它放在一定的历史阶段来审视。任何社会现象的产生都有其深刻的历史背景与历史渊源。考察社会现象及其运动规律，要有历史意识和历史眼光，洞察社会现象背后的历史原因，否则难以诠释社会现象的真谛。

（五）历史时代划分示例

研究一个事物的发展历史，应当注重在纷繁复杂的历史进程中找到代表性、标志性的事件，根据其性质进行“断代”。

示例：海军后勤史的分期。

对海军后勤的历史时代划分问题，可以有各种不同的划分方法。例如：按舰船类型划分，可以分为桨船时代、帆船时代、机械动力舰船时代等；按舰船动力划分，可以分为人力时代、风力时代、燃煤时代、燃油时代、核动力时代等；还可以按海军作战兵器的不同，划分为冷兵器时代、热兵器时代、核武器时代等。这些不同的时代划分方法，应该说各有其自身的优点，有利于表述和揭示不同时代海军后勤保障的特性和特殊规律。但其共同的不足之处，在于难以妥善解决各个时代之间相互交叉的问题，不利于对各个时代海军后勤保障的共性和一般规律的表述与揭示。以帆船时代为例，当时实际是帆船与桨船并存，而且帆船本身也是帆与桨的有机结合。其后勤保障不仅具有帆船保障的特殊性，而且具有桨船保障的一般性。其他时代的后勤保障，也有类似的问题。因此，本人认为海军后勤史的分期，以按照古代、近代和现代三个时代划分相对更为合理。这样可以弥补上述分期方法的不足，也可与史学界一般采用的历史分期方法相衔接。

照此划分，古代海军后勤经历了桨船和帆船两个时期，包括对冷兵器的保障，也包括对那个时代的热兵器的保障。桨船时代，战船主要靠人力划行，自持力弱。以冷兵器接舷战为基本特征的作战活动，通常在近岸海域进行，后勤保障内容比较简单，主要是舰船修造和饮食保障。帆船时代，战船主要靠风力驱动，其自持力和远海航行能力增强。随着火炮逐步取代冷兵器和海战规模的扩大，海军后勤开始发生重大变化。在保障内容上，帆缆器材供应和修船任务日益加重，弹药消耗逐步增多，舰船医疗卫生保障日益受到重视，对军港保障也提出了越来越高的要求。在保障方式上，海上伴随保障有所发展。15 世纪初中国明朝郑和下西洋活动，16 世纪末西班牙“无敌舰队”征战英国，都有相当规模的后勤船队伴随保障。与此同时，利用海外前进基地和中继基地实施保障的方式也开始崭露头角。在后勤机构设置上，这一时代的末期，专门的海军后勤常设机构在一些国家也逐步形成。1782 年，英国海军部中有 13 个处负责后勤事务，同时还在队、基地设置了相应的后勤机构和人员。

近代海军后勤，一般认为是从 18 世纪末到 19 世纪初开始的。其主要标志是蒸汽动力舰船的出现。在这个时代，随着舰船动力和武器装备的改进，海军对后勤保障的依赖性日益增大。在保障内容上，燃料（先是煤炭后是油料）成为最大的消耗物资。舰炮射速和口径的增大，使弹药消耗急剧膨胀。舰队火力的增强，使舰船等装备的战损和人员伤亡猛增，从而使舰船维修等技术保障和卫生勤务保障有了相应的发展。在保障方式上，岸基保障进一步改善，海上机动保障的地位与作用明显增强。1905 年日俄对马海战，1907 年美国“大白色舰队”环球航行，都得到了伴随航行后勤舰船的有力支援。1911 年英国海军建立了常设的海上后勤支援编队。与此同时，海上纵向和横向干液货补给手段也应运而生。海军后勤机构也日益完善。1832 年英国海军部设立负责物资与设计的监察官、财务总监、军需总监、食品总监、军医总监等 5 位海务大臣主管后勤工作。1842 年美国海军部设立造船与船坞局，建造、装备与维修局，军需被装局，军械与水道测量局，以及军医局等专门负责海军后勤工作的组织机构。中国清朝末年海军后勤工作由总理海军事务衙门的军政、军储、军医、主计等部门分别负责，通过各水师相应机构和舰上负责后勤事务的官弁实施。军港、医院、仓库、舰船和军械修造厂等后勤保障实体也初具规模。以北洋水师为例，建立了旅顺口、大沽口、威海卫等 3 个海军基地，设置了天津海防支应局、天津军械局、旅顺军械局、旅顺鱼雷营、大沽船厂、天津海军总医院和西医学堂、旅顺水师疗养院等保障机构。民国初期，海军后勤机构和保障设施进一步得到加强和完善。第二次世界大战期间，海战规模空前扩大，战况空前激烈，极大地刺激和推动了海军后勤的发展。美国海军战争结束时拥有的后勤舰船比战前增加了 58 倍，就是一个有力的证明。

现代海军后勤，可以说是从第二次世界大战后开始的。在我国，则是从人民海军建立开始的。进入这一历史阶段后，随着核动力舰艇和喷气式飞机的出现，精确制导的远距离投射武器和电子装备器材的发展与运用，使海军后勤保障内容进一步发生重大变化，保障方式更加灵活多样，保障手段向自动化、智能化发展，保障机构进一步得到完善和加强。

实训作业之二

课程论文选题

结合个人研究兴趣，初步确定课程论文的选题。

（一）作业要求

（1）结合个人研究兴趣，按照课程论文的要求，初步确定 2 ~ 3 个选题方向，并思考选题的价值性、创新性和可行性。

（2）就选题方向，与指导教师、同学进行沟通交流，听取各方面的意见建议。重点体验沟通交流的方法和技巧，要准确表达个人观点，准确把握他人的观点，深入挖掘和提炼升华他人的精要观点，结合实际情况进行取舍吸纳。

（3）根据初步的选题方向，进一步检索文献、收集素材，进行深入的研究思考。

（二）作业辅导

选题反映出学术水平，也反映出一个学科的发展水平。所谓“题好文一半”，一个好的选题，就是一项高水平的研究的良好开端。爱因斯坦指出，“提出问题往往比解决一个问题更重要，因为解决问题也许是数学上或试验上的技能而已，而提出问题确需要创造性的想象力，而且标志着科学的真正进步。”选题是论文的第一创作行为，能不能选定有价值的题目，是衡量学术创新水平的关键标志。选题来自于自身的调查研究和思考发现，一般来说要着眼全局、从实际出发、抓住重点难点、抓住学术前沿，形象地说就是紧跟“上头”、了解“下头”、抓住“龙头”、勇立“潮头”。

1. **选题的一般要求**

（1）价值性。学术论文的选题必须有意义、有价值。包括理论价值和实践价值。所谓理论价值，主要是指针对现有的实践活动和已有的理论，进行总结、归纳和阐释，以提出新的理论观点，或者补充、丰富、发展和完善已有的理论。所谓实践价值，是指能揭示现实实践活动的特点、规律，科学地预测未来，指导和推动当前和未来实践活动的开展。

（2）创新性。创新是学术论文的生命，是评价学术论文质量与水平的主要标准。“创新”指的是对某一领域的知识发展做出原创性的贡献，可表现在探索未知的新领域、文献资料的新发现、观察问题的新视角、新概念术语的产生、研究方法的新探索、学科知识的新融合、理论观点的新突破等①。没有创新，就失去了学术研究的意义。主要包括拓荒性创新、发展性创新和争鸣性创新。拓荒性创新，是指提出了从未有人论述过的问题或者观点，或者是填补了研究领域的空白，或者是对传统理论观点的现实否定。发展性创新，主要是对已有的学术观点给予补充；或者把分散的观点联系起来，重新整合，使之系统化；抑或对同一个问题从新的角度进行论述。争鸣性创新，是指对同一个问题，看法不一致，各有所见。没有争鸣也就没有真正的学术发展，从这个意义上讲，争鸣性创新的选题是非常可贵的。

（3）可行性。选题的可行性是针对作者完成研究任务的主客观条件而言的。在选题中要量力而行。一般来讲，题目宜小不宜大，即选题所涉及的内容不能太宽泛，太宽泛就不容易论述深透。当然，这一点不是绝对的，只要量力而行就可以。要根据个人的学术视野、研究能力、研究兴趣选题，如果选题超越了自己的学术视野、研究能力和研究兴趣，勉强为之，就很难完成好研究任务，甚至会中途搁浅。另外，题目宜熟不宜生，即选题要尽量在自己所熟悉的领域进行，这样，既可以节省研究时间，又便于深入研究。从客观条件来讲，还要考虑资料来源是否充足，与周围同行是否有共同探讨的条件等。总之，要根据主客观条件决定选题的大小和难易程度。

2. **选题的基本步骤**

但无论哪个方面，选题一般都可分四个层次考虑：一是确定研究方向——了解哪个方面需要进行理论攻关；二是确定要研究的问题——了解这个方向还有什么问题有待深入研究；三是确定主题思想——在这个问题中自己提出一种什么主张；四是推敲题目——如何准确地把自己的主张表达出来。就选题过程来说，要特别注重“跟踪、

① 董泽芳．博士学位论文创新的十个切入点［J］．学位与研究生教育，2008（7）：12－17.

质疑、比较、敏锐”。跟踪，就是紧紧跟踪理论和实践的发展，使自己能在一个研究领域始终居于学术前沿的地位。质疑，就是对传统的和已有的理论敢于提出自己的不同见解。比较，就是善于与先进国家、先进单位、先进领域进行比较，在比较中发现自身不足。敏锐，就是保持自己学术敏锐性，能在第一时间发现和捕捉客观世界的发展变化。这些都是发现论题十分重要的品质。选题的基本步骤包括：

（1）全面系统地了解本学科专业的研究范围、研究内容和主要研究方向。重点是掌握主攻研究方向的研究问题，聚集选题的范围。

（2）全面系统地掌握学科和研究方向的研究现状和已有的研究成果。要做学问，首先就应该博览群书，在阅读中了解本学科和相关学科的研究动态，收集充分的科研信息，了解已有的研究成果，发现研究的薄弱环节。了解研究现状有利于从大量的科研信息中得到启发，产生研究课题。更为重要的是，可以避免选题研究上的重复性、陈旧性和选题上的盲目性，如把别人已经研究过的问题，当作新课题来研究，或把学术界已有定论的问题，当作理论空白来填补，大都是因为缺乏学术敏感，不注意了解发展变化着的学术动态，视野有限造成的。因此，论文选题的工夫就是要花在查阅文献、收集资料和调查研究等工作上。

（3）了解本学科领域需要回答和解决的理论和实践问题。从科学研究的根本任务和目的来讲，无论是基础理论研究，还是应用理论研究和对策问题研究，都要发挥其对实践的指导作用，回答和解决各种实际问题。基于实际需要的课题，是最富有生命力和最有价值的课题。实践的需要是科学发展的根本动力，不断发展的实践要求理论不断发展。

（4）了解自己在哪些问题上有获得新进展、新突破的可能。阅读是收集科研信息和了解相关学科研究动态的重要途径，但阅读不是单纯地接受作者的观点，而是要独立思考，做出鉴别、判断和评述。边阅读边思考，在思考中理解和掌握阅读的内容，形成自己对某些问题的见解，从而了解自己在哪些问题上有获得新进展、新突破的可能。这不是单纯的读书方法，也不是单纯的选题方法，而是一种治学的方法。需要把握两点，首先，要打破固定的“是”与“非”二维逻辑的界限，学会用多维的思辨方法评价复杂的事物。其次，要开阔视野，善于转换角度，学会从新角度来看老问题。任何结论都是站在特定的立场，从特定的角度，在一定的层面上，依据一定的理论和方法，按照一定的逻辑论证而来的。因此，视野大小、角度不同则结论迥异。

（5）综合选定研究课题。在明确了选题方向和范围，掌握了学科和研究方向的研究现状和已有的研究成果，了解了本学科领域需要回答和解决的理论和实践问题，并初步明确了自己在哪些问题上有获得新进展、新突破的可能的基础上，研究者还需要与导师、专家及同学进行广泛交流，进一步全面理解问题，活跃思想，拓展视野，激发创新。最后，根据不同课题的大小、难度，本人的兴趣，完成课题研究的时限等具体情况，自主选定研究课题。

3. 选题的注意事项

成功的选题有共同标准，但失败的选题原因很多。从较普遍的情况看，应注意防止以下四个问题：

一是盲目赶潮流。自己不熟悉的也要写，结果是费力很大，收效甚微。有些概念，初次出现是很新的，但如果不熟悉或没有进行过系统研究，千万不要急于写，否则，花很大力气写出来，可能自以为还不错，实际上内行人可能认为比较肤浅。

二是盲目标新立异。就是没有认真考虑选题的内涵及其可行性，先标新立异，把选题拿出来。这样的选题，往往是看上去很新，但过于玄乎，根本没有可行性基础，因此很难产生实际指导作用。

三是忽略了事物发展的传承规律而过于超前。新旧更替是有一定规律性的，事物的发展，无法违背基本规律。事物发展到哪个阶段，就需要研究哪个阶段的问题，尤其是对策性研究，超越客观物质条件常常会失去论文的指导性和可借鉴性。

四是盲目追求层次高、论题宏大的选题。从写作上讲，层次高、论题宏大的论文，通常包含很多内容，结构也复杂，往往不易把握，很难写出有真知灼见的东西来。对于大的题目，即使写，也要在自己有充分的理论储备之后再写。

第三讲　应急物流支撑理论

导 语

要找到恰当的理论基础

理论是实践经验的概括和总结，新理论的产生和发展往往都是建立在已有的成熟理论之上。从科学研究的意义上来说，一门学科的理论同它的理论基础不是一回事，它们既有联系也有区别。任何学科的理论体系都必须以某种更为宏观的联系密切的理论为基础，这样，学科的理论才能实现深化与具体化①。

论文应当有坚实的理论支撑，没有理论的论文是没有深度的。尤其是博士学位论文，应当有相当的学术品位、理论深度和思想容量，不能限于常识性的议论，需要有一定的逻辑起点，有相当的理论建树，一定程度上能够推动学科发展；不仅要提出创新性的理论观点，还要运用大量事实进行严密、翔实、富有逻辑性的论证，进行系统的研究。对于一些研究问题，由于源于现实问题，而现实问题是综合性的、非学科性的，要选择有针对性的理论来支撑的难度较大。此外，如果研究的问题源自于本土的社会现象，则要特别注意非本土理论的适用性。

在应急物流的理论研究和实践探索中，得到了相关理论的有力支撑，提供了萌芽和生长的土壤。其中，物流活性、供应链管理、物流资源统筹、军地物流一体化等相关理论对于应急物流的理论研究与实践探索具有更为直接的现实意义。

一、物流活性理论

活性一词多用于化学领域。一般来说，活性是催化剂的特有属性，是描述促进其他物质发生化学反应的“第三者”的化学属性。

---

① 季世庆，张信兴．军事社会学［M］．北京：军事科学出版社，1990：8.

日本学者在分析搬运工序时，用“活性示数”表示物品放置状态[①]，如下表所示。我国有学者将“物流活性”定义为对物流系统的反应灵敏性、快捷性，物流运动的容易性及各物流环节衔接性、顺畅性的综合评价，认为物流活性是反映物流系统及时满足客户不断变化的物流服务需求的能力指数，既是一个指数，也是一个概念；物流活性反映出物流系统的灵活性、为客户提供服务的多样性、物流运动的容易性、各物流环节的衔接性和物流系统的抗风险性，并指出物流活性由库存活性、运输活性、包装活性、搬运活性和物流信息活性等五个部分构成[②]。有学者认为，物流活性是应急物流系统即时响应能力的评价指标[③]。还有专家指出，物流活性是指物流系统中物流单元内物流资源有机组合而成的从某一物流状态转换到另一物流状态的能力，也就是应急物流系统的灵敏性与灵敏度[④]。还有学者认为，军事物流活性就是指在军事物流活动的过程中，人们将军用物资的存放状态对军用物流活动（筹措、包装、搬运、装卸、运输、储存、拣选、分发和配送等）各环节作业难易程度的影响，以及对整个军事物流系统反应的灵敏性、快捷性和物流运动的容易性、各物流环节的衔接性、顺畅性影响和制约作用的综合评价[⑤]。

活性示数与物品放置状态对应关系

活性示数	物品放置状态
0	零散地放置在地面或台面的状态
1	放在容器内或捆成一捆的状态
2	放在托板内或滑板上的状态
3	装载于车内的状态
4	处于用输送机或溜槽移动的状态

物流活性对于应急物流具有极其重要的应用价值和现实意义。这是因为，仅从字面上理解，“应急物流”就是“物流”加上“应急”，而如何实现真正的“应急”，其根本方法就是要提高物流活性，确保应急物流资源调用各个功能环节顺畅高效。

---

① 远藤健儿．物资与运输管理［M］．池凤年，王铁生，王启元，译．北京：中国人民大学出版社，1985：115.

② 王自勤．物流活性初探［J］．中国流通经济，2002（6）：11－13.

③ 徐胥红，王自勤．物流活性：应急物流系统即时响应能力的评价［J］．中国流通经济，2009（9）：24－27.

④ 王宗喜．大力推进我国应急物流建设与发展［J］．中国物流与采购，2007（24）：37－39.

⑤ 陶新良，杨春国，范卫星．军事物流活性理论的构建及其应用探讨［J］．仓储管理与技术，2008（3）：5－7.

二、供应链管理理论

供应链（Supply Chain）是近几十年来逐渐发展起来的一种全新的物流运作模式。由于在物资流通的运行方式上，形成了从供应商、制造商、分销商到终端用户的物流和信息流的网链结构，而且这一网链结构上相邻节点之间表现出逐次满足供应的关系，故而将其形象地称为“供应链”。供应链是“生产及流通过程中，涉及将产品或服务提供给最终用户所形成的网链结构”①。供应链是一个整体的功能网络结构模式，主要围绕着核心企业，通过对信息流、物流、资金流的控制，从原材料开始，制成中间产品以及最终产品，最后由销售网络把产品送到最终用户。

在这种网链结构基础上形成的现代企业管理模式——供应链管理（Supply Chain Management，SCM），不仅是基于供应链所实施的系统管理，也是基于战略合作的集成管理。这种模式下，供应链上的核心企业与外部企业建立战略合作关系，作为一个不可分割的有机整体，以整体利益最大化为共同目标，共同调控从供应商到终端用户的物流计划和管理职能。这些外部企业拥有专业化资源，承担核心企业所外包的非核心业务；而核心企业则将精力集中于核心业务，通过整合优势资源、优化业务流程，最大限度地挖掘潜力，以追求低成本、高质量的物流服务。

供应链管理的理论方法对于应急物流服务保障具有现实的理论价值，有关学者提出并研究了应急物流供应链问题。研究认为，应急供应链是在应急条件下使应急物资、信息、服务等要素从供应商到事发地（affected area）有效组织、管理和控制的过程②。也有观点认为，应急物流供应链是为快速响应突发事件对应急物资的需求，以政府为主导、相关企业参与，围绕应急物资的采购管理、运输管理、配送组织、存储管理及物流系统优化等活动而形成的动态战略联盟③。有学者以构建高效应急物流供应链为目的，基于数据挖掘技术建立了一种可靠性高、可行性强的应急物流供应链体系④。还有学者从系统分析和识别风险、综合评价与评估风险、主动防范风险等三个方面，深入研究了军民兼容的应急物流供应链断裂风险⑤。

---

① 中华人民共和国国家质量监督检验检疫总局，中国国家标准化管理委员会．中华人民共和国国家标准物流术语（GB/T 18354—2006）［M］．北京：中国标准出版社，2006.

② JIUB - BIING SHEU. Challengers of emergency logistics management［J］. Transportation Research Part E 43，2007.

③ 张中华．应急物流供应链的构建及效果评价［J］．商业时代，2012（7）：35 - 36.

④ 刘大龙．浅析如何通过技术构建应急物流供应链［J］．物流工程与管理，2012，34（4）：88 - 89.

⑤ 杨文哲，朱岩，韩修庭，等．军民兼容的应急物流供应链断裂风险管理初探［J］．中国军事科学，2010（2）：60 - 65.

在应对突发事件的实践中已经体现出应急物流供应链的重大现实意义。据英国《金融时报》报道，2014 年 12 月 26 日东南亚海啸发生后，国际红十字会与红新月协会联盟负责灾难与难民政策的前任理事彼得·沃克说，“‘灾难预备工作就是把仓库填满’，这种旧观念正在消失。问题不是储备物资，而是把你的供应链完备地部署到位。”① 一位物流专家说，“现在面临最严重的问题不是缺少救援物资，而是怎样把这些物资运送到最需要的地方。”② 在灾害救援实践中的经验教训，凸显了供应链管理对于应急物流的重要作用和现实意义。

三、物流资源统筹理论

自 20 世纪 50 年代末华罗庚教授提出“统筹法”以来，我国先后出版了《统筹学概论》《军事统筹学》《统筹学》等理论专著，目前已经逐步发展成为独立的学科。实际上，统筹兼顾是我们党在长期革命、建设、改革实践中形成的一条宝贵经验。早在抗日战争时期，毛泽东同志就提出要军民兼顾、公私兼顾；新中国成立后，又把统筹兼顾作为社会主义建设的一条重要指导方针，强调“我们的方针是统筹兼顾、适当安排”。改革开放以后，邓小平同志进一步强调，“必须按照统筹兼顾的原则来调节各种利益的相互关系”。党的十三届四中全会以后，江泽民同志强调，“我们所有的政策措施和工作，都应该正确反映并有利于妥善处理各种利益关系，都应认真考虑和兼顾不同阶层、不同方面群众的利益。”③ 党的十六大以来，以胡锦涛同志为总书记的党中央，进一步发展了统筹兼顾的战略思想，强调要统筹城乡发展、统筹区域发展、统筹经济社会发展、统筹人与自然和谐发展、统筹国内发展和对外开放。党的十七大把统筹兼顾作为科学发展观的根本方法，进一步提出统筹中央和地方关系，统筹个人利益和集体利益、局部利益和整体利益、当前利益和长远利益，统筹国内国际两个大局，形成了科学发展观关于统筹兼顾的丰富内容④。

现代物流强调综合集成的理念，在实践中对物流资源统筹提出了新的要求，这也促进了物流资源统筹理论的产生和发展。有学者研究了军事物流资源统筹问题，提出以综合集成的方法将人力、物力、财力、时空、信息和关系等六种有形和无形的资源

---

① 佚名．为海啸救援引入应急物流［N/OL］．（2007 - 07 - 27）［2010 - 10 - 12］．http://www.chinawuliu.com.cn/zixun/200707/27/75716.shtml.

② 中央财经大学中国发展和改革研究院案例与调查评价中心．应对突发事件案例·点评·启示［M］．北京：国家行政学院出版社，2010：70.

③ 《深入学习实践科学发展观党员干部读本》编写组．深入学习实践科学发展观党员干部读本［M］．北京：人民出版社，2008：126.

④ 中共中央宣传部．科学发展观读本［M］．北京：学习出版社，2008：47.

进行相互转化，使之发挥最大的效能[①]。并认为，军地物流资源统筹是贯彻落实军民融合式发展战略的必然举措，对于构建军民结合的军事物流体系具有重要的现实意义，并研究了统筹军地物流资源的可行性和推进策略[②]。此外，从建立指挥体系、信息系统、物流中心、物资储备系统、配送体系和物流队伍等六个方面，阐述了加强军地统筹应急物流体系建设的具体思路[③]。还研究了城市应急物资军地统筹储备问题，提出要发挥军队优势，统筹建设城市应急物资储备体系[④]。

物流资源统筹的理论方法，从决策的角度审视应急物流的资源配置和力量使用，对于应急物流这样一个亟须综合集成的复杂系统，尤其具有重要的现实意义。

四、军地物流一体化理论

所谓“军地物流一体化”（Integration of Military Logistics and Civil Logistics），是指对相对独立的军队物流系统与地方物流系统进行有效的整合和优化，以实现军地物流兼容部分高度统一、相互融合、协调发展[⑤]。自提出“军地物流一体化”概念以来，在理论研究上取得了较为系统的成果，主要是在确立“军地物流一体化”概念、特征、目标、实践模式的基础上，构建了科学合理的军地物流一体化建设绩效评价体系，还按照理论与实践相结合的方式，围绕军地一体化的基础要素、军地统一的技术标准、协调一致的运营规范、规范合理的评价体系、高度统一的管控体系、科学完备的法规体系的整体建设目标，在军地物流统一规划决策、军地共育物流人才、军地物流合作科研开发、军地物流联合服务保障等方面展开了大量的实践应用活动，采用系统分析方法和技术，全面评价与考核军地物流一体化的运作效果，及时总结经验教训，适时采取优化军地物流资源配置的有效措施[⑥⑦]。

军地物流一体化是军事物流军民融合式发展的一个理想状态，其实质是要将分属军地的物流资源进行综合集成，实现军地物流资源的统筹规划。这一点，对于应急物流无疑是具有重要的参考借鉴价值。早在2003年，就有学者将“应急物流”与“军地

---

① 王宗喜，黄剑炜．军事物流资源统筹研究［J］．中国流通经济，2012（9）：25－28.

② 王宗喜．军地物流资源统筹的战略思考［J］．中国流通经济，2012（10）：4－7.

③ 阎慧，张涛．大力加强军地统筹应急物流体系建设［J］．后勤学术，2011（9）：68－70.

④ 阎慧，张伟，张涛．城市应急物资军地统筹储备研究［J］．军需物资油料，2011（8）：50－51.

⑤ 中华人民共和国国家质量监督检验检疫总局，中国国家标准化管理委员会．中华人民共和国国家标准物流术语（GB/T 18354—2006）［M］．北京：中国标准出版社，2006.

⑥ 王宗喜．军地物流一体化［M］．北京：军事谊文出版社，2003：1.

⑦ 徐东．军地物流一体化建设研究［D］．北京：后勤指挥学院，2003：24.

物流一体化”联系起来①，此后先后出现了“军地应急物流一体化”②③“军地一体应急物流体系”④等概念。实际上，在应急物流中，政府主导的应急物流力量是主体，军队始终都是重要的骨干和突击力量，具有明显的组织优势和力量优势，其深厚基础仍然在于丰富的社会物流资源。只有通过优化整合和综合集成，实现军地各方面应急物流资源和力量的深度融合，才能避免重复建设，发挥最大的综合效益。故而，军地物流一体化的理论方法对于优化整合军地物流资源和力量、指导应急物流建设具有现实意义和重要价值。

拓 展

辨析理论基础二三例

（一）《地方高校本科评估中的组织化动员》的支撑理论

北京大学优秀博士学位论文《地方高校本科评估中的组织化动员》⑤以吉登斯的“结构二重性”理论作为理论基石，原因在于：

（1）其理论核心是结构具有制约性和使动性，“我们在受制约中创造了一个制约我们的世界”，对该文的研究问题有较好的解释力。

（2）该理论是综合性理论，融合了社会结构制约性和主体行动能动性两个方面，包容性较大。

（3）该理论是形式模型，具有超越不同社会的结构形态，对研究具有一般性的指导意义。

（二）图书馆资源运行的支撑理论⑥

系统理论、控制理论、信息理论和并行理论对图书馆资源合理运行的支撑作用。

（1）系统理论——图书馆资源运行的指导。图书馆是一个由相互影响、相互关联的诸多子系统构成的动态复杂系统，它具有提供文献信息资源的特殊功能作为一个动

---

① 徐东．应急物流与军地物流一体化建设［J］．中国物流与采购，2003（23）：28－29.

② 侯远达．军地应急物流一体化研究［J］．军队采购与物流，2007（5）：67－69.

③ 韩涛，张剑飞，刘发鹏．论军地应急物流一体化建设的关键问题［J］．后勤学术，2010（10）：72－73.

④ 张德，杨希锐．推进军地一体应急物流体系建设［J］．军事学术，2011（2）：48－49.

⑤ 钟凯凯．我是怎样写出优秀博士论文的［J］．社科学术圈，2017－09－01.

⑥ 孟雪梅，刘岩芳，贺延辉．图书馆资源运行的支撑理论研究［J］．现代情报，2002（4）：32－35.

态运行的系统，要想使其处于最佳状态，充分实现系统目标，就必须遵循系统原理，接受系统论原则的指导。

(2) 控制理论——图书馆资源运行的整合。图书馆可以看作一个信息系统，由各子系统组成，各子系统分担不同的任务，实现不同的功能，同时又相互协调、相互作用，实现图书馆整个系统的功能。因而对它的控制既包括对系统整体的控制又包括对所有组成要素的控制，必须建立图书馆资源运行的动态模型，选择合理的控制方式，努力克服来自系统内外的干扰，确保图书馆资源运行达到最优。

(3) 信息理论——图书馆资源运行的基础。图书馆作为文献服务中心，以满足读者的需求为最终目的，对读者提供咨询、检索、各种文献信息等服务。要做好这些工作，其子系统必然要紧密配合，形成一个有机的整体，而这种配合就是一种信息交流的方式。图书馆资源运行系统的信息交流表现为外部的交流与内部的交流。

(4) 并行理论——图书馆资源运行的优化。图书馆资源始终处于一个动态的运行状态，对其管理实质上就是对这个运行过程的管理，而根本上又是对运行机制内容要素、资源对象的管理。并行工程面向整个过程或产品对象，强调设计人员在设计时不仅要考虑设计，还要这种设计的工艺性、可制造性、可生产性、可维修性等。工艺部门的人也要同样考虑其他过程。设计某个部件时要考虑与其他部件之间的配合。所以整个开发工作都是要着眼于整个过程（Process）和产品目标（Product Object）。运行机制过程与之大同小异。拿人们经常谈论的信息资源（包括网上信息资源）的开发利用来说，它是运行机制的一部分。信息资源开发利用先要确定目标（是满足特定用户信息需求，还是公众化信息需求，还是建立特色文献库等），然后是过程：需要投入足够的经费资金来购买到这些文献信息，还需要有一定知识水平的馆内人员加工整理等，当今计算机信息技术、网络技术及其相应的设施设备为这种开发利用筑造了技术设施平台，最后要通过反馈了解产品或服务是否满足了用户的社会信息需求。运行机制中其他资源要素也有类似的目标和过程。因此运用并行管理方法可推动运行机制运转。

（三）装备资源节约理论的支撑理论①

(1) 资源环境领域相关理论。

资源科学。资源科学是研究资源的形成、演化、质量特征与时空规律及其与人类社会发展之相互关系的科学。它是一门综合性很强的科学，是自然科学、社会科学与工程技术科学相互结合、相互渗透、交叉发展的产物。其目的是为了更好地开发、利用、保护和管理资源，协调资源与人口、环境、经济发展之关系，促使其向有利于人

① 杨宏伟，倪明仿，刘世伦，等. 装备资源节约理论与实践［M］. 北京：国防工业出版社，2013：21 - 30.

类生存与发展的方向演进。

资源系统工程。资源系统工程是以资源系统为研究对象的一门交叉学科。它应用定量与定性相结合的方法和计算机等工具，对系统的构成要素、结构、信息交换和反馈控制等功能进行分析和设计，以达到最优规划设计、最优控制和最优管理的目的，从而实现资源系统的综合最优化。

资源配置理论。资源配置是根据一定原则合理分配各种资源到各个用户单位的过程。由于资源的稀缺性和空间分布的差异性，如何在空间和时间上优化配置这些稀缺的资源，最大程度地满足人们物质消费需求，成为资源学界的重要课题。

资源承载力理论。资源承载力是衡量资源状况和环境容量承受人类经济活动干扰能力的一个重要指标。从资源制约的角度进行承载力的研究是该项研究的共同出发点，并认为资源承载力是一个描述资源支持人类生存或人类社会经济活动能力阈值（极限值）的概念。

理论指导意义。一是装备资源节约必须从整体出发，将装备战斗力、资源、环境、经济统为一体，用系统的观点认识资源节约问题，有利于使装备资源节约范围不断拓展，不仅要在生产阶段实施成本控制和资源节约，更要着眼于在装备的研发、采购、使用管理、退役报废等领域的资源节约，实现装备全系统资源节约。二是装备资源节约必须优化装备资源配置。大力推动装备保障资源区域性和结构性优化，加强战略性稀缺资源储备和使用管理，形成布局科学、结构合理的装备资源配置体系。其目标就是要采用灵活、科学的组织形式，将装备资源在正确的时间、正确的地点，以正确的数量、正确的质量配送到正确的部队用户手中，尽可能有效地充分利用现有装备资源，实现装备资源无闲置、配置决策无失误、分配使用无浪费，提高装备资源综合利用效益，提高装备完好率及装备作战能力和保障能力。三是装备资源节约必须制定符合资源承载力的装备战略资源规划，优化装备能耗结构。利用系统设计思想和科学管理策略，通过综合集成、结构优化、功能重组等技术手段，优化装备能耗结构与资源配置，正确运用装备动用策略，处理好资源节约与保障发展的关系。重点是要根据资源环境承载条件，按照形成装备可持续发展能力，科学合理开发、综合利用、集约使用装备资源；按照有序开发、分类管理的要求，强化规划统筹，完善装备资源规划体系；按照节约型、集约化发展理念，着力探索集约利用装备资源长效机制，提高资源综合利用效率，推动装备建设走节约、清洁、安全和可持续发展道路。

（2）社会经济领域相关理论。

可持续发展理论。可持续发展实质是谋求在经济发展、环境保护和生活质量提高之间实现一种有机平衡的发展，使经济发展、社会进步、资源利用和环境保护之间达到一种理想的优化组合状态，以便在空间结构、时间过程、整体效应、协同性等方面使某区域的能流、物流、人流、信息流达到合理流动和分配，从而提高其持续发展的能力。

循环经济理论。循环经济是一种生态型经济模式，倡导的是人类社会、经济发展与生态环境和谐统一的发展模式，把经济活动组成一个“资源—产品—再生资源”的反馈流程。

绿色制造理论。绿色制造是一种综合考虑环境影响和资源消耗的现代制造模式。在装备制造领域中的基本思想是实现装备全寿命周期资源消耗、环境污染以及人体安全健康危害的“减量化”和“源头”控制，并有利于资源的循环利用。

理论指导意义。一是装备资源节约的最终目的是为了促进装备建设走可持续发展道路。装备建设可持续发展，其本质要求就是要将装备建设的各种资源进行优化配置与高效运用。装备建设可持续发展，既是装备建设的客观需求，也是装备建设的必然趋势；既是国防现代化建设的历史使命，也是国家经济发展的时代要求。二是装备资源节约必须注重源头控制和末端处理，以装备资源的减量化、再利用和再循环为基本原则，节约利用装备资源。以循环经济理论为指导，加强退役报废装备资源的再利用和再循环，使装备建设形成一个资源节约型、环境友好型的循环发展模式，对提高装备资源利用效率和缓解装备建设与资源承载力、环境可承受性之间的矛盾都具有重大现实意义。三是发展绿色装备是装备资源节约的一条重要途径。传统武器装备在制造、使用及销毁时，都会对环境及人体产生危害，并且具有空间上的迁移性和时间上的延续性。研究武器装备的绿色化有利于从源头控制军事环境污染，节约资源、能源，节省军费开支，有效地促进军事、环境、经济的可持续发展。绿色装备是未来装备发展的重要方向，尤其强调装备在科研生产阶段的资源特性论证。在确保装备性能和质量的前提下，要充分考虑装备资源利用效率和环境影响，积极鼓励和开展资源节约型、环境友好型的新型绿色装备科研，广泛采用先进设计技术和生产工艺，优先选用可再生、可回收、低能耗、少污染等与环境兼容性好的材料和零部件，提升装备全寿命过程资源节约和环境友好的性能，达到军事经济效益完美结合和协调发展。

（3）武器装备领域相关理论。

综合保障理论。装备综合保障理论是在装备研制全过程中为满足战备和任务要求，综合规划装备所需的保障问题，在装备部署使用的同时，以可承受的寿命周期费用提供与装备相匹配的保障资源和应急有效的保障系统所进行的一系列技术与管理活动。

持续采办与寿命周期保障理论。在美国国防领域“持续采办与寿命周期保障”（Continuous Acquisition and Life-cycle Support，CALS），是指在武器装备的采办与保障过程中，采用一套标准为军事部门与国防企业开发、管理、交换及使用数字形式的技术与事务的数据，建立共享的集成数据环境。CALS在我国也称为全寿命信息管理，其主要目标是从装备资源信息无纸化入手，最终建立集成数据环境，实现装备全寿命过程资源信息的数字化、自动化、网络化与集成化。

装备全寿命管理理论。全寿命管理是指运用系统理论和系统工程方法，对装备从立项论证开始，经过设计、制造、生产、使用、保障直至报废的寿命周期过程实施科学的管理决策，主要包括全寿命费用管理和全寿命技术管理。装备全寿命管理追求装备的综合性能、全寿命费用、研制进度和综合保障的最佳匹配，以及装备各分系统、部件之间的协调发展。与分开独立的管理相比，全寿命管理强调在费用、技术上综合考虑各阶段的问题，使全寿命费用最少，各阶段技术相协调。其目标是提高装备的战备完好性和任务成功性，减少保障工作的人力和费用，保证部队对装备的及时需要，使部队能买得起、用得好，实现装备建设的良性循环。

理论指导意义。一是实施先进的装备保障措施，是提高装备保障资源利用效率的有效途径。装备保障中涉及的装备资源消耗占装备寿命周期资源消耗的很大比重，通过引入先进的装备保障理论，优化保障流程，提高保障效率，可有效提高装备保障中的资源利用效率，减少资源浪费。二是装备资源节约工作必须贯穿装备全寿命周期。装备全寿命周期理论为装备资源节约工作奠定了理论基础，要求装备建设考虑装备系统性、整体性与资源性，强调装备从立项论证、研制、使用至退役报废整个寿命周期各阶段的连续性、有序性与关联性，优化全寿命过程资源配置结构，从装备全寿命过程合理配置与集约利用资源，从而保证系统优化和发挥装备系统最大的整体效能，实现装备建设又好又快发展。

实训作业之三

文献综述

按照选题方向，完成课程论文的文献综述。

（一）作业要求

（1）全面梳理概括选题方向的主要理论观点和最新研究成果。

（2）分析比较各种主要观点的优点和缺陷，找准选题方向需要研究和突破的问题。

（3）总结归纳出具有规律性的结论，预测选题方向发展的趋势。

（4）按规范整理完整的文献目录，一般应不少于30篇文献。

（5）文字简练、内容翔实。

（6）将文献综述提交专家教授、指导教师或学有余力的同学，请他们阅读并提出意见建议，进行修改完善。重点体验如何采纳吸收各方面的意见建议，并将其科学合理地体现在文字中。

（7）转换视角，对比审视，按照“优秀”“良好”“合格”“不合格”给自己的文献综述评定一个等级。

（二）作业辅导

文献综述是对文献资料的综合评述，是对某一方面的专题收集大量情报资料，经综合分析而写成的一种学术论文，它是科学文献的一种。“综”是指对文献资料进行综合分析、归纳整理，使材料更精练明确、更有逻辑层次；“述”是指对综合整理后的文献进行比较专门的、全面的、深入的、系统的论述。总之，综述是作者对某一方面问题的历史背景、前人工作、争论焦点、研究现状和发展前景等内容进行评论的科学性论文。

文献综述的目的是帮助读者确认所研究的问题与以往同类或同领域论文相比较所具有的价值及在选题或研究内容与方法上是否具有创新性或新的进展。在学术研究的道路上，后人总是踩着前人肩膀前进的。因此，文献综述事实上就是在寻找和确认前人肩膀究竟在哪里的过程。在学术研究中，如果缺少全面系统的文献综述工作，则该项研究很有可能只是踩在前人的腰上，甚至有可能根本没踩到前人，即踩空了或者踩偏了。

文献综述是在确定了选题后，在对选题所涉及的研究领域的文献进行广泛阅读和理解的基础上，对该研究领域的研究现状（包括：主要学术观点、前人研究成果和研究水平、争论焦点、存在的问题及可能的原因等）、新水平、新动态、新技术和新发现的发展前景等内容进行综合分析、归纳整理和评论，并提出自己的见解和研究思路的一种不同于毕业论文和研究论文的文体。它要求作者既要对所查阅资料的主要观点进行综合整理、陈述，还要根据自己的理解和认识，对综合整理后的文献进行比较专业、全面、深入、系统的论述和相应的评价，而不仅仅是相关领域学术研究的“堆砌”。

写好文献综述，首先是要查阅文献，对主要的原始文献必须精读，一般的文献也要通读，才能消化其内容，对文献作出综合的评述。实际上并不是所有发表的文献都正确可信，阅读时必须辨明良莠，如果盲目地吸收加以综合，也可能得出错误的结论而“以误传误”。

1. 文献综述的作用

在科研伊始阶段，文献综述为科研人员提供研究课题的背景、历史、现状、当前争论的焦点及发展趋势的情报资料，能够帮助科研人员用较少的时间和精力比较完整、系统地了解本领域的基本情况，从而选定有意义、有价值的研究课题。

在文献检索方面，文献综述文后所附的参考篇目可为读者提供已确定课题的许多参考文献，成为一种独特的情报检索系统。利用参考篇目采用回溯检索和循环检索的方法，可获得成千上万篇文献资料，并可满足在检索工具缺乏情况下的族性检索。

通过文献综述的写作，不仅可以熟悉文献的查找方法，积累大量科研资料，了解有关专题的研究历史、现状和发展趋势，为开展课题研究做好准备，还能够培养锻炼提取信息、组织材料、综合分析和正确表达学术思想的能力，为撰写科研论文奠定基础。

2. 文献综述的类型

（1）简介式综述。

就是按内容特点分别综合介绍原文献所论述的事实、数据、论点等，一般不加评述。这种类型综述适用于某些学术、技术问题的概要介绍，尤其适用于介绍那些刚被发现还尚无定论的问题。

（2）动态性综述。

就是对某一领域或某一专题的发展动态，按照其自身的发展阶段，由远及近地介绍其主要进展，一直介绍到目前的发展程度。这种类型最适宜介绍学术、技术的进展。

（3）成就性综述。

就是将有关文献汇集分类，把某一方面或某一项目有关的成就性的内容从原始文献中摘出，不管时序先后，分门别类地进行叙述。这种类型适用于介绍新方法、新技术、新论点和新成就。

（4）争鸣性综述。

就是对某一领域或某一专题学术观点上存在的分歧进行分类归纳和综合，按不同见解分别叙述。叙述中可表述作者倾向性的意见。这类综述，写作时要注意对所引用的原始论文的论据一定要抓住要害。

3. 文献综述的特点

一是篇幅较大。中文文章的字数通常在 3000～6000 字，英文文章的字数在 15000 字左右。

二是引用文献数量较多。通常为 15～100 篇。

三是内容丰富，涉及面较广。从纵向上来说，能够反映某一专题的研究历史；从横向上来讲，能够展现某个领域的研究现状。

四是揭示文献信息的程度较深。文献综述不是对材料的简单罗列，而是对材料加以综合分析、消化鉴别，进而做出评论和估价，总结专题的发展演变规律，预测发展趋势。

五是前沿性和时效性较强。文献综述的目的是反映新动向、新成果和新发现，因此选题要力求新颖，要收集最新资料，获取最新内容，将最新的信息和科研动向及时传递给读者。

4. 文献综述的撰写步骤

文献综述不仅仅是对一系列无联系内容的概括，而且是对以前的相关研究的思路的综合。撰写文献综述的基本步骤如下：

（1）概括归纳。

选择文献时，应由近及远，因为最新的研究文献常常包括以前研究的参考资料，并且可以使人更快地了解研究的现状。首先要阅读文献资料的摘要和总结，以确定它与要做的研究有没有联系，决定是否需要将它包括在文献综述中。其次要根据研究的需要，对已经收集到的文献资料做进一步的筛选，详细、系统地记下所评论的各个文献中研究的问题、目标、方法、结果和结论，及其存在的问题、观点的不足与尚未提出的问题。将相关的、类似的内容，分别归类；对结论不一致的文献，要对比分析，按一定的评价原则，做出评价。同时，对每一项资料的来源要注明完整的出处。

对要评论的文献先进行概括，然后进行分析、比较和对照，个别地和集中地对以前研究的优点、不足和贡献进行分析和评论，目的是确保读者能够领会与本研究相关的以前研究的主要方面。

（2）摘要。

虽然文献综述并不仅仅是摘要，但研究结果的概念化与有组织的整合是必要的。其做法包括：将资料组织起来，并联系到论文或研究的问题上；整合回顾的结果，摘出已知与未知的部分；厘清文献中的正反争论；提出进一步要研究的问题。

（3）评述。

文献综述是否有价值，不仅要看其中的信息与知识的多少，还要看对文献中观点和方法的评述。要客观地叙述和比较各相关研究的观点、方法、特点和取得的成效，评价其优点与不足，从而提出论文研究和论述的方向、突破口、创新点。要根据研究的需求来做评述，尊重前人的研究成果，充分考虑前人所处的历史阶段，不要给人以吹毛求疵之感。

（4）建议。

文献综述的最后步骤是在回顾和分析的基础上，提出新的研究方向和研究建议。根据发展历史和研究现状，以及其他专业领域可能给予本专业领域的影响，根据在纵横对比中发现的主流和规律，指出几种发展的可能性，以及对其可能产生的重大影响和可能出现的问题等进行趋势预测，从而提出新的研究设想、研究内容，建议采取的具体措施、步骤和研究方案等，并说明成果的可能性等。

5. 文献综述的格式

文献综述一般包含前置部分、正文部分和参考文献等三个部分。

（1）前置部分。

主要由题名、著者、摘要和关键词组成。

（2）正文部分。

由前言、主体和总结组成。

前言：用200~300字的篇幅，提出问题，说明写作的目的与意义，介绍有关的概念及定义、综述的范围和背景，扼要说明有关主题的历史、现状、发展动向或争论焦点，使读者对全文要叙述的问题有一个初步的轮廓。

主体：主要包括论据和论证。通过提出问题、分析问题和解决问题，比较各种观点的异同点及其理论根据，从而反映作者的见解。为把问题说得明白透彻，可分为若干个小标题分述。这部分应包括历史发展、现状分析和趋向预测等几个方面的内容。①历史发展：要按时间顺序，简要说明这一课题的提出及各历史阶段的发展状况，体现各阶段的研究水平。②现状分析：介绍国内外对本课题的研究现状及各派观点，包括作者本人的观点。将归纳、整理的科学事实和资料进行排列和必要的分析。对有创造性和发展前途的理论或假说要详细介绍，并引出论据；对有争论的问题要介绍各家观点或学说，进行比较，指出问题的焦点和可能的发展趋势，并提出自己的看法。对陈旧的、过时的或已被否定的观点可以从简。对一般读者熟知的问题只要提及即可。③趋向预测：在纵横对比中肯定所综述课题的研究水平、存在问题和不同观点，提出展望性意见。这部分内容要写得客观、准确，不但要指明方向，而且要提示捷径，为有志于攀登新高峰者指明方向、搭梯铺路。主体部分没有固定的格式，有的按问题发展历史依年代顺序介绍，也有按问题的现状加以阐述的。不论采用哪种方式，都应比较各家学说及论据，阐明有关问题的历史背景、现状和发展方向。

总结：用 100 ~ 200 字的篇幅，对主体部分所阐述的主要内容进行概括，重点评议，提出结论，最好能提出自己的见解，指出存在分歧和有待解决的问题。

（3）参考文献。

虽然放在文末，但却是综述的重要组成部分。因为它不仅表示对被引用文献作者的尊重及引用文献的依据，而且为读者深入探讨有关问题提供了文献查找线索。因此，参考文献的编排应条目清楚，查找方便，著录应准确规范。

6. 文献综述的结构

这里所说的结构是指一篇文献综述的文本结构，即段落结构。常见样式如下：

（1）年代序列式结构。

这种结构就是指将某领域的研究成果按照一定的年代顺序由远及近依次叙述。这种结构与历史教科书或著作很类似。在每一个年代或时期，撰写者还会尽可能地总结不同历史时期的特征并分析其与特定时代之间的关系。或者说，会尽可能寻找和挖掘不同历史时期的特定影响因素。例如，某文献综述的时间线索经历了从原始社会到中世纪，然后到 18、19 世纪，最后到 20 世纪末、21 世纪初，顺序列举了若干发展阶段的嬗变历程。

（2）学派发展式结构。

这种结构就是指将某领域的研究成果以某些学派代表性学者的观点为主要脉络依次分别叙述。这其中，有可能产生多种微样式。既有并列式的，即学派 A、B、C、D 相对独立的叙述；也有交叉式或分叉式的，即学派 A 中衍生出了学派 B，或是学派 A 和学派 B 的结合中生成了学派 C 等。例如，某文献综述列举了若干类理论，这些理论在时间上同属于当代，都是主流代表，相互之间并没有明确的继承和发展的关系，而是相对独立而存在的。

（3）货架问题式结构。

这种结构就是指将某领域的研究成果归为某几个问题或议题并加以详细叙述。在这种结构中，问题或议题之间并不是没有一点逻辑关系，但有时候这种逻辑关系却很微弱。换句话说，它们之间的关系如同同姓家族的后代们之间的关系。由此，这类结构的综述在取材上就因人而异了。更多的时候，取材完全依赖于作者所关注的问题及其界限。例如，某文献综述根据作者研究需要，把文章分成了概念内涵、逻辑基础、标准研究和方法研究等四个部分，相互之间关系并没有任何显性的逻辑关系。

上述不同结构并无优劣之分，究竟采用哪种结构，事实上没有固定的原则或要求，完全取决于所研究的问题和文献的现状。可是，没有分类原则也没有逻辑地将若干研究者的成果依次引用或叙述出来的这种文献综述样式是最不可取的，但却也是当前最常见的。这种样式存在以下潜在的问题：一是为什么选取这些人的成果而不是那些人的成果？二是这些研究成果之间究竟有什么内在的关系？这种样式还有一个潜在风险就是会导致论文的查重率比较高。要知道，有些杂志或是研究机构对查重率有一定的明文规定。比较妥当的做法是，对于同一个议题，要依次表达出人们在该议题上的认识和变化过程。例如，某文献综述从理论和理论应用两个模块分别介绍了研究进展，在两个模块之下又分别介绍了多种理论的变化发展过程。

在语言上，最好的做法是用自己的话概括出原作者的主要观点和主张，万不得已时才引用原句，如原作者提出的专门术语或概念等。也可以用自己的话把若干作者的共同或相近认识或主张概括在一起。一句话，最好的综述在语言上是用自己的话讲别人的观点。

文献综述结构的背后其实还隐藏着语言的逻辑关系问题。逻辑关系是否清晰是评价一篇论文质量的最基本标准之一。逻辑关系既体现在段与段的关系中，也存在于同一段落内的句与句的关系中。当读完某篇论文后，如果觉得该文观点很多，议题也不少，但很难用几句话概括出作者的主要观点甚至不知道作者的论文到底在说什么（天哪！我怎么看不懂这篇论文?），那么，很可能就是该论文的逻辑有问题了。

7. 文献综述的常见问题

文献综述撰写过程中易犯以下四种错误：

（1）大量罗列堆砌文章。

误认为文献综述的目的是显示对其他相关研究的了解程度，结果导致很多文献综述不是以所研究的问题为中心来展开，而变成了读书心得清单。

（2）轻易放弃研究批判的权利。

不敢批判已有研究成果的不足，放弃自己批判的权利。大量引用他人的著作，使自己的论文成为他人研究有效与否的验证报告，看不出今后学术发展和自身研究所需要突破的方向和关键点，无法说服读者相信自己的论文有重要贡献。

（3）回避和放弃研究冲突独辟蹊径。

对有较多学术争议的研究主题，或发现现有的研究结论互相矛盾时，采取回避矛盾的做法。其实这些不协调或者冲突是很有价值的，应多加利用。分析冲突的原因、方法与结论，可以为未来的研究及论文奠定成功的基础，使论文的研究结果对后续研究有应用价值和理论意义。

（4）选择性地探讨文献。

没有系统、全面地回顾现有的研究文献，却宣称某种研究缺乏文献，从而自认他们的研究是探索性研究。

8. **文献综述的注意事项**

（1）收集文献应尽量全。

掌握全面、大量的文献资料是写好文献综述的前提，否则，随便收集一点资料就动手撰写是不可能写出多好的文献综述的，甚至写出的文章根本不能称之为文献综述。

（2）注意引用文献的代表性、可靠性和科学性。

在收集到的文献中可能出现观点雷同，有的文献在可靠性及科学性方面存在着差异，因此在引用文献时应注意选用代表性、可靠性和科学性较好的文献。

（3）引用文献要忠实于文献内容。

由于文献综述有作者自己的评论分析，因此在撰写时应分清作者的观点和文献的内容，不能篡改文献的内容。

（4）忌作重复综述。

文献综述应从一、二次文献中归纳综合而成，不能在别人的文献综述基础上再作相同范围内相同课题的文献综述。

（5）选题范围不能过于宽泛。

文献综述虽然是综合论述某课题的文章，但论述范围不能过于宽泛，否则篇幅过长，论述主题不集中。选题要切合实际，简洁明了，能够概括全篇主题，且能引人注意。单纯追求选题的大而全，范围过于宽广，反而会出现选题过宽而内容过窄、文题不符的问题。

（6）不能生搬硬套，忽视对知识进行再创造和总结提炼。

文献综述虽然是综合叙述，但它绝对不是一次文献的叠加和堆积，必须对知识进行再创造。文献综述是综合与叙述相结合的产物，“综”是基础，是对前人发表的文献收集整理、综合的过程；“述”则是通过对材料的引用与观点的取舍，客观分析文献、数据和观点的过程。“综”和“述”两者缺一不可，只“综”不“述”，是一种单纯的资料堆砌；只“述”不“综”，形同“无源之水”，缺乏科学性。

（7）不能添枝加叶、各取所需。

文献综述的基本原则是忠于原文、让事实说话。因而文献综述的内容一定要具有真实性和科学性，科学是文献综述写作的生命。文献综述中所引用的数据、结果、结论一定要符合科学的真实面貌，不能主观判断，更不能凭空想象或推测、加工。如果仅通过阅读或摘录，在别人文献综述的基础上作第二手综述，则可能出现片面性甚至以讹传讹。还有的作者对所收集的资料原文中没有的内容、数据，经过自己的“推理”和“加工”写入文中，这是绝对不允许的。

（8）要把握详略，突出重点。

文献综述由于信息量大，综合性强，所以在撰写时不仅涉及的一次性文献范围广、材料多，而且结构庞大，如果不注意详略得当，那么，重点就难以突出，文献综述就难以起到浓缩资料的作用。

（9）引文资料不能跨度太长。

文献综述资料既不是越多越好，也不是时间跨度越长越好，具体的限度虽然难以规定，但原则上是参考文献的引用数目，期刊一般限定在20条以内，不宜超过30条，时间跨度以3~5年为宜。

（10）不能间接转引文献资料。

文献综述的文献资料必须是一次性文献资料，而且是作者亲自阅读过的。不能为了省事，甚至投机取巧，写作时直接把一次性文献资料中的参考文献一一列举出来，这不仅违反了文献综述参考文献引用的基本原则，而且对读者是极不负责的。

（11）不能省略参考文献。

有的论文可以将参考文献省略，但文献综述绝对不能省略，而且应是文中引用过的，能反映主题全貌的并且是作者直接阅读过的文献资料。

第四讲　应急物流矛盾规律

导语

要关注论文的思想容量和理论深度

著名学者王力曾对学生讲，通过论文，可以看出作者运用所学得的知识来分析和解决某一问题的学术水平和能力，即使是讲有疑问的某一点，也需要动用三四年所学的基础知识，需要有正确的观点和方法，论文论述的虽只是“一点”，却可以反映出作者的水平、解决问题的方法和能力。它反映的远不只是一篇被认可的学术文章，还能反映出作者的理论素养、学术造诣、学风文风和对新事物、新知识的敏感程度以及透视现实、预测未来的能力，更能反映作者的思维方法、研究方法、研究能力、文字表达能力、把握问题的能力，以及钻研精神与时代责任，是作者创造力的综合反映。

一篇优秀的论文，除了要提出独到的学术见解外，还要讲究“品位”，其中，比较重要的是哲理品位，而要体现这种品位，作者就需要具有相关的知识和相应的哲学素养。从学术研究角度说，我们写论文的过程，说到底是研究特殊矛盾和解决矛盾的方法，然而，无论研究什么问题，都不可避免地会遇到诸如主观与客观、全局与局部、现象与本质、主动与被动、静态与动态、目的与手段、胜利与失败、现在与未来等这类基本范畴的带有普遍性的矛盾与关系。对这些问题的研究，固然离不开关于研究对象的具体知识，但仅靠具体学科的知识与方法是不够的，通过运用哲学的客观分析方法、全面性方法、发展性方法，与具体的技术和方法结合起来，作者就能成为能动的、自觉的主体，就能更好地认识和解决问题。良好的哲学基础，无疑会使我们的论述更加精确、深刻，有了这样的深度，我们的论文就有了较强的理论品质。是否掌握哲学的基本原理和方法，直接关系到论文的深刻性、严谨性、全面性。

恩格斯说，“每个时代的理论思维，从而我们时代的理论思维，都是一种历史的产物，它在不同时代具有完全不同的形式，同时具有完全不同的内容”[①]。应急物流是一

---

① 马克思，恩格斯．马克思恩格斯选集：第3卷［M］.3版．中共中央马克思恩格斯列宁斯大林著作编译局．北京：人民出版社，2012：873.

个复杂的社会经济现象，始终处于一定的历史阶段，表现出一定的特点和矛盾，反映出阶段性的特殊规律。目前，学术界对应急物流的研究更多侧重于应用角度，有必要准确把握时代特征，深刻认识应急物流的基本属性、基本矛盾和基本规律等基本理论问题。

一、基本属性

属性即事物本身所固有的性质，是物质必然的、基本的、不可分离的特性，又是事物某个方面质的表现。一定质的事物通常表现出多种属性。应急物流由自然、社会、科技、人力等诸多要素相互作用、相互影响、相互制约构成，具有应急属性、公共属性和服务属性等基本属性。

（一）应急属性

从应急管理的角度看，应急物流具有时效性强的特点，如果不具备应急属性，或者说不能“应急”，应急物流就失去了生命力，也就没有了存在的价值。这一点，就如同军队的存在是为了“应战”一样。因此，应急属性是应急物流在社会管理视域下的一种根本属性。

第一，应急物资的性质决定了应急物流的固有基本属性。中国工程院徐寿波院士认为，“物流的固有基本属性由物的性质决定”①。应急物资是指应急管理中使用的各种物品、设备的总称②。任何情况下，突发事件应急物流都是以应急物资为作业对象的，无论是应急采购、储存保管，还是紧急运输、配送分发，始终围绕在最短时间内将应急物资送达事发地区需求点这一中心任务在运作。因而，应急物资的性质决定了应急物流的固有基本属性是应急属性。

第二，应急物流是在突发事件应对中进行的紧急处置活动。突发事件，是指突然发生，造成或者可能造成严重社会危害，需要采取应急处置措施予以应对的自然灾害、事故灾难、公共卫生事件和社会安全事件。由突发事件引发的应急物流，是“针对可能出现的突发事件已做好预案，并在事件发生时能够迅速付诸实施的物流活动”③，或者说，应急物流需要根据突发事件应对的需求进行响应，是一种应急性的处置活动，存在由平时状态向应急状态转变的过程，并在应急状态下进行一定时间周期的高强度、

---

① 徐寿波．关于物流的科学分类问题［J］．北方交通大学学报：社会科学版，2002，1（2）：21－24.

② 晏士梅．应急物资管理浅析［J］．物流工程与管理，2010，32（5）：78－81.

③ 中华人民共和国国家质量监督检验检疫总局，中国国家标准化管理委员会．中华人民共和国国家标准物流术语（GB/T 18354—2006）［M］．北京：中国标准出版社，2006.

满负荷的高速运作，处处体现出非常规性的特点。

第三，应急物流受到时间因素的约束。按照应急管理理论①，应急物流的运作集中在应急响应（Response）启动后到恢复期（Recovery）。在这个过程中，需要果断地指挥决策，高效地调度指挥，迅速地供应保障。例如，地震等自然灾害应急救援的黄金时间是72小时，应急救援机械设备、医药器材等的供应保障，就不宜超出这个时间范围，否则将会严重影响到幸存者的生存率。需要强调的是，在应急物流组织实施中，往往需要采取长时间超性能使用技术装备、大容量满负荷运转作业系统等超常措施来组织物流作业，其安全性、经济性大为下降，如果进入恢复阶段后仍然采用应急物流的保障模式，则会造成极大的人力、物力和财力浪费。这一点，同急诊抢救相似，当病患生命体征平稳后，就需要转入相应的专门科室而不必在急诊科室医治。

总之，应急属性要求应急物流在指挥调度时必须坚持时间第一的原则，预有准备、有备无患，充分预想到可能出现的各种不利情况，建立完善配套的预案体系，做到一案多情、一情多法；科学把握突发事件的发生规律，尽可能预测突发事件的时间、类型、强度、范围等，合理谋划应急物流的平时建设任务，在应急物流中心的选点布局、应急物流通道的备灾冗余、应急物流力量的紧急动员、应急物资储备的品种数量等方面，有针对性、有重点地做好充分准备；有效发挥技术装备的能力，充分挖掘各方面的潜力，加强各级各类机构的沟通协调，实时掌握物资的运量、运速等，灵活机动，周密谋划，动态调控物资的流向、流量等；应急物流指挥调度人员应具备对全局的统筹把握能力、对突发情况的临机应变能力、对复杂局势的准确判断能力，以及在不完全信息情况下的决策指挥能力，提高科学决策水平，尽可能减少和消除应急物流的不确定性。

（二）公共属性

按照经济学的理论，“公共物品”具有非竞争性、非排他性，往往需要使用公共权力、公共资源满足公民的生存和安全等需求，不能完全依靠市场力量实现有效配置。从这个意义上来讲，应急物流就是政府部门为了应对突发事件进行应急物资供应保障而面向全社会提供的一种“公共物品”。因此，公共属性是应急物流在经济视域下的一种基本属性。

第一，应急物流管理是政府的一项重要职能。强化应急管理能力，有效应对突发事件，有效遏制突发事件的影响，最大限度减少人民生命财产损失，始终是一个负责任的政府必须担当的职责和道义。作为突发事件应急管理主要内容的应急物流，也必须由政府主导进行建设。这是因为，在突发事件呈现小概率发生态势的平时，只有政

① 姜平．突发事件应急管理［M］．北京：国家行政学院出版社，2011：7.

府才能有意识地承担得起周密组织计划各级各类应急物资储备的任务，做到未雨绸缪、居安思危；在应对突发事件的危急时刻，只有政府才有能力聚集全社会的物流力量，将应急物资调运到事发地区；在应对突发事件的艰难时期，也只有政府才能站在国家安全发展战略的高度，统筹规划，组织高效可靠的应急生产和应急采购，及时筹措到所需的应急物资。这一点在汶川特大震灾等历次重特大突发事件的应对中都得到了充分的验证。据有关研究成果显示，美国常设救灾物流专门机构①，早在 20 世纪 90 年代，就建立了大都市医疗反应系统（Metropolitan Medical Response System，MMRS），并在“9·11”事件中发挥了重要作用，7 小时就将 50 吨医疗物资送到纽约②。需要指出的是，无论当前各级政府部门是否拥有冠以“应急物流”名称的主管部门，应急物流的相关职能客观上一直存在并在有效地履行。例如，在近几次突发事件的应对中，抗震救灾指挥部等类似的临时机构中，都以“物资保障”等不同形式履行着应急物资的筹措、调运和供应等职能。

第二，应急物流体现出较强的公益性。中国物流与采购联合会原会长陆江在“全国物流行业纪念改革开放30 周年座谈会”上发表的《坚持科学发展观，走中国特色物流发展道路——中国物流业发展三十年回顾与展望》讲话中，强调要“重视建设和谐社会中物流的新发展，如……应急物流等”。应急物流服务保障的一切工作以满足突发事件需求为最高目标，甚至必要的时候还要不惜一切代价，很大程度上强调了社会责任和道义。应急物流服务保障中面临时间因素的强力约束，必须在规定的时间内将应急物资调拨发运到位，需要承担任务的单位和个人具有过硬作风和奉献意识，全力以赴，加班加点，超负荷运转，确保各项任务落实。在抢险救灾应急物流中，经常可以看到红十字会等人道主义机构，同时，还活跃着志愿者的身影，这无疑也为应急物流服务保障增添了更多的公益色彩。而那些试图在应急物流服务保障中牟取不当利益的行为，必将遭到舆论和道德的谴责。

第三，应急物流具有显著的弱经济性。应急物资的调用不是将物流成本控制作为物流活动的中心目标，往往只能考虑时间要求，而忽视价格因素、供需关系等市场条件。当发生应急物流需求时，必须以最快的速度，组织调运储备的应急物资以及其他流通渠道中的应急物资，或者组织应急采购、应急生产，任何具有社会责任感的企业都能够主动弱化经济利益，自觉抵制囤积物资获取暴利的行为。同时，应急物流运作中也往往不同于通常意义上的物流合理化。例如，常态化储存大量应急物资、打破常规作业要求进行紧急的收发作业等，都将大大增加物流成本，市场实体在参与应急物流服务保障活动时往往难以获取一般情况下的经济效益。

① 张俭．国外应急物流管理掠影［J］．中国物流与采购，2008（11）：38 –40.

② 马祖军．城市突发公共事件应急物流系统集成优化［J］．学术动态，2008（1）：14.

因此，在当前加强政府公共服务能力的背景下，应急物流为政府应对突发事件提供高效可靠的应急物资保障，具有强烈的公共属性。作为公共服务，基本上不存在或存在很少的“可追求利益”，这就要求应急物流建设，必须要坚持政府主导、统筹规划，并在政府的主导下科学引入市场机制，积极吸引社会物流资源参与应急物流服务保障。需要强调的是，如果单纯依靠市场手段，缺少政府强力的主导作用和有效的约束机制，将不可避免地导致市场实体某些趋利性的逃避行为。

（三）服务属性

2009 年国务院颁布的《物流业调整和振兴规划》明确指出，现代物流业是指融合运输业、仓储业、货代业和信息业等的复合型服务产业①。科技部印发的《现代服务业科技发展“十二五”专项规划》也明确要“加强集成技术支撑，提高物流综合服务能力”②。从行业分工的角度看，物流是现代服务业的重要构成部分，具有物流行业本身的服务属性。同时，应急物流从属于突发事件应急体系，在突发事件应急体系中体现服务保障功能。因此，服务属性是应急物流在行业分工视域下的一种基本属性。

第一，应急物流作为现代物流体系的子系统，充分体现了物流行业的服务功能。物流是继自然资源和人力资源之后的“第三利润源”，本身不产出任何有形的物品，而是作为第三产业，为社会流通提供服务，具有巨大的发展潜力和光明的发展前景。政府在加快推进现代服务业发展的同时，非常重视物流行业。应急物流在现代物流体系中是具备应急能力的子系统，作为衍生出来的新兴事物，具有与其“母体”相同的属性。

第二，应急物流作为突发事件应急体系的重要模块，为应对突发事件提供物资方面的服务保障。突发事件应急物流主要包括应急物资的存储保管、装卸搬运、分拣包装、临时周转、紧急运输、分发配送和信息管理等功能环节。在这个过程中，并不能直接进行类似应急救援的活动，而是相当于军队后勤系统，只能为作战力量提供后勤支援保障。

因此，应急物流作为现代物流体系的子系统，是具备较强应急应变能力的服务业，而且从属于突发事件应急体系的子系统，主要履行应急物资供应保障的职能任务，具有明显的服务属性。这就要求应急物流准确定位，贯彻落实《中华人民共和国突发事件应对法》有关精神，始终以满足突发事件应急需要为根本目标，高效、精确、可靠

---

① 国务院．国务院关于印发物流业调整和振兴规划的通知［EB/OL］．（2009－03－13）［2009－03－15］．http：//www. gov. cn/zwgk/2009－03/13content_ 1259194. htm.

② 科学技术部．关于印发现代服务业科技发展“十二五”专项规划的通知［EB/OL］．（2012－02－22）［2012－08－07］．http：//www. most. gov. cn/fggw/zfwj/zfwj2012/201202/t20120222_ 92619. htm.

地组织应急物资的供应保障。

二、基本矛盾

任何事物的产生和发展都是其内部矛盾运动的必然结果。毛泽东同志说过，“任何运动形式，其内部都包含着本身特殊的矛盾。这种特殊的矛盾，就构成一事物区别于他事物的特殊的本质。这就是世界上诸种事物所以有千差万别的内在的原因，或者叫做根据。”① 应急物流是一个复杂的自然—经济—社会相互作用的人造系统，其中包含了诸多矛盾。其根本矛盾是有限的应急物流保障能力与突发事件应急物资需求之间的矛盾。

（一）预先配置与需求点不确定的矛盾

如前所述，突发事件的需求在时间、地点、规模、类型等多个方面具有明显的不确定性。而应急物流资源总是按照一定原则和方法预先配置在相对固定的地域，无论是《国家综合防灾减灾“十二五”规划》中央、省、地、县四级救灾物资储备库体系②，抑或是中国红十字会总会构建的国家级、区域性、省级和市县级备灾救灾中心（物资库）体系，都面临着需求点不确定的客观现实。这种资源配置的相对固定性与需求点的不确定性，在一定的时空范围内的内在联系，或者说两者的对立统一，即预先配置与需求点不确定的矛盾。

应急物流资源不可能均衡、充足地覆盖所有可能的需求区域。民政部门救灾物资储备库体系、红十字会系统备灾救灾中心（物资库）体系等应急物流力量的规划建设，尽管都经过了科学的论证测算，但是相对于不确定的突发事件，其分布总是有一定的局限性，不可能完全覆盖所有需求。也就是说，应急物流资源的预先配置，还不能通过覆盖所有可能的事发地（affected area）、始终提供足够的资源来随时满足可能的需求，还远远达不到“城市自来水管网24小时供水”那样一种理想的状态。

即便假设应急物流资源能够完全覆盖所有县市甚至乡镇可能的需求区域，也难以确保满足多种突发事件类型的需求，难以应对动态发展、复杂多变的后续需求。例如，突发事件应急物流有自然灾害类、事故灾害类、公共卫生事件类、社会安全事件类、经济安全事件类等多种类型；而同一类型突发事件应对需要防护用品类、生命救助类、生命支持类、救援运载类、临时食宿类、污染清理类、动力燃料类、工程设备类、器材工具类、照明设备类、通信广播类、交通运输类、工程材料类等诸多品种的应急物

① 毛泽东．毛泽东选集：第1卷［M］．2版．北京：人民出版社，1991：308－309.

② 规划财务司．国家综合防灾“十二五”规划公开征求意见［EB/OL］．（2011－02－01）［2011－11－30］．http：//cws. mca. gov. cn/article/tzgg/201102/20110200133511. shtml.

资，这些应急物流还具有一般级、严重级、紧急级等不同优先等级[①]。这种情况下，预先配置的应急物流资源难以全面有效地满足复杂多样的需求，某种程度上来讲处于一种防不胜防的被动状态，仍需要采取应急措施临时协调处置，特别是突发事件应急物流往往还要受到政治和舆论等因素的影响。据了解，2010 年 4 月，青海玉树藏族自治州发生地震后当地学校设施设备受损严重，根据时任国务院总理温家宝同志有关尽快组织复课的指示要求，政府相关部门全力以赴，紧急从成都等地筹措课桌等教学器材，协调运力从公路按时运送到玉树灾区。

只有深刻地认识预先配置与需求点不确定的矛盾，才能在现有资源与可能需求之间寻求最佳平衡点，通过科学论证，合理配置应急物流资源，使之尽可能覆盖更多的需求地域，确保在平时维持充足的应急物流力量，而又不占用过多的资源；通过加强前端设计，及时、准确地预测各种可能的需求，科学分析以往历史数据，探求规律性的认识，制订翔实周密的预案计划，增强应急物流力量的机动能力，提高快速反应能力，必要时具有一定的冗余备份能力；通过提高应急物流指挥调度人员的科学决策水平特别是在不完整信息情况下果断决策的能力素质，使得预先配置的应急物流资源能够在最短时间内对各种需求作出有效的响应，从而有效地解决这种矛盾。

（二）资源有限与爆发性需求的矛盾

相对而言，突发事件应急物流在一定时空范畴内可以调用的资源是较为有限的。而突发事件对经济社会发展和人们正常的生产生活造成巨大的破坏和影响，使得应急物流的需求呈现出爆发性、非常态的突变。在这种情况下，资源的相对有限性和应急物流需求的爆发性，成为一对尖锐对立的矛盾。

突发事件应急物流是一种“稀缺公共资源”[②]。从经济学的角度看，需求的产生就是因为资源的有限性造成的。相对而言，应急物资、应急运力以及配套的应急物流设施设备等应急物流资源是有限的，没有达到也不可能达到完全覆盖所有需求地域的状态，呈现出显著的稀缺特征。在应急物流这种“井喷式”流量需求面前，自然显示出资源的有限性。这种有限性不仅表现在物流需求数量规模上的急剧增加，还表现在品种结构上的多样性变化。例如，国家发展和改革委员会颁布的《应急保障物资分类及产品目录的分类标准》中明确的应急物资就有 13 类 239 种。此外，我国应急物流资源总体上分布不均衡，总体上呈现“东强西弱”的局面。东部人口稠密，经济发展较快，交通等基础设施较为完善，物流业较为发达；而西部地广人稀，经济社会发展相对滞后，路网较为稀疏，个别地区生产力水平非常落后。即使在物流较为发达的中东部地

① 晏士梅．应急物资管理浅析［J］．物流工程与管理，2010，32（5）：78－81.

② 宋则，孙开钊．中国应急物流政策研究（下）［J］．中国流通经济，2010（5）：11－14.

区，应急物流相关的基础设施设备、物资储备也往往不能完全符合运行要求。例如，2008 年南方地区低温雨雪冰冻灾害中，就出现了交通、电力等基础设施防冰雪等级低，以及防滑链、融雪剂等储备不足的情况。

应急物流爆发性的需求更加剧了一定时空范畴内应急物流资源的稀缺性。例如，地震、泥石流等掩埋性自然灾害的救援活动，黄金时间为灾后 72 小时，超出黄金时间后幸存者的生存率微乎其微。这就使得应急物流在时效上表现出非常强烈的紧迫性，应急物资的需求数量在很短的时限内剧烈地增长。同时，应急物资的需求表现出显著的不均衡性，在一定时间周期内需要紧急地、高效地供应保障堪称是“海量”的应急物资。例如，地震灾害中食品、药品、帐篷和专用工具都在一定时间周期内达到峰值，不同类型灾害中帐篷的需求数量也呈现出明显的“峰谷”变化①。抗震救灾主要物资消耗的变化规律和不同类型救灾对帐篷的需求规律如图 4－1 和图 4－2 所示。

而超出黄金时间后供应保障的某些应急物资可能发挥不了任何作用，反而成为库存积压物资，需要耗费大量人力、物力组织这些过时应急物资的逆向物流活动。即使可供调用的应急物资储备非常充足，也往往受到物流通道通过能力或者装备载运能力的限制，使得事发地区应急物资短缺。例如，2010 年玉树地震发生后，“平时的汽车承载量仅有 3000 辆”的结古镇市区 2 条交通干线上，“各地、各种救援人员与救援物资的车辆就达到 3 万多辆”，一些道路被“蜂拥而至的车辆堵得水泄不通”，给应急物资的运输保障带来了“预想不到的困难”②。

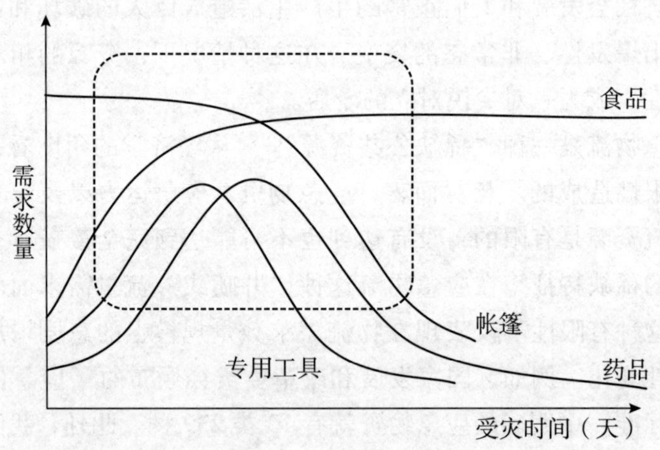

图 4－1　抗震救灾主要物资消耗的变化规律

---

① 金秀满，路胜，陈建，等．多样化军事任务军队物资储备研究［R］．后勤指挥学院研究报告，2008（23）：3－4.

② 青海省行政学院课题组．玉树地震应急处置与救援阶段工作评估报告［M］．西宁：青海人民出版社，2012：51.

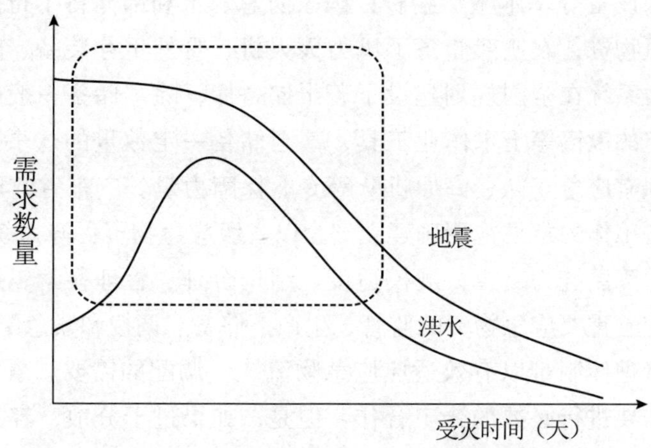

图 4－2　不同类型救灾对帐篷的需求规律

只有深刻地认识资源有限与爆发性需求的矛盾，才能在占用资源数量规模和保持足够能力之间寻求最佳平衡点，通过统筹规划，在兼顾经济性的基础上配置足够的应急物流资源，为有效应对各种复杂情况提供雄厚的物质基础；通过加强成本—效益分析，强化效益观念，科学合理、充分有效地利用有限的资源，发挥出最大的效用，在满足应急需求的前提下，尽可能节约资源，实现综合效益的最大化；通过全面调查了解应急物资储备及应急生产、应急采购、应急运力动员等潜力，在最短时间内进行动员调用，有效满足应急物资的爆发性需求，从而较好地解决这种矛盾。

（三）统一调配与条块式管理的矛盾

随着社会生产力的发展和科学技术的进步，组织规模越来越大，人类活动的综合化和专业化，或者说是组织机构按照职能相关性进行优化整合和细分的变化一直都在继续，既高度分化，又高度综合、相互渗透和交叉。应急物流服务保障是一个涉及多个部门、多个系统、多个专业和多个层次的复杂活动，需要按照现代物流综合集成的思想方法进行统一调配，以便统筹规划，发挥出最佳的综合效益。但是，目前应急物流管理体制分散、机构重叠、自成体系等现象还普遍存在。在这种情况下，应急物流调配指挥亟须集中统一的现实需要，面临着应急物流条块分割管理体制的严峻挑战。

我国初步形成了条块结合的应急物流管理体制。目前，尚没有明确权威的应急物流主管部门，基本上是由各部门、各专业、各系统自行组织建设，应急物流有关构成要素广泛分布在各个部门、各个专业和各个系统，地方政府也依据有关法规要求建立了应急物资储备等应急物流相关保障体制机制，客观上已经形成了条块结合的应急物流管理体制。例如，商务部门出台的《商贸物流发展专项规划》中专门明确了应急物流建设内容；民政部在全国建设了应急物资储备库，储备救灾帐篷、棉衣、棉被、睡袋、折叠床、净水设备等基本生活物资；国家防总、水利部储备了抢险机具、物料以及救生器材等防汛物资；农业部储备了风力灭火机、野外生存装备、防火服、防火车等应急物资；电力系统在全国规划建设了若干储备库，除了储备一般的电力物资器材外，还储备有一定的锹镐等土木作业工具，甚至储备一定数量的炊事车、冲锋舟；交通运输部门也组织有应急车队、高原机队等专业保障力量。广东省政府《关于进一步加强应急物资储备工作的意见》明确建立健全以省级应急物资保障系统为枢纽，以市、县两级应急物资保障系统为支撑，规模适度、结构合理、管理科学、运行高效的应急物资储备体系，完善重要应急物资的监管、生产、储备、调拨和紧急配送体系。

条块结合的管理体制难以有效适应应急物流统一调配的需要。事实上，为了提高作业效率，往往需要进行必要的分工合作。但是，如果过于分散，容易出现“一分就散”的不利局面，难免出现各自为战、各为所用的现象，导致专业分割、摊子过大、机构重叠、独家经营、自成体系、相互封闭、重复建设以及难以组织开展综合性建设等问题。例如，有专家指出，应急救援物资的储备缺少统筹安排，既不利于集中使用、统一调配，又造成了重复储备的现象等①。不同系统、不同灾种的应急物资之间存在封闭管理、缺乏协调、重复建设等问题，而各级地方政府的应急物资储备，客观上造成不同地域之间储备的差异以及缺乏协调等问题②。在这种情况下，应急物流力量集中统一的统筹调配，显然更有利于集中全社会优势条件，更能发挥出最佳的综合效益，避免出现分散建设、自成体系、封闭管理等问题，有效克服力量建设“散”、组织调度“乱”、保障能力“弱”、运行效率“差”等不利局面。例如，2008 年汶川抗震救灾期间，国家发改委、民政部、卫生部等多个单位，同时分别向军队提出物资保障请求，而军队各大单位及其救灾部队也纷纷提出各方面请求，这种分散的、不同渠道的物资需求申请，给物资保障带来了很多困难，难免出现重复请领或保障不到位的情况③。玉树地震初期“出现了由于载有救灾物资的政府、企业和社会个人车辆无序奔往灾区，造成灾区及灾区附近交通阻塞的情况”“玉树救灾运来的许多帐篷配件没有合理的装配”“玉树发生地震后多天还不断送来大量药品、军用急救包，这时已基本没有批量新伤员”④。

只有深刻地认识统一调配与条块式管理的矛盾，才能在政府主管部门集中统管与分管部门专业化保障之间寻求最佳平衡点，通过建立健全“主管部门牵头主抓、分管

---

① 姜平．突发事件应急管理［M］．北京：国家行政学院出版社，2011：13.

② 张红．我国应急物资储备制度的完善［J］．中国行政管理，2009（3）：44－47.

③ 金秀满，路胜，陈建，等．多样化军事任务军队物资储备研究［R］．后勤指挥学院研究报告，2008（23）：8.

④ 青海省行政学院课题组．玉树地震应急处置与救援阶段工作评估报告［M］．西宁：青海人民出版社，2012：91.

部门协同配合”的应急物流管理体制，统筹安排物流资源，在统一的目标下进行协力保障；通过研究出台应急物流法规制度，为应急物流的集中统管奠定法规基础；通过规范应急物流服务保障程序内容，建立健全应急物流应急响应机制，提高应急物流指挥决策的科学化程度，逐步建立健全权责清晰、关系顺畅的应急物流管理体制机制。

（四）公共服务与市场化运营的矛盾

如前所述，应急物流具有显著的公共属性，是一种“公共物品”，时刻担负应急应变、备灾减灾的使命任务，为经济社会发展提供安全保障，是人民安定生活的“守夜人”。随着我国政府职能逐步由管理型向服务型转变，政府的计划调控更多的是从宏观层面优化配置社会资源，具体的运作则由市场根据价值规律进行。在这种情况下，如何将应急物流这种“公共物品”，在政府的主导下交给市场运营，并以市场为主体来建设和发展，是一个亟待解决的矛盾问题。

应急物流服务保障能够依托市场手段提供。现代公共管理理论强调充分利用市场手段解决公共物品的提供问题。随着我国现代物流业的迅猛发展，应急物流已经具备了非常坚实的基础。政府主管部门可以采取相应措施，按照市场化手段鼓励和引导社会力量参与应急物流建设，积极促进应急物流“产、学、研、用”紧密结合，“军、政、企、协（行业协会）”互动发展。我国政府出台政策鼓励引导应急产业发展，就是依托市场化手段提供“公共物品”的具体举措。

应急物流市场化运营需要有效规避风险。由于应急物流服务保障公益性强，要求物流企业必须具有很强的社会责任感，在高质量地完成任务的同时，还不能期冀获取多少利润，甚至要有承担亏损的勇气；而且应急物流服务保障风险性大，要求物流企业能够适应恶劣复杂环境，能够组织满负荷、超强度的物流作业，高效可靠地完成任务。如果不能很好地解决市场化运营中出现的利益问题，很大程度上将可能出现类似民办消防队因收不到“服务费”而“见火不救”的情况[①]。

只有深刻地认识公共服务与市场化运营的矛盾，才能在政府主管部门培育应急物流服务保障能力与企业获得经营效益之间需求最佳平衡点，通过市场化运营的手段，把应急物资储备纳入市场流通渠道，将应急运输配送力量的维持和管理交给物流企业，使物流企业获得一定的经济补偿，提升物流企业的社会形象和知名度；通过构建更加高效可靠的组织协同机制和信息系统，优化整合和集约使用应急物流资源，提高政府主管部门在应急物流调度指挥上的核心能力，使应急物流资源配置的布局更加优化、结构更加合理、效益更加明显。

---

① 司戈．中美两起消防队“见火不救”事件比较研究［J］．中国应急管理，2013（1）：12－17.

三、规律性认识

规律是客观事物自身发展过程中所固有的、本质的、必然的、稳定的联系，规定着事物运动发展的基本趋势。规律是客观存在的，不以人们的主观意志为转移的。应急物流是一种客观存在的社会经济活动，伴随着人类社会的发展，在应对突发事件的实践中应运而生并不断发展，遵守一切事物发展变化的一般规律。古往今来，应急物流的发展经历了漫长的过程。相对于个别的、多变的、不稳定的应急物流现象，应急物流的规律是一般的、相对稳定的，以应急物流服务保障的实践过程为存在的依据，正确认识应急物流的规律，必须从实践中来，并接受实践的检验。古代储粮备荒、发明木牛流马、修建驰道等活动，以及近现代技术革命推动和不断实践，特别是随着近年来突发事件应急物流的深入实践，逐步勾勒出应急物流的规律性发展轨迹，并揭示出应急物流的发展趋向。

（一）效率优先是应急物流的本质要求

所谓“效率优先”，就是应急物流的基本价值体现在时间效用上，需要突出强调效率，运用一切手段，不惜一切代价，力争第一时间以尽可能短的流程、尽可能快的流速、尽可能大的流量将应急物资送达事发地域。在这个过程中，应急物流的运行效率被摆到了优先的位置，成本通常会被人为地忽视。当应急物流的运行效率与经济效益发生矛盾时，一般意义上的物流合理化措施将被放弃，甚至不惜以昂贵的物流成本来换取更高的效率。从这个意义上来说，效率优先是应急物流的本质要求。

应急物流的需求非常紧迫。突发事件的应对一般都有黄金时间要求，如地震等掩埋性灾害的黄金救援时间为 72 小时。据统计，震灾后的第一天幸存者的生存率为 74%，第二天为 26%，第三天为 20%，第四天仅为 6%，此后幸存者的生存率就微乎其微了①。如果急需的物资不能在最短的时间内送达目的地，将有可能导致大批灾难幸存者得不到及时的救援而失去生命，应急物流也就失去了应有的作用和存在的价值。1995 年日本阪神大地震后，由于日本政府“没有在第一时间内实施救灾，人为增加了死亡和失踪人数”②。所以说，需求的紧迫性决定了应急物流必须遵循效率优先的规律，时间是应急物流的生命，必须在第一时间内将急需的应急物资送达目的地需求点。

只有准确地把握了“效率优先是应急物流的本质要求”这一规律性认识，才能科

---

① 刘纯银．地震灾难中为何生命奇迹不断改写［J/OL］．（2008 - 05 - 19）［2012 - 12 - 06］．http：//www. china. com. cn/review/txt/2008 - 05/19/content_ 15322705. htm.

② 艾学蛟．突发事件与应急管理［M］．北京：新华出版社，2010：8.

学高效地组织应急物流的规划建设和服务保障，通过优化配置应急物流资源，研发应用高性能的应急物流技术装备，切实提高应急物流的反应速度和运作效率，确保在第一时间将应急物资送达事发地需求点，满足应对突发事件的时间效率要求。当然，强调应急物流的效率，也并不是完全忽视应急物流的效益，而是要通过科学的前端设计和周密的预案准备，在确保效率的前提条件下，有效降低物流成本，尽可能提高物流效益。

（二）平急结合是应急物流的基本遵循

所谓“平急结合”，就是要按照“平时生产、急时应急、寓急于平”的要求对应急物流资源进行统筹安排，使之既能够确保具备足够的应急响应能力和服务保障能力，又不致过分占用资源，造成应急物流资源的闲置浪费，从而实现综合效益最优化。依托现代物流体系，有效整合现有应急物流相关资源，大力发展应急物流服务产业，积极培育应急物流服务保障力量，是当前应急物流建设的一条有效途径。从这个意义上来说，平急结合是应急物流的基本遵循。

突发事件应急物流的深厚基础是社会物流资源。平时，应急物流力量处于“待机”和“备急”状态，使用频率终究较低，而突发事件的发生具有很大的偶然性，尽管从全局看每天都在发生大量的突发事件，但对局部而言则是小概率事件。从这个意义上看，难以全系统、全过程地保有独立的应急物流系统。而且，应急物流服务保障所需要的各种资源条件，基本上都来源于平时的物流生产活动，具有社会多元性。在应对突发事件应急物流的实践中，除了少数专用的应急物流设施设备之外，大多数应急物流资源都是从社会物流（或者说是常态物流）动员调用的，包括应急物流服务保障所依托的综合交通运输网络体系在内。从这个意义上讲，应急物流服务保障力量特别是应急物流相关企业单位，作为社会主义市场经济的有机构成部分，不可能“吃皇粮”，也就难以具备类似军事单位的人员、经费、物资、设施、设备和制度等资源条件，需要参加正常的生产经营活动，按照市场法则生存、发展和壮大。

应急物流服务保障力量需要重点培育平急转换能力。相对于军事力量而言，应急物流骨干企业、应急物流中心等大多数应急物流服务保障力量属于“民事化”单位。能否高质量、高效率完成从常规管理状态向应急管理状态的转换，既是应急管理的特殊要求，也是应急管理创新的着力点①。为此，需要将应急物流寓于常态物流之中，科学地规划建设可被应急物流利用的道路、货场、站台和码头等基础设施，合理地配置应急物流资源，将物资集散场地的装卸搬运装备、载运装备、现场管理和操作人员等进行合理的编组搭配，编制配套的应急响应预案，并组织必要的日常训练和综合演练，

① 胡建敏，杨媛媛，郭晖，等．现代后勤管理前沿理论管窥［J］．后勤学术，2012（12）：12－15.

始终维持一定的应急反应能力。政府主管部门采取优先采购、减免税费、贴息贷款和政策优惠等方式予以一定的经济补偿，确保应急物流企业等市场实体能够正常经营和发展壮大。从而使应急物流服务保障力量平时为生产生活服务，一旦遇有突发事件，能够紧急启动，应急响应，高效运作，有效进行应急物资的紧急调拨和快速转运，第一时间保障事发地的应急物资需求。

只有准确地把握了“平急结合是应急物流的基本遵循”这一规律性认识，才能统筹兼顾应急物流的经济效益和社会效益，通过将应急物流力量建设寓于常态物流之中，充分掌握全社会应急物流资源的动员潜力，保持和提高应急物流力量的应急响应能力和高效运作能力。

（三）体系支撑是应急物流的核心基础

所谓“体系支撑”，就是应急物流在应对突发事件的运作过程中，必须充分发挥整个体系的综合优势。在应急物流体系中，任何环节的缺项，都可能成为“木桶的短板”，影响整体效能的有效发挥。这一点，正如现代战争强调体系与体系的对抗一样，需要统筹要素与要素、要素与整体的关系，将各个专业、各个环节、各个系统的应急物流资源和力量，按照一定的层次结构和耦合方式，构建成为功能更强、结构更优、内容更全的服务保障体系，并充分激活、有效发挥整体的力量，提供及时可靠的突发事件应急物流服务保障。从这个意义上来说，体系支撑是应急物流的核心基础。

突发事件应急物流是一个复杂的系统。应急物流包括中央、省、市、县、乡乃至家庭等各个层次，涵盖交通运输、物资采购、仓储保管、装卸搬运等各个环节，涉及食品、工程机械、医药等多个行业，囊括信息、物资、人才、法规等各个要素。因此，应急物流建设涉及面很广，统筹考虑的因素多，组织协调的难度大，组织实施的周期长。如果整个体系中出现了短板或弱项，则将严重影响整体功能的发挥。例如，应急物资储备不够，则在应急物流服务保障中将陷入“无物可流”的窘境；而没有畅通的物流通道，甚至最后一公里出现问题，那么再充足的应急物资也可能发挥不了应有的作用；没有功能强大的应急物流设施设备，应急物流将缺少物质技术基础，难以提供高效可靠的服务保障。为此，需要立足应急物流服务保障的现实需要，统筹规划应急物流各个相关要素的建设，特别是科学规划应急物流网络，合理建设应急物流中心，积极打通应急物流通道，优化应急物资储备，开展应急物流服务保障知识和技能培训，组织应急物流骨干力量定期训练和演练。

只有准确地把握了“体系支撑是应急物流的核心基础”这一规律性认识，才能按照综合集成的思路集约使用军地各种优势力量，通过统筹安排应急物流的组织体制、设施设备、人力资源、法规、标准、信息等诸要素，按照要素集成、单元集成、系统集成的方法，逐步优化整合，有效衔接和弥合各个功能环节的接合部；通过调整国家部委各有关单位和部门的管理职责和分工权限，合理区分任务模块、时间阶段、主要方向和重点领域，适应现有组织体系和管理体制，在不对现有系统进行大的调整变动的前提下，分阶段、按步骤、有计划地组织落实建设任务。

（四）军民融合是应急物流的必由之路

所谓“军民融合”，就是在政府的主导下，军队作为突发事件应急物流的骨干和突击力量，充分发挥军事物流体系的优势条件，通过创新军地物流指挥协调机制，优化整合全社会应急物流资源，实现力量运用、设施建设、预案准备等方面的深度融合。胡锦涛同志曾指出，国防和军队建设“能利用民用资源的就不自己铺摊子，能纳入国家经济科技发展体系的就不另起炉灶，能依托社会保障资源办的事都要实行社会化保障”①。同样的道理，应急物流也要按照军民融合的思路，将国防和军队建设特别是现代军事物流体系建设作为新的增长点和发展契机，积极探索“共建、共管、共用”和“联储、联运、联供”的良性机制。从这个意义上来说，军民融合是应急物流的必由之路。

军队在突发事件应急物流中具有显著的优势。军队作为国家常备武装力量，在突发事件应急物流的响应速度、组织指挥等诸多方面占有绝对优势，一直是政府在应对突发事件应急物流中所倚重的主要力量。“快速响应的军地一体化保障体系”是我国应急物流的优势和特点②，这一点在历次应对突发事件的实践中也得到了检验。而且，“应急物流信息系统一定要和军方的信息系统对接，一旦发生情况，可与军方接洽救灾抢险事宜，动用军用运输设备、军用运输专用线路及相关设施，实现应急物资的快速配送”③。因此，突发事件应急物流的运作，需要以军队为骨干和突击力量，整合社会物流资源，共同参与应急物流服务保障。

走军民融合式发展路子是应急物流建设的必然选择。长期以来，受现行军地管理体制限制，军地之间缺乏必要的沟通联系，造成独立经营、封闭发展的局面。而应急物流与军事物流在建设模式上有相通之处，通过广泛沟通，深化合作，互惠共赢，可以避免重复建设、减少资源浪费，实现应急物流与军事物流相互促进、有机融合、协调发展的良好局面。特别是从应对突发事件的实践来看，应急物流有利于突破体制机制障碍，能够有力地推动各项改革措施落实到位。为此，有必要着眼提高应对多种安全威胁、完成多样化军事任务的能力，适应新形势新要求，积极发挥军队在应对突发

---

① 军事科学院军民融合研究中心．毛泽东、邓小平、江泽民、胡锦涛关于军民兼顾、军民结合、寓军于民、军民融合重要论述摘编［M］．北京：军事科学出版社，2012：94－95.

② 宋则，孙开钊．中国应急物流政策研究（上）［J］．中国流通经济，2010（4）：19－21，33.

③ 宋则，孙开钊．中国应急物流政策研究（下）［J］．中国流通经济，2010（5）：11－14.

事件中的骨干和突击作用，按照急时应急、战时应战的要求，努力推进应急物流建设。

只有准确地把握了“军民融合是应急物流的必由之路”这一规律性认识，才能通过发挥市场法则和价值规律的积极作用，统筹安排军地物流资源，按照“寓军于民、军民结合”的要求，构建军地一体的基础要素、军地统一的技术标准、协调一致的运营规范、规范合理的评价体系、高度统一的管控体系、科学完备的法规体系①，在应急物流和军事物流的协同发展中，探索出一条有中国特色的应急物流军民融合式发展路子。

拓展

不妨站在哲学的角度看问题

哲学是系统化的、理论形态的世界观和方法论，它反映的是整个世界共同本质与普遍规律的问题。哲学是人类把握世界的基本方式，主要体现为前提性批判和反思，意味着“它对一切问题都要追本溯源、寻根究底，做一番反省性或前瞻性的思考；它在别人从未发现问题的地方发现问题，对人们通常未加省察和批判就加以接受的一切成见、常识等进行批判性的省察，质疑它的合理性根据和存在权利。哲学活动因此成为一种质疑、批判和拷问的活动，其具体任务包括两个：一是揭示、彰显暗含或隐匿在人们日常所拥有的各种常识、成见和理论背后的根本性假定或前提；二是对这些假定或前提的合理性进行质疑、批判和拷问，迫使它们为自己的合理性进行辩护，从而为新的可能性开辟道路。”②

哲学使人深刻，哲学使人睿智。哲学就在我们身边，就在我们每天的工作、生活之中。哲学是有用的。“哲学这门学问说来也深，你的工作越变化、越新，它显得越有用；你的地位越高、场面越大，你碰到的问题越困难、越复杂，它的效力越神奇。”即使我们没有专门学过哲学，我们却都在按照一定的哲学观点思考和处理问题。哲学方法是从思想方法层面上来认识世界的，它的主要功能是从宏观上反映和研究把握矛盾运动的一般规律，探讨实践与认识的一般程序，为认识和研究实践活动提供基本的方法、原则，指导人们正确地从事实践活动并达到预期目的。

要透过现象看本质。不能停留在事物外在的表象，而是要去追问它深层的原因和前提，以及原因的原因、前提的前提。要从事物的矛盾本质属性出发，对其矛盾及运动规律进行考察分析。通过这种方式把我们对事物的认识推向深入。

要运用批判思维。对一切没有坚实依据的知识、道理、原则都要保持高度的警惕。

---

① 徐东．军地物流一体化建设研究［D］．北京：后勤指挥学院，2009.

② 安东尼·肯尼．牛津西方哲学史［M］．韩东晖，译．北京：中国人民大学出版社，2006.

特别是对那些我们通常觉得不言而喻的道理，往往只有有限的合理性。一切道理——无论是生活经验的归纳还是书本理论的知识——都有其成立的条件和适用的范围，一旦失去这个条件、超出这个范围，道理就失去了它的合理性与有效性，必须通过哲学批判的思维让自己保持清醒。

要坚持从特殊到一般。要由此及彼、举一反三，从自身掌握的特殊、有限的经验中发现普遍性的规律。世界是无限的，而我们的时间与精力又是极其有限的，所以对于我们而言，问题常常不是去经历更多，而是把已经经历的想明白。

延伸阅读

《现代汉语》

语言文字是用来记录思想、交流思想的。要准确地给出语言文字表达，就要严格按照规范使用语言文字。这不仅是基本的学术素质，也是应有的学术态度。阅读《现代汉语》，应掌握的主要知识点有：

◆句子的成分。

◆复句。

◆标点符号。

实训作业之四

提炼论点及展开论述

结合课程论文选题，选择核心内容或创新点，设计提炼主要论点，并按照个人的理解展开论述。

（一）作业要求

（1）观点鲜明，言之有物。

（2）论述充分，论之有理，论之有据，分论点应不少于3个。

（3）合理确定分论点之间的关系，如并列关系、递进关系。

（4）初步确定分论点的论证方式，并收集整理有关论据。

（5）展开讨论，交流碰撞思想火花。

（二）作业辅导

论文是由论点、论据、论证等三个基本要素构成的。一段完整的论述，必须是论点鲜明、论据充分、论证合理。

1. 论点

论点是论文中的观点、见解、主张和结论。论点是论文的“纲”，居于主导地位，贯穿全篇，统领全文。论文材料的取舍、结构的安排、表现形式的选择、语言的运用等，都要围绕论点的要求来决定；而且论点的价值是评价学位论文价值的主要标准，如果论文所提出的论点是见人之所未见，发人之所未发，能启发人们进行更深入的思索，这种论文才具有一定的学术价值。

在论文中，论点可以分为中心论点和分论点。中心论点（也称基本论点）是论文的主题或立意。它是贯穿全文的议论中心，是作者对所论述问题的最主要、最根本的认识。在一篇论文中，一般只有一个中心论点。分论点从不同角度、不同层次支持和阐述中心论点。对于中心论点而言，分论点又可以看作论据，是支撑中心论点的支柱。中心论点和分论点的关系，从总体上说是主从关系。中心论点是分论点的“统帅”，分论点不能脱离中心论点，而要围绕中心论点展开，为中心论点服务。否则，中心论点就会失去支撑而立不起来。从具体逻辑关系来说，中心论点和分论点，以及分论点之间，还存在以下三种关系：一是总分关系。就是中心论点阐述总的看法，分论点从不同的侧面阐述具体看法，分论点是对基本观点的进一步说明和展开。二是并列关系。就是论文中的各分论点相互并列，通过各分论点推出中心论点。三是递进关系。就是论文中各分论点层层递进，步步深入，最后导出结论。

一般来说，论点必须具有准确性、深刻性、创见性、鲜明性、简洁性。提炼论点，是论文写作中极其重要而又难度很大的工作，因为它不仅取决于学术思想、研究能力的高低，而且还与其思维方式、认识方法、文字水平密切相关。论点是人们对事物的看法，从这个意义上说，论点实际上就存在于客观事物之中，却又看不见、摸不着，需要从事实中去研究、琢磨、提炼。这就要求我们在系统掌握基础知识和专业知识的基础上，掌握正确的思维方式、科学的认识方法和提炼论点的一般步骤。

（1）掌握唯物辩证的思维方式。

人们在认识事物时，总要运用一定的思维方法和样式，对思维的材料进行筛选、组织和整合。唯物辩证的思维方式是用发展的、联系的、全面的观点观察事物运动。这种思维方式具有以下主要特点：一是客观性，指思维活动按照事物本身所固有的联系和发展来认识事物。思维的客观性是获得正确认识的必要前提。二是开放性，指思维活动随着事物的不断扩展而扩展，不断接受新事物、研究新问题、处置新情况。开放性思维要求视野广阔，思维灵活，不仅能够及时认识实践领域中出现的新问题，而且能够在广泛的借鉴中寻求解决问题的方法。三是系统性，指思维活动按照事物所固有的普遍联系从整体上系统地把握认识对象，不仅要把握一个个相对独立的要素，而且要把握由要素构成的整个系统。四是多向性，指思维活动根据事物发展的多种可能沿多角度或多途径展开，全面把握事物发展的各种可能性。五是超前性，指思维活动根据现实与未来之间的内在联系超前展开，具体表现为对事物未来发展的预见。

逻辑思维是运用概念、判断、推理，揭示事物的本质属性和运动规律的思维类型，是认识矛盾运动规律的重要思维工具。

逻辑思维包括形式逻辑思维和辩证逻辑思维。形式逻辑思维是在掌握了大量感性认识材料的基础上，以抽象的形式反映事物的本质，它把事物的丰富内容和普遍联系抽象化和孤立化，使认识由感性具体上升为思维抽象。经过形式逻辑思维，可以形成关于事物的抽象的本质规定，建立起具有确定内涵的概念。

在认识矛盾运动规律之始，常常是以形式逻辑思维为主。因为，对矛盾运动规律的认识必须从剖析矛盾各方的特点开始，而这就需要根据形式逻辑的规则来收集、整理有关的情况，对其加以分门别类，使之具有条理性，并形成概念，为揭示矛盾运动规律作必要的准备。

要认识矛盾运动规律，仅仅运用形式逻辑思维是不够的，还必须运用辩证逻辑思维。辩证逻辑思维是在把握事物抽象本质规定的基础上，揭示事物的矛盾本性及其运动规律，使认识由思维抽象上升为思维具体，在思维中再现事物具体，即通过把握事物各方面的本质规定及其内在联系，在思维中完整地再现具体事物的复杂本质。辩证逻辑思维通过研究事物的矛盾关系及其运动来认识事物的规律，即把事物的多种规定性综合起来，它克服了形式逻辑思维不能反映事物的矛盾本性及其运动的不足，把矛盾原则、发展原则用于思维，因而能从矛盾的运动、变化和发展中认识事物，揭示千变万化事物的本质，形成关于事物矛盾运动规律的具体认识。

形式逻辑思维是逻辑思维发展的必经的阶段，是全面认识现象与本质关系不可缺少的思维环节。辩证逻辑思维以形式逻辑思维为基础，是逻辑思维发展的目标和必然结果。形式逻辑范畴和辩证逻辑范畴相互补充，沿着感性具体—思维抽象—思维具体的道路具体地历史地再现认识客体。

（2）掌握科学的认识方法。

①矛盾分析方法。矛盾分析方法是对矛盾及其运动规律进行考察分析的方法。对诸多矛盾和诸多矛盾对立双方进行考察分析，目的在于了解各个矛盾及每一矛盾对立双方的具体情况，揭示矛盾运动的内在原因，掌握矛盾运动的发展变化规律。

运用矛盾分析方法揭示规律时，必须考察分析矛盾诸方面、矛盾的普遍性和特殊性、矛盾双方各自的特点及其相互联结的特殊性、矛盾中的主次矛盾和矛盾的主次方面，坚持分析的客观性、全面性和深刻性。所谓客观性，是指要从实际出发，而不能有任何的主观臆造。所谓全面性，是指要把握事物的各个方面，而不能只看到一面忘记另一面。所谓深刻性，就是要深入到事物内部把握事物各个方面之间的本质联系，而不能只停留在事物的表面。

矛盾分析方法，需要与其他认识方法结合起来才会更加有效。

②分析与综合方法。分析与综合方法，是在分析研究事物各个部分及其本质关系的基础上，从整体上认识和把握事物的辩证思维方法。分析方法，是在思维中把事物分解为不同方面、阶段和层次，以考察其本质关系的方法。综合方法，是在思维中根据事物各个方面、阶段和层次之间的内在联系将其结成一个统一整体的方法。分析与综合是辩证思维相互联系的两个方面，是揭示事物本质及其内部联系的重要思维方法。在认识过程中，分析与综合方法是统一的。

对事物进行分析与综合的一般过程是：当人们开始认识时，得到的是关于事物的具体的感性的认识，这种认识不仅是表面的，而且是笼统的。为了认识事物的内部联系及其本质，首先要对认识对象进行分析。这种分析主要包括方面分析，即考察事物的各个方面的特点；阶段分析，即考察事物的各个发展阶段的特点；层次分析，即考察事物的各级本质的特点。这是一个由整体到部分、由系统到要素的认识过程。在此基础上，再把关于事物各个方面、阶段、层次的认识综合起来，研究它们之间的内在联系，从而形成关于事物的整体的本质的认识。这是一个从部分到整体、从要素到系统的认识过程。

分析是综合的基础，没有必要的分析就没有真正的综合。只有通过分析，对整体的各个方面、阶段和层次进行详尽的研究，才能为综合提供对象和内容。否则，综合的内容就是空洞的。在认识活动中，对事物的分析越深入，综合的结果才能越深刻、越精确。

综合是分析的完成，是获得本质和规律性认识的关键环节。没有综合，分析也就失去了实际意义。分析是对事物的各个方面、各个发展阶段、各个层次进行分别考察，如果不将其结果加以综合，得到的只能是一些支离破碎、相互隔绝的片面认识，无法获得关于事物整体的本质的认识。综合必须进行科学的概括和抽象。综合不是分析结果的简单相加，而是揭示事物各个方面、各个阶段和各个层次之间的内在联系，以达到对其本质及其规律的科学认识。

人们在对事物进行分析与综合时，总是分析中有综合，综合中有分析。即人们在进行分析时，总要依据已有的一些综合性知识；而在综合时，也总要伴随着一定的分析。人们对事物的认识是一个从现象到本质、从初级本质到深层本质的过程，而这一过程本身，就表现为分析、综合、再分析、再综合的不断转化、不断前进的运动。

③归纳与演绎方法。归纳与演绎方法，即认识由个别上升到一般和由一般推演出个别的辩证思维方法。归纳方法，是指在认识事物的过程中由一系列的个别经验事实概括出一般性原则和概念的思维方法。演绎方法，是指在认识事物的过程中根据一般概念和原理推断出个别结论的思维方法。

归纳是进行演绎的必要基础。在认识事物中进行演绎，总是要以某个一般原则或概念作为前提，没有一定的原则或概念作为推理前提，演绎是无法进行的。而演绎的前提，即一般原则和理论是运用归纳从许多个别经验事实中概括出来的，没有对经验事实的归纳，演绎就是无源之水、无本之木。

④定性分析与定量分析方法。定性分析方法，是指透过事物的表面现象，深入其内部，考察其质的规定性的途径和手段，确定所研究的对象是什么，其属性、特点、功能如何。定量分析方法，是指把握事物的量的规定性的途径和手段，确定所研究对象的数量、规模、持续时间、强度等。

事物既具有质的规定性，也具有量的规定性，是质与量的统一，需要通过定性分析与定量分析才能认识和把握。认识事物，一般是从定性即确定其质的规定性开始的。能力的大小、理论和科技的先进与落后等，就是通过定性分析获得的。定量分析，是在定性分析基础上对事物的认识进一步深化和具体化。它通常借助数据、公式、图表等形式，对认识对象作量的描述。对量的分析越具体，对质的认识才能越深刻。

⑤历史与逻辑相统一方法。历史与逻辑相统一方法，要求在认识事物时，要把对事物历史过程的考察与对事物内部逻辑的分析有机地结合起来，逻辑的分析应以历史的考察为基础，历史的考察应以逻辑的分析为依据，以达到客观、全面地揭示事物的本质及其规律的目的。

事物的本质及规律是通过一定的历史过程得以充分展现的。因此，考察事物的本质及规律通常有两种方法：历史的方法和逻辑的方法。历史的方法，是研究事物历史的自然行程的方法，即通过揭示事物历史发展过程再现事物发展的规律。为了具体再现事物的历史发展的整个过程，思维需要跟随历史发展中出现的曲折阶段及具体细节前进。如运用历史方法考察社会活动，就需要考察社会活动的完整过程，包括由于偶然因素或突发事件影响而出现的曲折发展。逻辑的方法，是以概念或范畴逻辑地再现事物发展的本质及规律。为了以抽象的形式再现事物发展的历史必然性，思维需要舍弃历史过程中的偶然因素和曲折发展，通过一系列的概念和范畴之间的逻辑联系，揭示事物的本质及规律。如运用逻辑的方法分析社会活动，就不必再现社会活动的自然行程，不必去详尽地描述那些偶然或突发事件，而是通过概念或范畴间的逻辑联系来揭示它的规律性。

历史的方法是逻辑的方法的基础，没有对事物发展历史的考察，逻辑的分析便会脱离实际，流于空泛；逻辑的方法是历史的方法的依据，没有对事物发展的内部逻辑关系的分析，历史的考察就会成为杂乱无章的事实堆砌。历史的方法和逻辑的方法在思维过程中是相互渗透、融为一体的。在运用逻辑的方法研究事物发展规律的同时，实质上就是在对历史进行概括；在运用历史的方法研究事物历史进程的同时，也要通过逻辑分析确定史实之间的必然联系。历史与逻辑相统一的方法体现了历史的方法与逻辑的方法之间的本质联系，它把对事物的逻辑分析建立在对事物的历史过程进行全面考察的基础上，以连贯的历史事实为根据，并用对事物的逻辑分析指导对事物历史过程的考察，把逻辑分析贯穿于历史的考察之中。

⑥系统方法。系统方法，即通过考察事物的系统与要素、要素与要素以及系统与环境之间的辩证关系，以达到优化处理问题的方法。是研究复杂问题的有效工具，体现了唯物辩证法的普遍联系观点。

系统方法与其他一些方法的不同之处在于：它着眼于由多因素、多层次、多变量构成的对象整体，而不是只评价个别要素的优劣，并巧妙地利用要素和系统之间的联系，来提高整体的性能。系统方法既注重定性分析，也注重定量分析，并且把两者有机地结合起来，以揭示系统的性质、机制、运动状态和规律。现代社会的复杂性更加突出了自觉运用系统方法认识和处理军事问题的重要性。

⑦比较方法。

比较方法，即寻求和确定两种或两种以上相关事物的共同点和差异点的辩证思维方法。基本内容包括：比较相关事物或过程的共同点和相似点，发现它们的共同本质和一般特征；比较相关事物的相异点，揭示它们各自的特殊本质和个性特征；比较事物发展变化的各个历史阶段的相同点和相异点，考察其发展规律。进行比较，可以有性质比较、结构比较、功能比较、数量比较，等等。

（3）提炼论点的一般步骤。

第一步，根据围绕主题所掌握的资料，利用积蓄的知识，运用辩证的思维方式和科学的认识方法，使思维从多角度、多渠道向外扩散，由此及彼，由少到多，由近到远，进行广泛的联想，引申出若干相关问题，从中发现尽可能多的新思想和新观点。

第二步，对这些思想观点进行反复比较，剔除不尽恰当的，保留相对正确的，并作进一步概括，逐步缩小“光圈”，最后聚集到一个中心论点。

第三步，对初步确定的中心论点进行思想内容上的梳理，语言表述上的推敲，分论点上的拓展。一个中心论点的确立，绝非一蹴而就，而是对所占有的材料进行反复思考，对所包含的内容不断地进行梳理。这是因为，论点的确定与研究材料和确定主题紧密相连。从某种程度上说，论文的写作过程，既是不断研究材料的过程，也是不断梳理和深化主题的过程。因此，论文的中心论点初步确立后，还必须不断地进行思想内容上的梳理。

对中心论点的梳理深化，很重要的一个方面就是提炼分论点。论文要有层次，就是要使主题有一定的深度和广度。主题向横的方向发展，就像展开一把折扇，以主题为中轴，展开宽阔的扇面，扇面是丰富多彩的，但不能脱离扇轴的控制。主题向纵深发展，就像进入一座幽深宏伟的大宫殿，每深入一道门，就别有一番天地。

总之，论文是面镜子，它能折射出作者的学术造诣、学风文风，对新事物、新知识的敏感程度，透视现实、预测未来的能力，以及思维方法和研究方法等。而所有这些，都不是文采和写作技巧所能弥补的。扎实的学术研究是妙笔生花的前提和基础。

2. 论据

论据是用来证明论点的理由和材料。论点靠论据来支撑，只有具备既充分又全面的论据，并进行科学论证，论点才能成立，才能令人信服。如果只有论点而没有论据的强有力的证明与支持，论点就毫无说服力。

论据有许多类型，其中以事实性论据和理论性论据为主。事实性论据，就是用现实或历史存在的具体事例或数据作为论据，来证明论点。这种论据具有无可辩驳的说服力，通常说的“事实胜于雄辩”，就是这个道理。理论性论据，就是以理论观点作为论据。它包括马列主义、毛泽东思想的基本理论观点，名人名著中的言论，党在不同时期的路线、方针、政策，科学界公认的定义、定理或规律，以及生活中形成的一般公理、成语、谚语等。俗话说，“有理走遍天下”，这种以“讲道理”取胜的论据，可以增强论辩的理论深度。

收集材料的时候，要“多多益善”“以十当一”；选择材料则应“以少胜多”“以一当十”。这一“多”一“少”中，包含了“量”与“质”的深刻的辩证法。收集要多，选用要精，对此，茅盾先生在《有意为之》一文中有一段极为精彩的论述。他说既要“尽量采集凡与题目有关的材料”，又要“十二分严格——几乎吹毛求疵般地选用这些材料”。接着他用了两个形象的比喻，说采集材料时要像“奸商”一般“贪多务得”“不厌其多”；而选用时要像“税吏”一样“百般挑剔”，用尽心力不让过卡。具体说来，选用论据必须把握以下基本要求：

（1）围绕论点。

要由论点来决定对材料的取舍。凡与论点无关或关系不大的，哪怕材料再好，既然不能用来证明这个论点，也只有舍弃。如果不忍割爱，勉强与论点挂上的，便写入论文，或者因为收集材料艰辛，或者认为论文中论据越多越好，将勉强可用的都用了上去，这样都常常导致观点与材料脱节，或枝蔓丛生，甚至材料淹没了观点。这是论文写作的大忌。

（2）真实可靠。

论文的材料要真实，不能虚拟，必须符合客观事实，可信可靠，并能反映事物的本质。作为论据，不能添枝加叶，不可加以合理想象，也不能是个别的、偶发的事例，必须准确无误，确凿无疑。在议论中，也不可对材料评价过分，或无限上纲，分析必须恰如其分。

（3）精当典型。

所谓典型材料，是指那些能够揭示事物本质，具有广泛代表性的事实论据。选择典型材料做论据，通过个别反映一般，通过个性反映共性，符合人的认识规律，是选用论据的重要原则。正如著名作家魏巍所说，“用最能代表一般的典型例子，来说明本质的东西，给人的印象是会清楚明白的，也会是突出的”。如果论文中的材料不典型，不仅不能揭示事物的本盾，而且也难说明论文的论点。在实际生活中，有些材料看来典型其实并不精当，这种材料也不能作为论据。

（4）新颖生动。

论文要令人耳目一新，论据就要力求新颖鲜活，不能尽是老调重弹，都是尽人皆知的“陈谷子，烂芝麻”。求新，不是把材料改造来求新，而是从积累的材料中，从现实生活中选择新鲜材料。这样，笔下的论据常用常新，富有时代气息，论文也就具有了吸引人的新鲜魅力。

根据上述原则选择论据，我们长期积累的大部分材料有可能落选，这些材料是不是就没有作用了呢？不是。首先，它们在提炼材料时已经发挥了作用。论点是大量材料的结晶。这正如居里夫人从几十吨矿物里提炼出一克镭一样，没有几十吨，就没有这一克。其次，大凡好文章，有功力的文章，内涵深刻的文章，在它的文字背后，总有许多没有写进来的东西做后盾。从十个乃至上百个材料中严加筛选，最后只选一个，那舍弃的九个或九十九个材料就是文章背后的支持力，就是“后盾”，同样显示着无形的力量。这样的文章，与那种没有材料可供选择的文章相比，更加站得稳脚跟，论点更加令人信服，其普遍意义也要大得多。

3. 论证

论证是通过一定的方式和方法用论据阐述、证明论点。论证的过程是判断、推理、分析、综合、归纳、演绎、类比的逻辑思维过程。论点只是一篇论文的观点，论据只是证明论点的各种材料，而要把论点与论据有机地组织起来，形成一篇有说服力的文章，还必须靠论证。在学位论文中，论证的作用主要体现在阐述论点和论据、证明论点、组织论文等三个方面。一般来说，论证的基本要求是：符合唯物辩证法、符合形式逻辑、系统完整、体现论证的一般特征、灵活运用论据。论证的常用方法主要有：

（1）辩证论证方法。

辩证论证方法，就是运用马克思主义唯物辩证法的基本原理来揭示事物的本质及规律，从而证明论点的论证方法。它是认识事物的根本方法，也是论文论证的根本方法。运用辩证方法进行论证，必须全面地、联系地、发展地观察和分析问题，通过揭示事物间的必然联系来证明论点，主要有三种形式：一是由原因推出结果，用推出的结果证明论点；二是由结果回溯原因，用找出的原因证明论点；三是用因果关系链证明论点。

事物的因果关系是十分复杂的。我们必须善于把复杂的因果关系条理化，相对独立化，以增强论证的条理性，避免出现一团“乱麻”。在一个结果有多种原因的情况下，必须善于分析内因和外因、主要原因和次要原因、直接原因和间接原因、主观原因和客观原因等。

（2）举例论证方法。

举例论证方法，简称例证法，是指用一定数量的事实为论据证明论点的方法。这种方法的特点是简单明了，以例示理，是大家最熟悉、最常用的论证方法。

运用举例法论证，一要注意事例的典型性，论据要恰当、有说服力；二要保证事例的真实性，不能胡编乱造；三要选好角度，同样一个事例，从不同的角度来看，可以说明不同的问题，这要根据具体论证的需要作不同的选择。要注意，不管选择什么角度运用事例，要说明的问题必须与事物的本质特征相一致，不可歪曲事实。

（3）引文论证方法。

引文论证方法，简称引证法，是指通过引用为绝大多数人所认可的经典作家、权威人士的论述，或者科学的定理、定律、公理、政策法规性条文、名言警句等证明论点的方法。同例证法一样，引证法的运用也相当普遍。正确的引证，有助于确立论点，增强论点的可信性。运用引证法论证，有其独特效果。但要用得巧妙精当也不容易。一是作者头脑中要有丰富的知识；二是作者对掌握的理论知识要有深刻的理解，善于取其精华；三是作者要真正弄懂论点与引文之间的内在联系；四是要把握好“引用度”，不可滥引。有些论文作者不善于运用引证方法，有的引文无关紧要，可有可无；有的引文牵强附会，文不对题；有的引文过多，以引文代替自己的论证。须知，引证方法运用不当，也会适得其反的。

（4）比较论证方法。

比较论证方法，简称对比法，是指将两种或两种以上的事物加以对比，通过分析从而证明论点的论证方法。有比较才能有鉴别。通过比较，能够识别真伪，辨明是非，分出优劣，识别异同，说清道理。在论证中采用比较的方法，能增强论证的鲜明性、生动性。因此，比较的方法，也是经常使用、行之有效的论证方法。

比较的方式有多种，有分比、总比，有横比、纵比，有同比、异比，有明比、暗比，等等。每种比较方式都有自己的特点。究竟采用哪种比较方式，要根据具体比较对象和论证的要求而定。运用比较论证方法论证时，应注意三点：一是比较对象具有可比性。即比较要在同一层次上或同一要素上进行。否则，这边讲的是一回事，那边讲的是另一回事，这样会越比越乱，越比越不明白。二是比较的目的要明确。在确定比较内容时和比较过程中，要始终紧紧围绕论点，使比较的结论与论点完全一致。三是比较中要有分析。比较论证不是简单的现象罗列，必须要有归纳和总结，揭示对比因素与论点的内在联系。

（5）归纳论证方法。

归纳的方法，是人类思维的重要方法，也是论文论证的重要方法。运用归纳方法证明论点的方法，就叫作归纳论证法。归纳论证法，是综合许多具有内在联系的一类个别事物的共同特点，归纳出一般原理和结论的方法。它是归纳推理在论证中的具体运用，通常用于以事实说明论点的论证中。归纳论证与例证有相似之处，但两者又有所区别。区别在于，例证法可以用一个例子去证明论点成立或不成立，而归纳法必须用两个或两个以上的事实归纳出一般的原理和结论；例证法往往表现为论点在前、事实在后，而归纳法往往表现为事实在前、结论在后。

归纳论证，分为不完全归纳论证和完全归纳论证两种类型。两者的区别在于，不完全归纳论证考察的是一类事物的部分对象，完全归纳论证考察的是一类事物的全部对象。通常使用较多的是不完全归纳论证。

不完全归纳论证又分为简单枚举归纳论证和科学归纳论证。简单枚举论证，是通过对一类事物部分对象的考察，揭示其共同特性，从而做出一般性结论的论证方法。

科学归纳论证是在简单枚举的基础上，根据典型事例的因果关系和对内在必然性的分析，进行推理后作出结论的论证方法。

运用不完全归纳法论证应注意以下几点：一是考察的对象数量要合适。可少则少，宜多则多。一般来说，考察的对象越多，结论就越可靠、可信。二是做出的结论要准确。要切实把握各个事物的个性和共性，弄清事物特性与结论的内在联系，结论要有必然性，不可牵强。

（6）演绎论证方法。

演绎论证，就是由已知的真实可靠的一般性结论推论出个别事物具有某种属性，从而形成个别性结论的证明论点的方法。它是逻辑学中演绎推理方式在论文论证中的具体运用。作为推论前提的一般性结论，可以是一般的道理，可以是正确的判断，也可以是反映事物客观规律的原则、原理、定律、定理、公式等。在论文论证中，运用演绎的论证方法，不仅可以由已知的一般性结论推论出未知的新结论，还可以增强论证的深刻性。

（7）类比论证方法。

类比论证，就是将两个或两个以上同类一理的事物相比照，从其某些相似属性出发，由已知的一事物的个别属性来推论另一事物未知属性，从而证明论点的论证方法。它是逻辑学中类比推理方式在论文论证中的具体运用。这种论证方法，能够由此及彼，触类旁通，证明起来比较简明。

运用类比方法论证要注意，不同的事物，某些属性是共同的，不一定其他瘍性也一定相同。因此，在类比中，一定要把握住事物的本质属性，确定事物本质属性与推出属性之间的必然联系。否则，就会犯片面性和简单化的错误。

（8）反证论证方法。

反证论证，就是通过证明与自己论点相矛盾的论点的错误来确立自己论点的证明方法。这是一种间接证明的方法。这一方法，运用的是形式逻辑中的不矛盾律。当直接证明自己观点正确比较困难，而证明反论点错误比较容易时，可运用反证法论证。

（9）排除论证方法。

排除论证方法，就是利用排除法进行论证的方法。具体步骤是，首先提出一个论点，假设它可能存在多种情形，然后逐一分析，将别的可能都加以否定、排除，只剩下一种可能的情形，从而证明这一情形的唯一正确性。显然，排除法论证，也是一种间接性论证。运用排除法论证时，必须对被认识的事物的一切可能情形逐一列举，不能遗漏，对要排除的情形找出充分的理由加以排除。如果有遗漏，就不能肯定要确定的情形的"唯一正确性"，论点的证明也就不充分。例如，毛泽东在《论持久战》一文中就利用排除论证方法，通过排除"速胜论"和"亡国论"，论证了"抗日战争是持久的，最后胜利，属于中国"的必然性。他指出，在这场战争中，中日双方存在着互相矛盾的四个基本特点：第一，日本是个帝国主义强国，中国是个半殖民地半封建弱国；第二，日本的侵略战争是退步的、野蛮的，中国的反侵略战争是进步的、正义的；第三，日本战争力量虽强，但它是个小国，人力、军力、财力、物力均感缺乏，经不起长期的战争，中国是个大国，地大、物博、人多、兵多，能够支持长期的战争；第四，日本的非正义战争在国际上是失道寡助的，中国的正义战争是得道多助的。第一个特点决定了日本的进攻能在中国横行一时，中国不能速胜，中国抗战不可避免地要走一段艰难的路程，这里，排除了"速胜论"；后三个特点决定了中国不会亡国，经过长期抗战，最后胜利属于中国，这里，排除了"亡国论"。排除了"速胜论"和"亡国论"，剩下的只有一种可能，就是抗日战争是持久的，最后的胜利属于中国。论证十分严密，说服力很强。可见，掌握好排除论证方法，对于增强论证说理能力是很重要的。当我们论证某种主张为唯一或最佳选择时，运用排除法是比较有效的。

（10）反驳论证方法。

反驳论证，就是以推翻对方的错误论点为目标，以揭示对方论证中的错误为手段，驳倒对方论点确立自己论点的方法。

驳论的主要目的是驳倒对方的论点，而对方的论点不是孤立存在的，是由论据和论证支持的，其错误可能出在论点上，也可能出在论据上，还可能出在论证过程上，驳倒三者中的任何一项，都能驳倒对方论点。①反驳论点，就是直接揭示对方的论点是虚假的、错误的。人们常把这种方法叫作直取中心法，或叫斩将夺旗法。反驳论点有很多方法，可以直接用事实反驳，可以指出其逻辑错误反驳，也可以归谬反驳。归谬反驳是以对方的论点为前提，进行合乎逻辑的引申、推理，最后得出一个明显荒谬的结论，从而驳倒对方论点。②反驳论据，就是指出对方论据的不真实性，使其论点失去根据，无从依靠，从而证明其论点错误。对方论据的错误，有的是与事实相反，有的是事实不准，有的是事实不存在，有的是歪曲事实，有的是曲解原意等。③反驳论证，就是通过指出对方论证中的思维错误，使其论点和论据间失去内在联系，造成论点来之无理，从而证明其论点错误。反驳论证方法对于纠正错误观点、深化人们对事物的认识，具有重要作用，也是论文写作中常用的方法。

4. 语法

语法是语言的结构规则。学术论文的论点及论述，特别要在行文中注意语法规范，并且要注意参考文献著录格式。以下是有关句子和复句的一些语法常识。

（1）句子。

句子，是具有特定句调、能够表达一个相对完整的意思的语言单位，由短语或词构成。从结构上看，句子可以由主谓短语构成主谓句，也可以由一个词或非主谓短语构成非主谓句，这种按结构标准划分出来的句子类型叫作句型。主谓句还可以根据谓语性质分为名词性谓语句、动词性谓语句、形容词性谓语句、主谓谓语句。非主谓句也可以根据由其所构成的词或短语的性质，分为名词性、动词性、形容词性、叹词性非主谓句。

主语。主语是陈述的对象，放在谓语前面，回答“谁”或者“什么”的问题。做陈述对象的往往是人或事物，因此名词和名词性短语经常用作主语。

谓语。谓语是用来陈述主语的，放在主语的后面，点明主语做什么，怎么样，有什么性质，处于什么状态中，等等，通常用动词和动词性短语来充当，有时也用名词性短语。

宾语。构成宾语的材料和主语差不多，名词和名词性词语都可以做宾语。

定语。除副词性词语外，实词短语一般都可以做定语，定语和中心语的语义关系多种多样，大体来说，可以分为描写性谓语和限制性定语两种。

状语。状语是谓词性偏正短语里的修饰语。副词的功能就是做状语；形容词也经常做状语，特别是表示状态的形容词；名词里的时间词和处所词经常组成介词词组做状语；动词中的助动词可以直接做状语；量词短语和其他一些短语也可做状语。

补语。补语前面的中心语是动词或形容词，补语的性质比较复杂，谓词性词语、介词短语和程度副词“很、极”等都可以做补语，用来说明动作、作为的结果、趋向、数量、时间、处所，或说明性状的程度等，有的补语直接加在中心语之后，有的要求中心语加上结构助词“得”。

独立语。如果句子里的某个词或短语，和句里别的成分没有结构关系，又是句意上必需的成分，这种成分叫作独立语。独立语在句子里的位置比较灵活，可以在句子中间，也可以在句首或句末。从表意作用看，有以下四种：①插入语。插入语的作用可以从两方面看。一方面是从说话者本身看，说话者有意加强说话的分量或严密性。强调说话者的态度，表明说话内容的可靠性等，就在句子的前后或中间插入一定的成分来点明；另一方面是针对听话者来说的，有意引起听话一方的注意，使听话者能想象所说的意思。有的表示肯定或强调的语气，表明说话者那种不容置疑的态度。有的又点明特别值得注意的内容，以加深听话者的印象。通常会用“毫无疑问”“不可否认”“不用说”“十分明显”“尤其是”“主要是”“特别是”等。有的表示对情况的推测和估计，口气比较委婉，对所说事情的真实性不作完全的肯定，有重新考虑的余地，通常用“看来”“算起来”“我想”“充其量”“少说一点”等。②称呼语。用来称呼对方，明确说话的对象。③感叹语。表示惊讶、感叹、应对等语气。感叹词后面如果用上了感叹号，这个词就成了非主谓句，是一个句子而不是感叹语了。④象声语。模拟事物的声音，进行生动形象的描写，以加强表达效果。

（2）复句。

复句的分句在意义上的联系是多种多样的，根据分句和分句之间的意念关系和使用的关联词语，复句可以分为并列、连贯、递进、选择、转折、假设、条件、因果、目的、总分等不同类型。

①并列关系。几个分句分别说明或描写有关的几件事、几种情况或者几个分句分别说明、描写同一事物的几个方面。常用的关联词语有“也”“又”“还”“同时”“也……也……”“又……又……”“既……也（又）……”“一方面……（另）一方面……”“有时……有时……”“一边……一边……”等。另外，“不是……而是……”“是……不是……”表示前后两个分句对举，起强调作用。

②连贯关系。几个分句表示连续的动作或连续发生的事情。常用的关联词语有“就”“便”“才”“于是”“然后”“后来”“接着”“首先……然后……”“起先……后来……”等。

③递进关系。后一个分句有比前一个分句更进一层的意思。语意更进一层一般表现在范围、数量、程度、时间等方面。表示递进关系常用的关联词语有：“不但（不仅、不只、不光）……而且（并且）……”“不但……还（也、又、更）……”“而且”“并且”“更”“甚至”；“不但……反而”（这一组也表示递进关系，但跟“不但……而且……”不同。这种格式中的“反而”表示跟前一分句的意思相反或出乎预料，除表示递进外，还有转折的作用）；“况且”“何况”“尚且……何况……”。

④选择关系。两个或两个以上的分句分别说出几种情况，表示从中选择一种。常用的关联词语有：“或者（或）……或者（或）”“是……还是……”（表示并列数事，选择其中的一种，有“或此或彼”的意思）；“不是……就是……”“要么……要么……”（一般表示举出两件事，限选其一，有非此即彼，二者必居其一的意思）；“与其……不如（宁可）……”“宁可……决不（也不）……”（表示取舍关系，即把两件事加以比较，衡量得失进行取舍）。

⑤转折关系。前边的分句说了一个意思，后边的分句不是顺着前边分句的意思说下去，而是转到跟前边分句相反或相对的意思上去。转折关系一般要用关联词

语来表示，常用的关联词语有："虽然（尽管）……但是（可是、却、而）……"（这组关联词语是成套使用的，前后两个分句在意思上有明显的对立。"虽然（尽管）"表示让步，即先退一步承认某种事实，然后后边的分句转过来指出跟它相反的一面）；"但是（但）""然而""可是（可）""却"（这组关联词语经常单用，只用在后边的分句，转折意味较轻）；"只是""不过""倒"（这组关联词语也单用，表示轻微的转折，意思的重点在前一分句，后一分句补充修正前面的意思。全句语气比较委婉）。

⑥假设关系。前边的分句提出一种假设的情况，后边的分句说明在这种情况下会出现的结果。假设关系的复句有两种：一是假设已经存在或出现一种情况，就会有相应的结果。常用关联词语有："如果（假如、要是、倘若、若）……就（那么、那、便）……"。这种假设关系有时不用关联词语，或者只在后边的分句用"就""便"。二是前边的分句先退一步把假设当作事实承认下来，后面的分句指出的结论，不受假设情况的影响。常用关联词如"即使（就是、就算、纵然、哪怕）……也(还）……""再……也……"等。这种假设关系的特点是，前面的分句是假设，往往用虚拟的情况来加强语气；后面的分句没有指出与假设情况相适应的结果，而是说出与假设相反的结果。这种假设关系含有转换意义但是不同于转折复句。

⑦条件关系。前边的分句表示条件，后边的分句表示结果。条件关系复句常用关联词语："只要……就……"（带"只要"的分句表示充足条件。只要出现了某种条件，就一定会出现相应的结果）；"只有……才……""除非……才……"（前面的分句表示必要条件，即非它不可。没有这种条件，就不可能产生所说的结果）；"无论（不论、不管、任凭）……都（也、总、是）……"（前边的分句表示不管出现哪一条件，都会出现同样的结果。从结构上看，这种条件关系的复句有一个明显的特点："无论/不论/不管"后面的词语往往有选择性，它往往是一个表示选择性的联合短语）。

⑧因果关系。分句之间有原因和结果的关系。因果关系的复句有两种。一是说明因果。一种是前边的分句说明原因，后边的分句说明结果。常用的关联词语有"因为……所以……""由于……因此……""因而"等。有的为了突出原因或理由，把表明结果的分句放在前面，表明原因的分句放在后面。这时多用关联词语"之所以……是因为……"。二是推论因果。前面的分句提出已成为事实或已肯定的前因，后面的分句说明由此推导出来的结论。常用关联词语有"既然……那么（就）……"等。

⑨目的关系。前面的分句表示一种结果，后面的分句表明要达到的目的。常用的关联词语有"以便""以""用以""为的是""以免""省得"等。

⑩总分关系。先用一个分句总括，然后用几个分句分述，或者用几个分句分述，

然后再用一个分句总括。

在学术论文写作中，还常用到多重复句。分句之间有两个或两个以上结构层次的复句，称为多重复句。多重复句的运用，要特别注意关联词语和意念关系。

在复句运用中常见的错误有：一是分句之间在意义上缺乏密切联系。复句的两个或几个分句意义上必须有密切的逻辑联系，否则就不能构成复句。二是结构混乱，层次不清。复句，特别是多重复句，结构繁复，关系多样，含义丰富。如果不注意前后文的内在联系，往往会出现结构棍乱、层次不清的毛病。三是关联词语应用的错误。成对搭配使用的关联词语，不能随意改换，否则就会出现关联词语搭配不当的毛病，影响到意思的准确表达。

第五讲　应急物流技术体系

导语

重视和提倡原始创新，但也不要忽视和轻视集成创新

一般来说，创新可以分为原始创新、集成创新以及消化吸收再创新。原始创新是指独立开发一种全新概念、全新知识、全新技术，并将它商业化的过程。原始创新意味着在研究开发方面，特别是基础研究和高技术领域取得独有的发现或者发明。集成创新，是自主创新的一个重要内容。它是把各个独立的技术有机地结合起来、融会贯通，从而形成一种新产品、新工艺或者新经营模式。集成创新的关键是以把握技术知识的需求环节为起点，通过开放的平台集成各种各样的技术资源，以获得更好的创新绩效。消化吸收再创新，是一种“拿来主义”的创新，比如模仿，这种创新具有实用性和再生性，需要以较高的模仿技能和吸收技能把已有的先进技术进行研究再创新，重在推广使用。

对于创新，自然是鼓励、提倡原始创新，但也不能轻视、忽视集成创新。不同的创新可能引发的后果不同，有的可引发革命性变革，有的只是小改进。从事物发展的逻辑来看，似乎因技术突破导致的原始创新更可能引发革命性变革，集成创新仅是现有技术的总成，其重要性也就不太被重视。但事实上，集成创新带来的变革不一定是小打小闹。例如，第一次世界大战中发明的坦克就是集成创新，完全是成熟技术集成而得的创新产品，却引发了作战方式的变革。因此，集成创新也能产生巨大的综合效益。

从创新方法来看，不同类型的创新所适用的方法并不一样。原始创新的核心是实现技术突破，由于其不可预测性、不确定性，难以有确定、通用的方法指导创新。而集成创新却大不相同，其实质是面向需求的现有技术总成，不存在技术突破的不确定性问题，因而有比较通用的方法指导。从系统学原理来说，多种成熟技术的合理组合、优化集成，能够达成“1+1>2”的效果，从而实现单项技术各自独立所不具备的功能。

技术是人类在利用自然和改造自然的过程中积累起来并在生产劳动中体现出来的经验和知识。应急物流建设离不开技术手段的有力支持。只有采用先进、可靠的技术

手段，才能确保应急物流的高效运作、精确保障，实现“科学应急”的目的。应急物流在组织实施中突出强调时效性，可以说时间就是应急物流的生命。对于应急物资，在研制生产阶段所赋予的“活性”是与生俱来的，只能对其后天的“活性”采取改变放置状态等方式进行改良。因此，要“硬”“软”“巧”实力兼备，也就是硬件、软件相结合，科学、灵活地使用，除了在运输环节“多拉快跑”之外，还要考虑在“巧”字上下工夫，以应急物资的出库短倒、装卸搬运、配送分发等“瓶颈环节”为突破，研究提高应急物流运作效率的解决方案，在储存保管、装卸搬运等各个作业环节均应采取有效的技术手段，确保应急物流各个功能环节顺畅高效，以求尽可能缩短应急物流的响应时间、提高响应速度。所以说，物流活性对于应急物流具有重要的应用价值和现实意义，为构建系统的应急物流技术体系奠定了可行的思想路线和可靠的理论基础。有必要在现有的物流技术中提取能够加快应急反应速度、增强物流作业效率的技术项目，进行系统集成，构建基于活性理论的应急物流技术体系。

一、模块预储技术

模块化方法的应用由来已久。模块化的概念最早由哈佛大学商学院的鲍德温（Baldwin）和克拉克（Clark）于1997年提出。美军的聚焦后勤原则就特别强调“非战争军事行动后勤保障力量的组织结构、部署和应用要实现模块化”①。模块具有最大的通用化系数，概括和代表了同类事物的典型性特征，消除了功能上不必要的重复性。传统的简单化的分类储存已经难以满足应对突发事件应急物流的需要。例如，在玉树地震救灾物资发放中，曾出现了灾民“只能领到帐篷的篷布，得不到帐篷支架”的情况②。对于模块化集装预储而言，就是运用“积木组装”原理，按照一定标准规范，将应急物资进行科学组配、合理包装和有序储存。

（一）技术原理

模块预储技术的原理可以描述为：在应急物资储备管理中，运用模块化设计方法，对应急物资的基本用途、储存要求、搭配关系、配比数量等要素进行聚类分析，将原本分类储存的物资按照相对独立的功能单元进行组套包装和组盘集装，形成一定规格标准的应急物资集装体，并进行清晰的标识，优化调整货位，编排进出库顺序；特别

① 王景伟，苏剑飞，刘曙光．美军非战争军事行动的保障特点［J］．华南军事教育，2009（1）：49－50.

② 青海省行政学院课题组．玉树地震应急处置与救援阶段工作评估报告［M］．西宁：青海人民出版社，2012：59.

是要采集应急物资的品种、数量、质量以及集装体的长、宽、高等外形尺寸和整体重量等有关数据，根据载运工具的型号性能参数（如载重量、容积量、舱门尺寸、地板承重力等），利用专家辅助决策系统生成若干个性化的装载（配载）方案。当启动应急预案时，选择适当的装载（配载）方案，按照预定的顺序快速出库，投入短倒、装载等后续作业流程。

对于某些特殊的应急物资，在特定的时机下可以将预储的应急物资提前调配存放在停机坪、货站等装载点，或者装入集装箱（板）后与适当的载运工具结合，甚至直接投放到可能发生突发事件的地区，进行有目的的预置，以达到一声令下、立即出动的目的。通过这种"静中求动"的策略，将后续作业流程和作业内容适度前移，能够有效地减少传统储存方法下应急物资在出库前紧急分拣组套，或者配送分发时进行组套所产生的作业量和作业时间，不仅能够大大缩短出库时间，增强反应速度，还能确保应急情况下配送分发作业的有序进行，有效提高作业效率，降低发货误差。例如，2012 年 8 月底中国海军启动了集装箱军事运输联运，大大减少了送取货和公路倒运环节，而传统的方式中，每次运输至少需 4 次装卸载作业①。

通常，按照专业，集装预储的模块主要有食品给养、被装物资、宿营器材、医药器械、通信设备器材等；以保障对象为参考，将各专业模块进一步组配，可以得到 10 人、50 人、100 人等不同规模的保障模块；还可以根据遂行任务的不同特点进一步组配，如地震灾害救援模块、洪水灾害救援模块、森林火灾救援模块等。通常应综合考虑专业结构、任务特点和需求规模等，将应急物资进行数量规模、品种结构上的搭配组合，满足具体的保障需求。例如，在药材保障中，可以按照聚类分析方法，在理论上构建公共模块药材单元、急救模块药材单元、地震灾害救治模块、水灾救援药材模块、常见疾病的常规治疗模块、常见传染病的常规治疗模块等药材模块系列②。

（二）典型形式

当然，模块预储技术并不特指某一单项技术，而是对现有多种仓储相关技术的综合集成，包括集装箱（板、网、袋）技术、托盘技术、货架技术、捆扎技术、自动化立体仓库技术、库存管理优化技术以及相关的信息技术、管理技术等。典型技术形式是航空货物处理系统。该系统具有多个在高度方向上按行、列间隔分布的储存工位，每一储存工位上具有可移动的托架平台，横移机构带动托架平台可在水平方向移动，升降装置带动托架平台可在竖直方向上升降。系统由升降式转运车（ETV）、平面转运

---

① 家业良，郭锐．海军首批集装箱军事运输联运启动［N］．人民海军，2012-09-10（1）．

② 冯巍，马海燕，胡兴斌，等．多样化任务中野战药材车药材保障的模块化设计研究［J］．解放军医院管理杂志，2011，18（4）：391-392.

车（TV）、升降打板台（Lowerable Workstation）、动力输送轨道（Power Deck）、万向轮式作业平台（Ball & Castor Mat）、集装箱/板拖车（Dolly）、集装箱/板装卸平台车（Loader）等设备构成。运用航空集装箱自动化立体仓库预储应急物资，在入库前将应急物资组板集装、称重计量、包装标识，辅之以配载方案自动生成系统，就能够在得到指令后立即启动，快速出库，实现最短的物流作业时间。

另外，由于应急物资在某种意义上存在“死储待用”的性质，突发事件应急物流利用航空集装箱自动化立体仓库，需要采取合理的策略，也就是要充分利用市场流通渠道，依托机场货站规划建设，在机场货站的航空集装箱自动化立体仓库中预留一定数量的货位储存应急物资。由此，既能保证设施设备在运转中保持良好的技术状态，避免设施设备的闲置浪费，又能满足突发事件应急时的紧急调用需要，可谓一举多得。

需要强调的是，模块预储往往成本较高，维护管理、轮换更新难度大，特别是对于一些储存要求不同的应急物资，还很难做到模块化组合集装储存。故而，组套集装的时机需要妥善而慎重地选择，可以考虑利用突发事件的征兆期和预警期进行模块化集装的突击作业，以实现出库环节作业效率的最大化。

二、高效转运技术

出库发运、装卸载等环节是衔接应急物资的“静”和“动”的中间过程，也是制约应急物流作业效率的主要“瓶颈”。这一环节主要解决应急物资短距离的水平和垂直位移及其配套作业，包括出库搬运、装载、捆绑固定、卸载等过程，如果是航空运输还需要对不同舱位进行配载。要实现应急物流的“急”，在减少物流作业环节的基础上，还需要重点解决好物流作业各个环节和同一环节不同活动之间的衔接问题。在运输的全过程中，装卸搬运所占的时间为全部运输时间的50%①。高效转运技术是一个集成了若干装卸搬运技术的技术群，通过对现有设施设备和技术装备的优化整合，实现其对应急物流各环节和同一环节不同活动之间的快速、及时、高效的衔接。

（一）技术原理

高效转运技术的核心思想是在应急物流各个环节和同一环节不同活动中，通过统筹规划、系统设计，综合集成叉车、牵引车、搬运车、吊运车、输送机、货运车尾板、升降月台、捆绑加固器材等设施设备和技术装备，有效利用机械化、自动化手段，提高效率、加快速度、缩短时间，实现作业路径最短、流程连续快捷和衔接高效可靠。需要强调的是，有些细节性的技术手段往往决定了储运衔接的效果。例如，铁路平车

① 姜大立，张剑芳，王丰，等．现代物流装备［M］．北京：首都经济贸易大学出版社，2004.

装载坦克、装甲车辆、轮式车辆等大型装备需要进行捆绑加固，传统的“铁丝加垫木”方式既耗时又费力，而使用预制捆绑器材，5 名技术人员在 15 分钟内就能够完成 1 台大型装备在铁路平车上的装载和捆绑。

（二）典型形式

高效转运的理想模式是从物资集散场所到装卸载站点，规划设计连续的输送机制和机构，使物资能够连续、高速地装卸载。典型技术形式是油料仓库的装卸油栈桥鹤管系统（见图5－1）。当卸油时，使用鹤管从铁路油罐车抽油，直接将油料经泵输送到油库中储存。反之亦然，均不需要进行拣选、搬运等其他的配套作业。当然，这是由于油料具有液态物资的储运特性，才得以实现如此高效的转运，而固态物资的装卸搬运总是存在一些难以克服的瓶颈环节。例如，输送带尽管可以连续、高效地传输物资，但在设备末端环节的物资取放效率仍然难免受到诸多限制。实际上，只要因地制宜，运用高效化衔接转运技术的原理和思想方法，优化整合机械化、自动化技术手段和管理技术，就能够实现高效、快捷、可靠地转运，有效衔接应急物流各个环节。

图5－1　装卸油栈桥鹤管系统

当然，高效转运技术尽管能够实现较高的作业效率，但这往往是以超出常规的投入为代价的。例如，流程化作业工艺的优化设计、高速化技术装备的研发配备等。而且，物流作业过多使用先进技术手段，也可能降低可靠性。为此，物流界就提出了“充分机械化、适度自动化、高度信息化”的发展思路，这也是为了有效减少对先进物流技术的依赖而采取的策略。

三、高速运输技术

目前在交通运输领域，已经有了时速达到100公里左右的载重车、超过300公里的高速列车和800公里的喷气式运输机，几乎达到了载运工具的物理极限。这为组织高速的干线运输提供了坚强的物质技术基础。

（一）技术原理

从理论上来说，高速运输技术可以包括现有的公路、铁路、航空、水路、管道等各种运输方式所采用的交通运输装备技术。其主要目的就是有效克服空间障碍，在第一时间里将应急物资运达目标地域。突发事件应急情境下，应急物流所采用的高速运输方式，主要是公路运输。这是因为公路运输非常便捷，能够实现门到门的服务保障。因此，高速的集装箱车、能够克服复杂地形环境的全地形运输车等，都是首选的公路运输装备。而在特殊情况下应急物资也可以采用航空运输，但航空运输对机场保障要求高，往往使用受限，不过运输直升机由于具备垂直起降和悬停能力，对于应急物资的紧急调运具有积极的意义。铁路运输可以满足大批量应急物资调运的需求，具有很好的经济效益，在实践中运用较多。

（二）典型形式

高速运输技术是包括高速运输车技术、重型直升机技术、高速海运船技术、高速货运列车技术、全地形运输车技术等技术项目的技术群。其中，全地形运输车技术是较为典型的技术形式。全地形车（All Terrain Vehicle，ATV）又称“全地形四轮越野机车”，具有宽大的轮胎，能降低车辆对地面的压强，使其能够在沙滩、河床、林道、溪流，以及恶劣的沙漠地形行驶，车辆简单实用，越野性能好。瑞典Bv206S履带式装甲全地形车是当前一种较为特别的装甲输送车，已经有40多个国家和地区列装，堪称当今世界上使用最广泛的履带式装甲全地形车。这种车采用双车箱铰接结构，能够克服极其复杂恶劣的地形障碍，从冰雪覆盖的北极圈到沙漠、沼泽和泥泞丛林，都可以看到它的身影；也能够在极端的天气环境中使用，温度适应范围从－32℃～＋46℃。这种车使用范围很广，既可以作为人员运送车载运12名全副武装的步兵战斗人员，也可以作为后勤物资和弹药的运输车，还可以用作救护车、指挥车、救援车等不同的用途。如图5－2所示。

图 5-2　瑞典 Bv206S 履带式装甲全地形车

四、精确分发技术

随着科学技术的进步，特别是信息技术的飞速发展，人们对应急物流的服务保障要求也在提高，传统的“规模保障”因为对资源占用过多而令人们难以承受，已经逐步被人们所抛弃，转而追求适时（right time）、适地（right place）、适量（right quantity）的精确分发。

（一）技术原理

精确分发主要针对应急物流“最后一公里”甚至“最后一百米”的末端环节，通过对应急物流活动的实时感知和精确调控，实现应急物资分发配送的适时、适地、适量。应急物流的内涵就是“以正确的数量、顺序、地点与时间将救援物资运达目的地的行为”，应急物流中的救援物资需求直接关系救援物资配送的总量，但是救援物资需求的预测在时间、地点、品种、规模等方面不可能精确[①]。实际上，精确分发技术在应急物流服务保障的实践中总是面临相当数量的不确定因素，例如，道路的突然中断、需求信息不能及时准确获取等，从而导致技术运用的难度增加、效果减弱。

应当说，应急物流中的物资需求预测具有非常重要的现实意义。通过对历史数据和类似情境的研究分析，结合现实环境和条件的研判，可以发现其中存在的规律，对应急物资需求的数量、结构、品种、时间等做出预测。当然，有时候这种预测的准确度还较低，但如同“战场上一个错误的命令也要比没有命令强”的说法，有一个即使有所偏差的需求预测，也强过不做预测。

① CARTER WN. Disaster management—a disaster manager's handbook［M］. Philippines：Asian Development Bank，1992.

应急物流的精确分发，需要重视速度管理特别是在途管理，以速度来弥补数量上的“不足”，以有效管理下的动态的物资流来取代相对固定的库存物资，以物流的速度效率来取代数量规模，也就是通过“配送管道”构建“仓储渠道”。应急物流的精确分发，还需要着重对应急物资的配送路线进行合理规划、科学优化和动态调整。常用的基本理论和方法有最短路算法、线性规划法、动态规划法、线搜索技术、概率分析、经验分析等。

（二）典型形式

精确分发技术是一个包括物资需求预测技术、应急物资集配技术、配送路线规划技术、路线动态调整技术等技术项目在内的技术群。比较典型的运用是美军的直达配送保障。美军充分运用以信息技术为核心的高技术手段，精细而准确地筹划和运用物流保障力量，在准确的时间、准确的地点为部队作战提供准确数量、质量的物资和技术保障，使物流保障的适时、适地、适量原则尽可能达到精确的程度，最大限度地节约了物流保障资源。伊拉克战争“是一场信息化条件下典型的非对称战争”，而在这场举世瞩目的战争中，“非对称保障发挥了超乎传统的作战效能”。美军突出保障实效，一改以往沿着进攻路线逐级建立保障基地，一步一个脚印稳扎稳打的传统做法，组织实施了基于信息系统的伴随保障，大胆超越，成功地实践了直达配送技术。战争中，美军第三机步师第七装甲团曾创造了一天推进 160 公里的记录，其保障行动堪称迅捷快速。美军还以“精确保障”代替“规模保障”，采取“蛙跳”“投送”等形式实施中、远距离的直达配送，按照适时、适地、适量的要求，为作战部队提供点对点、门对门的精确保障，通过空运和海运投送的物资，仅仅相当于海湾战争的 13.4% 和 11.4%，有效避免了过度储备现象的发生。①

五、实时调控技术

突发事件发生时，一般都会对通信系统造成严重破坏，事发地区的物资需求信息通常难以及时准确地获取。例如，2008 年 5 月 12 日汶川特大地震发生后，通信系统和通讯设施严重损毁致使灾区情况在很长时间里都无法及时传递出去，某空降兵部队不得不冒险派出空降伞兵进入灾区实地勘察灾情。另外，社会物流资源的信息数据规模巨大、渠道繁杂、真伪难辨，决策部门难以从其中获取可靠的信息，常常造成指挥决策相对滞后。此外，突发事件应急物流的运作过程中也面临信息不畅的矛盾问题。汶川特大地震后，国内某知名运输公司在四川地区执行油料运输保障任务时，41 台安装

① 赵伟．精确保障直达配送［N］．解放军报，2011－04－07（12）．

了GPS（全球定位系统）监控系统的运输车，在长达2天的时间里竟然监控不到，其中的原因不言自明。而且GPS不具备通信功能，即使在平时也无法实现对运输车的精确控制和实时调度。

（一）技术原理

实践证明，信息技术在突发事件应急体系中始终发挥着“倍增器”和“黏合剂”作用，能够有效提高应急响应速度。实时调控技术需要体现立体、全维、联动的特点，积极采取多种沟通联络手段，切实增强容灾备份冗余能力，兼顾必要的安全保密能力，提供强大的辅助决策功能，确保突发事件应急物流的响应及时、信息通畅、决策科学。

实时调控技术在现有的条码技术、无线射频识别技术等物流信息管控技术基础上，综合集成物联网技术、地理信息系统技术、卫星遥感通信技术、全球定位导航技术、智能交通技术、数据挖掘技术、信息资源整合技术、应急物资调度辅助决策技术等手段，主要围绕应急需求信息的及时获取、海量信息资源的充分整合和在途物资信息的有效感知等三个内容，依托互联网、有线通信网、无线通信网和卫星通信网，形成一个立体的突发事件应急物流供应链物联网，力求消除信息“迷雾”，达到需求可知、资源可视、全程可控的目的。一是应急需求信息的及时获取。依靠卫星遥感技术，辅之以灾害信息员机制，及时获取事发地区应急物资需求信息，参照同类型突发事件应急物流历史数据和消耗规律，预判应急物流资源需求情况，包括应急物资的品种和数量、集散地设施设备和技术装备、载运工具类型和数量等。二是海量信息资源的充分整合。在收集掌握社会应急物流资源信息的基础上，动态了解应急生产、应急采购、应急运输等保障能力，并根据需求情况，有效整合信息资源，消除异网异构障碍，对海量的数据进行充分挖掘整合，将积累的数据及时转化为可直接利用的知识，综合呈现、动态更新应急物流资源分布态势。三是在途物资信息的有效感知。运用北斗定位导航技术和移动通信技术，根据应急物流的需要，调整优化军事运输动态监控系统，实时感知在途物资信息；并实现指挥调度人员对单个载运工具点对点的信息互动，确保实时调度信息的精确传递，为应急物流指挥决策提供信息支撑。

（二）典型形式

美军的联合全资产可见性系统在某种程度上能够为应急物流的实时感知调控提供有益的参考借鉴。美军在海湾战争中，由于集装箱内的物资缺乏可见性，“不得不在码头上把运到的41000个集装箱中的28000个打开”①，进行人工清点后再装箱，重新投

① 威廉G. 帕戈尼斯. 海湾战争后勤领导与经验［M］. 金时瑶，王达伦，韦秀文，等译. 中国人民解放军总后勤部司令部，1996：208.

入后勤保障渠道；甚至到战争结束时，美军在码头上还有8000多个集装箱没有被打开。针对这些问题，美国国防部1992年审批通过了全资产可见性计划，运用自动化信息技术，组织研发了“联合全资产可见性系统”。该系统能够及时、准确地向用户提供部队、人员、装备和补给品的位置、运输、状况及类别等信息，全面提高后勤工作总体效能。[①][②] 该系统以自动识别技术、数据库融合技术、网络通信技术等为依托，是一个高度集成化的数据环境，通过对保障信息的自动采集、数据融合、实时传输等，为物流保障决策和管理人员及时提供信息支持，能够实现保障需求可视、保障过程可视、仓储资产可视、在处理资产可视，有效驱除传统物流存在的“物流资源迷雾”和“物流需求迷雾”，使保障过程透明化，大大提高物流保障效率。当前，物联网技术的迅猛发展，更为实时感知调控提供了高效可靠的技术手段。

总之，以活性理论为基础，以集成创新为手段，准确把握单项技术与技术体系之间的关系，提取现有物流技术中能够提高应急反应速度、增强物流作业效率的技术项目进行系统优化，构建结构合理、先进适用、系统配套的应急物流技术体系。应急物流技术体系的定义可以表述为，在应急物流体系中，由功能上相互联系、相互作用的各种应急物流技术组成的系统，包括应急物流活动中所运用的各种机械化、自动化和信息化技术。应急物流技术体系框架如图5-3所示。

其中，模块预储技术是由货位优化分配技术、应急物资包装技术、配载优化技术、集装箱技术、应急物资功能聚类分析技术等构成的技术群；高效转运技术是由高速越野叉车技术、高速重载牵引车技术、高速辊道输送技术、高效捆绑加固技术、作业流线流程优化技术等构成的技术群；高速运输技术是由高速运输车技术、重型直升机技术、高速海运船技术、高速货运列车技术、全地形运输车技术等构成的技术群；精确分发技术是由物资需求预测技术、应急物资集配技术、配送路线规划技术、路线动态调整技术等构成的技术群；实时调控技术是由物联网技术、地理信息系统技术、卫星遥感通信技术、全球定位导航技术、智能交通技术、数据挖掘技术、信息资源整合技术和应急物资调度辅助决策技术等构成的技术群。此外，应急物流技术体系还包括有关基础设施应急功能的规划、评价技术等。

在此基础上，需要积极推动应急物流技术的体系化、标准化发展，集中统一组织应急物流关键技术的研发，使各个单项技术充分发挥出“1+1>2”的效果，产生明显的“倍增”效益，为应急物流提供强有力的物质技术基础，切实增强应急物流服务保障的质量效益。加快推动应急物流技术的发展，需要坚持集成创新，充分发挥现代物

---

① 杨夕军. 美军“联合全资产可见性”系统简介［J］. 后勤学术，1998（12）：80-81.

② 比尔·泰勒. 美军的联合全资产可见性［J］. 侯志华，和吉珍，程洪海，译. 外军后勤信息，2001（1）：3-7.

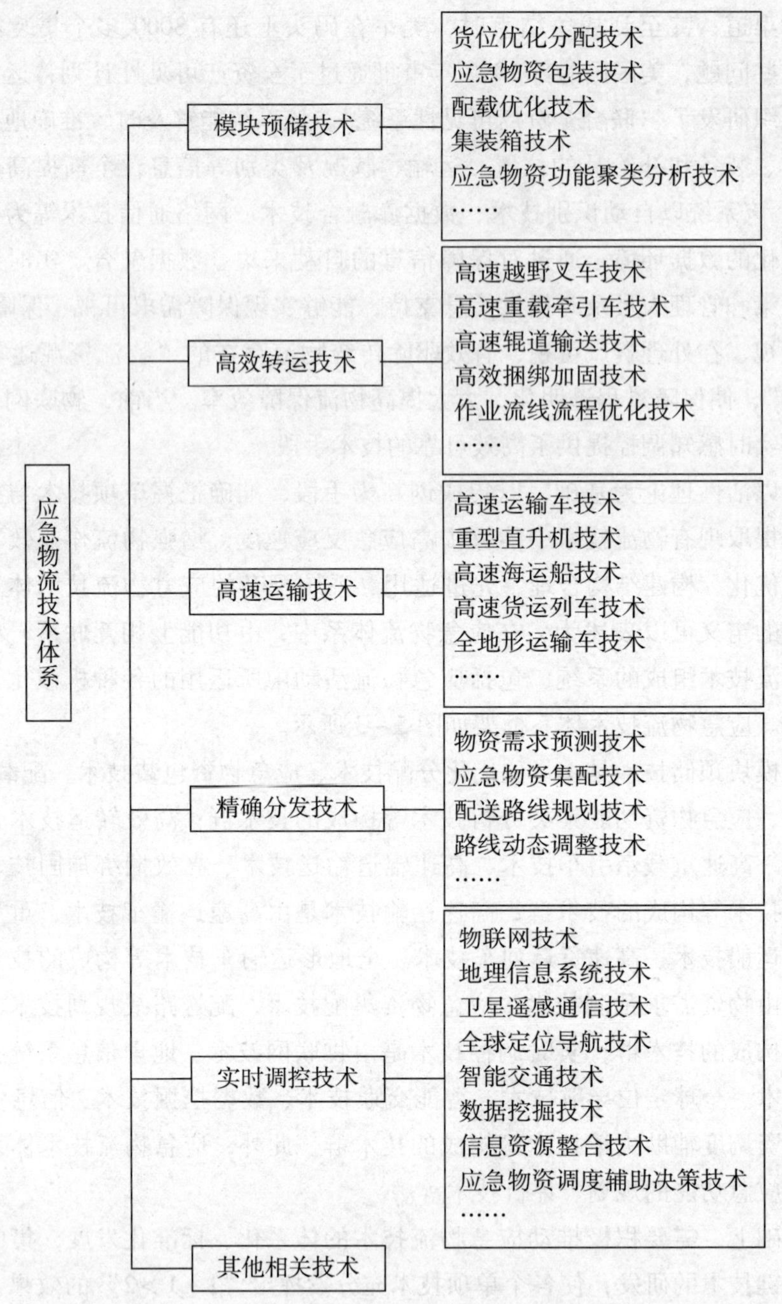

图 5－3　应急物流技术体系框架

流具备的系统集成的优势特点，有效整合利用现有的物流技术手段，探索实现从注重要素建设向注重体系建设转变，构建系统配套、结构合理的应急物流技术体系，为提高应急物流作业效率提供坚实的物质基础和可靠的技术支持。需要强调的是，应急物流技术体系具有明显的开放性，随着新的技术手段出现，应急物流技术体系必将得到进一步创新发展和充实完善。

拓展

创新思维与创新点

创新的通俗意义就是抛开旧的，创造新的，也就是想出新办法，建立新理论，做出新的成绩或新的东西。这种“新”，最根本的标志就是“从前没有”。如果别人已经提出或发现了，我们再重新拿来，那你已经不是创造者了。创新既然是创造的过程，那它主要表现的就是发明的开发与利用。创新成果实际应用于相关领域并产生相应的效益，是创新的真正意义。应当说，对不同领域，站在不同角度，对创新有不同的理解。从一般意义说，创新能力（The Ability to Innovate）不仅包括自己第一次的发明与创造，也包括对他人发明与创造的接受，包括第一次把新产品、新工艺、新方法或新体系引入相关领域。这种能力，可直接提供改变现有秩序的动力，加快探寻新秩序的步伐。

（一）创新思维[①]

1. 简化思维

创新不是从复杂开始的，而是从省略开始的。创新思维在解决一个复杂的科学或者现实问题时，会提炼出、抽象出主要矛盾，将其余的条件全部略去。将复杂问题简单化，是一个积极的思维习惯。而简化得恰到好处，是一个需要积累和训练的思维能力。

2. 逆向思维

创新思维绝不会死钻牛角尖，只从单一角度考虑问题，当确认一个角度肯定不通时，与之相对立的另一个角度往往就是解决问题的光辉大道。

3. 发散思维

创新思维是灵活的，创新路径是多样的。创新思维在解决同一个问题时不会拘泥于一种路径，而是从收敛的问题出发，让寻找答案的思维发散起来，这可以得到意想不到的结果。

4. 联想思维

创新思维具有由此及彼的联想力，这种联想有两个方向：一是看到一种现象特别是反常现象，就向纵深思考，寻求其实质；二是横向看到一种现象，就联想到与其相似或相关的事物。

---

① 赵敏，胡钰．创新的方法［M］．北京：当代中国出版社，2008：41－53.

5. 反差思维

创新思维寻求的是与众不同。这种不同不一定是巨大的改变，重要的是与自己的参照对象形成反差（差异化），即便只是颜色的不同也可以。

6. 转化思维

“围魏救赵”的要点是将困难的事情转化为容易的事情。要实现这种转化，关键是找好难易两者之间的连接点或连接关系。这种连接可能是逻辑上的，也可能是技术上的。

7. 整体思维

当两个系统进行较量时，系统的整体效益具有最大的价值，系统结构的较量与组成系统的局部的较量具有同等重要的作用。因此不要把目光都集中在局部之间的较量上，调整一下结构往往会有出人意料的变化。

（二）研究生学位论文创新点

研究生学位论文创新点，是学位论文研究展开的逻辑起点，是提出假说与逻辑论证的统一，是研究生学位论文的核心，是体现论文价值的最主要因素。

研究生学位论文创新点，重点应在以下几个方面下工夫：

一是发现新现象新问题。

二是开辟新理论新领域。

三是提出新思想新观点。

四是设计新体制新流程。

五是运用新方法新手段。

具体来说，学位论文创新点可以通过补白、纠偏、发展、杂交的形式来确立。也就是，前人没有问津的东西，通过研究来填补空白；前人虽有研究，但有偏颇谬误之处，通过研究来纠正；前人虽有研究，但还不够成熟、系统，通过研究来进一步丰富、完善、发展；再就是将相邻或相近的学科专业理论知识移植过来，进行嫁接融合，产生新的学术成果。总之要想创新，就要善于在学术热点中寻找新发现，在学术冷点中寻求新认识，在学术难点中寻求新突破，在学术重点中寻求新结论，不断培养创新思维品质。

（三）学术研究创新方法

学术研究创新有法而无具体的定法，但仍有一些基本方法可循。

1. 选择新课题

学术研究能否创新，首先取决于选择的课题。如果选择的课题陈旧，那么在研究上下的功夫再大，研究的成果也不会有新意，价值也不会太大。所以，选题必须注重求新。概括地讲，选择新课题可从如下方面考虑：一是选择具有创新意义的研究课题。即在某一学科领域中，经过自己悉心调查研究、实验观察和实践体验，发现一些新的现象、新的规律，陈述新的见解。二是在前人研究的基础上，对已有的一些研究结论、结果等进行订正、改进、深化、综合和提高，增添新的内容、提出新的看法、找到新的方法，给出新的解释说明。这类研究课题虽不是创见，但解决了前人未能解决的问题，同样属于新的课题。三是从纠误、质疑、商榷角度，否定某一学科领域中的某些观点，针对不同的学术观点展开讨论，提出新的见解，由此选择新的研究课题。四是运用其他学科的理论和研究方法来解决本学科的有关问题，采用“移植”方法选择新的研究课题。五是收集、整理一些分散的材料，使之系统化，用新观点、新方法加以论证，得出新结论。

2. 提炼新观点

新鲜的课题、正确的主题，要靠新颖的观点来展现。就学术研究成果的主要表现形式的学术论著来讲，观点是学术论著的灵魂和眼睛，在构成学术论著的诸要素中具有非常重要的地位作用。课题的展开、主题的深化、论著的深度，主要体现在学术观点上。如果一篇论文、一部著作观点平庸、平淡，毫无新意，无论文笔多好，也不能表达深刻的主题。所以，有经验的研究人员都注意在提炼观点上动脑筋、下工夫，有一股“语不惊人誓不休”的劲头。要提炼出深刻的学术观点，应注意以下几点：一是要深入到事物的内部，不要停留在事物的表层；二是要努力反映事物的本质规律，不要只关注事物的外部联系；三是要提出解决矛盾的根本方法，不要满足于空泛的议论；四是要大胆地超越流行的学术观点，不要跟在这些观点后面爬行。

3. 使用新材料

在学术研究中，任何一个学术观点的提出，都必须有确凿的事实和可靠的资料做依据。否则，确定的研究主题、提出的学术观点就站不住脚。如果我们在研究中发现了新的材料，就有可能写出有新意的学术文章。因此，对学术观点的论证，要尽量使用新的材料。所谓新材料，应当是某种前所未有、近期才出现的新事物、新思想、新发现、新方向；或是某种事物虽早已存在，但人们尚未发现其价值的材料。所以，新材料不仅仅对材料产生的时间有所要求，更重要的是要从普遍常见的材料中发掘别人尚未利用的东西。即使是同样一个材料，也可以从不同的角度加以使用，挖掘新价值。比如，第一次世界大战中，法军阵地因一只猫暴露了指挥所位置，遭到毁灭性打击的事例材料，可以用来说明战场观察的作用，可以用来证明战场伪装的重要性，也可以用来解释什么叫联想思维，还可以用来强调对侦察得来的情况要进行由表及里、举一反三的分析，等等。另外，使用材料还要注意其新颖性、典型性和代表性的统一，使用的这种材料对于它所证实的理性认识要具有充分的代表性。

4. 提出新见解

搞研究、写论文若没有材料不行；有了材料，没有用创造性的头脑去驾驭材料也不行。同是一堆材料，仁者见仁，智者见智。思想深度不同，学术敏感不同，知识功底不同，见解就不一样。进行学术研究创新，要着力培养学术敏感性，学会进行独创性地思维，善于从那些寻常事物中挖掘出有价值的学术问题，见人所未见，发人所未发。

5. 写出新意境

学术研究成果最终要靠写作表达出来，能否写出新意境，对学术研究的创新也是非常重要的一环。学术论文写出新意境，主要表现在主题深刻、论证充分、析理透辟等方面。应从以下几个方面入手：

一是起点要高。这个起点就是借鉴前人的研究成果和写作表达方法。当我们决定对某一领域的问题进行研究时，必须要把这一领域的最新成果作为研究起点，否则，就可能是重复性劳动，写出的论文就不会有深度。

二是正面要窄。结合工作搞研究、写论著，时间、精力和视野受到种种限制，选题一定要准，开口一定要小，要攻其一点，着力突破。

三是研究要深。研究课题确定以后，要舍得下工夫进行艰苦细致的研究工作，切实把问题研究透，真正触及事物的本质，把握其规律，提炼出论著所应蕴含的要义，形成独到而深刻的认识。对于任何一个学术问题，不经过一番认真的研究、思考，要提出一点深刻独到的见解是不可能的。只有在研究问题上下足了功夫，写出来的论文才能有深刻的内容和震撼人心的力量。

四是论证要透。一篇学术论文、一部学术著作，无论选题大小，立意深浅，都是为了宣传某一种学术思想观点。要使自己得出的观点被他人承认和接受，主题、论点正确和善于论证两者缺一不可。搞学术研究，不但要主题、观点正确，还要善于论证。论证的学问很深，除要求研究人员具有较高的思想水平、较强的逻理思维能力和较深的文字功底外，还要掌握一定的论证技巧，使他人在不知不觉中接受你的观点。

延伸阅读

《科技哲学》

当今时代，科学技术发展日新月异，先进技术手段层出不穷。如果亦步亦趋地跟在科学技术的后面，将没有领先时代的可能。只有站在哲学的高度看待科学技术的发展，才能准确把握时代的发展脉搏。阅读《科技哲学》，应掌握的主要知识点有：

◆科技发展的特点。

◆科学与技术的关系。

◆科技的社会作用。

实训作业之五

拟制课程论文提纲

按照课程论文的选题，构思并拟制提纲。

（一）作业要求

（1）结构完整，观点鲜明，布局合理。

（2）用词精准，文字工整。

（3）完成三级提纲。

（4）仔细推敲各级标题，思考各个部分的内在逻辑关系，初步组织语言。

（二）作业辅导

写作提纲，是由序码和文字组成的逻辑图表。写作有了提纲，就能更好地把握论文的结构和写作思路。最常见的提纲是用序号、标题和句子表达的一组逻辑体系。

1. 拟制提纲的作用

在收集材料后、动笔写作前，一般都要拟制提纲，构思和谋划学位论文的总体框架，确定研究和写作的总体思路。

首先，拟制提纲有利于理顺思路。在确定了研究方向或题目以后，如何写作，头脑中还是朦胧的。当逐渐接触到一些材料后，就会产生一些观点和想法。材料积累多了，观点和想法也随之多起来。但这些都还是零乱的，还不能直接写成论文。如何根据论题的需要，将所收集到的材料与所形成的观点有机地结合起来、系统化起来，就需要进行精心、周密、细致的思考，就需要形成明晰、畅达、连贯的思路。拟制提纲的过程，就是理顺思路，形成粗线条的逻辑体系和框架结构的过程。

其次，拟制提纲有利于谋篇布局。在论文中，提出什么问题，分析什么问题，解决什么问题；怎么提出，怎么分析，怎么解决；中心论点是什么，围绕中心论点分几个部分展开，各占什么地位；哪些详写，哪些略写；怎样进行严密的论证，才能有步骤、有层次、有说服力地说明问题；怎样一环扣一环，层层紧逼，触及核心；怎样删繁就简，突出重点，把中心问题分析得精辟入里，令人信服。这些问题，如不通过拟制提纲是难以解决的。

最后，拟制提纲还能避免失误。在研究和写作过程中，作者的思想十分活跃，一些不起眼的材料也常常会引发出新的观点和新的联想，因而觉得每个材料都很可贵，难免哪个材料都要细读，想到什么写什么，思想活动犹如脱缰的野马，无法控制。拟制提纲，然后依照提纲写作，有利于避免“下笔千言，离题万里”的现象，从而提高写作效果。

2. 拟制提纲的程序

一般来说，拟制提纲要经过构思提纲、编写提纲和修改提纲等程序。

第一步，构思提纲。在构思提纲时，要着重考虑思想内容和思想方法的问题。从思想内容方面来说，就是要深入研究写作所要涉及的问题。为此，必须查阅有关的文献、材料，翻看有关的专著、期刊，进行必要的考察、调查，开展认真的分析、研究。在这个基础上拟制形成的提纲，思想内容就会比较充实。从思想方法来说，可从以下几个方面入手：一是根据所涉及问题的内在联系来考虑，厘清思路；二是根据写作意图的需要来考虑，无论是布局，还是开头结尾，都要有助于表现主题；三是要根据基础理论研究、应用理论研究和对策研究的特点来考虑。不同的研究内容，表现形式也就会有差异。

第二步，拟制提纲。拟制提纲的过程，就是把论文构思用序号与简明扼要的文字再现于纸上的过程。在拟制提纲时，应当把中心论点、分论点、小论点尽可能都列出来。可以先搭一个大的框架，再逐个地补充各部分的论点。提纲各部分各层次可用章节标明，或以简要的文字写成标题，把部分的内容概括出来。

第三步，修改提纲。修改、补充、调整好提纲，可以大大提高写作的质量。修改提纲应坚持“四看”：一看立论是否正确，是否符合客观实际，是否具有科学价值；二看框架结构是否合理，需不需要调整；三看各个部分的论证能否站住脚，有没有新的论点需要补充，要不要重新归纳提炼；四看逻辑体系上有无破绽、矛盾问题。

第六讲　应急物流发展模式

导　语

要注重对实践经验的理论抽象

时代是思想之母，实践是理论之源。勇于推进实践基础上的理论创新。理论必须同实践相统一。①

通过实践而发现真理，又通过实践而证实真理和发展真理。……实践、认识、再实践、再认识，这种形式，循环往复以至无穷，而实践和认识之每一循环的内容，都比较地进到了高一级的程度。②

我们应当注重对实践经验的调查研究，并从实践经验中充分汲取营养，将其进行提炼抽象，不断丰富和发展理论。通常，对实践的认识要经历感性认识和理性认识阶段。在感性认识阶段，人们对客体有了一个直观、具体、生动的认识，但它是关于事物片面的、外部的和现象的反映，对于事物的了解还处于量变阶段。在这个阶段，认识还没有形成深刻的概念，还不能深刻理解它。在理性认识阶段，对事物的认识发生了从量变到质变的飞跃。认识不再停留于事物片面的、外部的和现象的联系，而是把握了事物的本质、全体和内部的联系，认识形成了概念、判断和推理。感性认识是人的感官通过在实践中与认识对象的直接相互作用形成的，这些感觉、知觉和表象虽然是对事物的表面、片面和外部联系的反映，却具有数量多、内容丰富和直观生动的特点。感性认识是理性认识依据的原始材料，没有在实践中产生的感性认识，理性认识就成了无源之水、无本之木。感性认识上升到理性认识，需要两个条件，一是掌握的感性材料要丰富、全面、真实；二是对这些感性材料要通过科学的方法来进行整理和加工，通过分析、综合、归纳、演绎、抽象、概括、判断和推理等思维活动，形成概念、判断、推理的理性理论系统。现实的认识过程中，人们的感性认识和理性认识总

---

① 习近平. 在省部级主要领导干部“学习习近平总书记重要讲话精神，迎接党的十九大”专题研讨班开班式上的讲话［N］. 人民日报，2017-07-28（1）.

② 毛泽东. 毛泽东选集：第一卷［M］. 2版. 北京：人民出版社，1991：296-297.

是相互渗透、相互包含，交织在一起的。感性认识总是在理性认识的指导下进行的，而任何感性认识，都是通过具体的感性认识中提炼、概括出来的，理性认识中有感性形象的再现和感性活动的继续。

当然，认识和掌握客观世界的本质和规律并不是最终目的，认识世界是为了指导实践、改造世界，这样的认识才具有实际意义。而且，理性认识能否正确揭示事物的本质和规律，是否具有真理性，也只有应用到实践中才能获得检验和发展。所以，辩证唯物论的认识到了理性认识之后，还要进一步进入实践中去。

所谓“模式”是指某种事物的若干要素在发展过程中，在一定的内外部条件影响下逐步形成的具有典型特征的表现形式。[①] 应急物流发展模式既是对应急物流发展规律的总结，也是指导应急物流发展实践活动的参考标准。应急物流发展模式是再现应急物流发展的一种理论性的简化形式，是形式的抽象化，来源于现实，又超越于现实。应急物流发展模式与其原型具有相似性，体现了物质世界的统一性。应急物流发展模式是应急物流发展理论实践化和实践理论化的中介，是理论走向实践的必然过渡。科学的发展模式能够大大减少发展阻力，有效激发发展活力，全面增强发展效益。应急物流建设与现代物流建设紧密衔接，充分利用全社会现有的资源条件，可以避免脱离现有基础另搞一摊，减少重复建设造成的巨大浪费。国务院 2006 年 7 月 6 日发布的《国务院关于全面加强应急管理工作的意见》，强调要建设专业化、社会化相结合的应急管理保障体系，形成政府主导、部门协调、军地结合、全社会共同参与的应急管理工作格局。因此，我国应急物流建设要牢固树立“整合”的理念，在政府的主导下，采用改造升级的方法，培育一批应急物流骨干力量，使之具备在最短时间内实现“平转急”的应急物流能力，特别是要与军事物流、国防动员、物资储备等已经较为成熟的体系有机地结合起来，充分利用其优势资源和力量。当前我国应急物流建设与发展的实践探索，大致有“准军事化”“泛行政化”和“弱市场化”等三种发展模式。

一、以军民联储联供为牵引的“准军事化”发展模式

所谓“准军事化”发展模式，是由政府主导，军地密切协作，充分发挥军队在应对突发事件中的骨干和突击作用，共同推动应急物流事业的发展模式。这种发展模式，由政府主管部门牵头，构建常态化的军地沟通联络机制，按照项目牵引的思路，军地协同开展应急救援物资军民联储联供合作项目，依托军民结合的军事物流体系，充分发挥军事物流力量的优势条件，优化整合军地应急物流相关力量，军地协同一体组织

---

① 瞿亚军．大学学科建设模式研究［D］．合肥：中国科学技术大学，2007：38－39.

应急物流建设与发展。

军队具有强大的执行力和显著的组织优势。而应急物流与军事物流具有很强的共通性，我国应急物流的建设和发展应当充分利用军事物流力量，并学习借鉴军事物流建设的经验做法，尝试开展应急应战一体化建设。

经过多年建设，我军已经形成了前后衔接、梯次部署的仓储布局体系，总库容量达数千万平方米，拥有数万人的专业保障队伍，而且设施设备配套、规章制度健全、预案方案完善、人员训练有素，在2008年汶川特大震灾等历次突发事件中经受了考验。近几年，我军又按照全面建设现代后勤的战略部署，加快推动现代军事物流体系建设，依托后方仓库组织开展了军事物流基地建设。以此为基础，适度扩容增能，配套科学高效的军地协调机制，合作开展应急救援物资联储联供，实现应急物流与军事物流的协同发展。

2011年，原总后勤部与河南省签署了《关于推进应急运输与物流军民融合式发展战略合作协议》。① 军地有关单位将按照“平时服务、急时应急、战时能战”的要求，密切合作，共同建设全国首个军民融合式应急投送保障基地，建立军地一体化应急保障体系，开展应急救援物资联储、联运、联供和应急物流中心共建、共用、共管的探索试点，完善国家应急保障体系。军民融合式应急投送保障基地的规划建设，必将推动应急物流准军事化发展进入新的更高的层次。另外，近年来军队代储国家成品油的探索实践也取得了丰富的经验和显著的成效，形成了科学合理的职责分工、运行模式和管理机制，为应急物流的“准军事化”发展提供了有益的参考借鉴。

“准军事化”发展模式，可以充分发挥军队强大的组织优势和资源优势，大大增强应急物流的反应速度和保障效能，提高对各种复杂严酷条件和不确定因素的适应能力。在应急物流的建设和发展中，还可以参考借鉴军队的组织管理制度，对非军事属性的单位实行准军事化的管理，建立健全值班制度，保持一定比例的人员在位率、称职率，以及装备完好率、出动率，提高应急响应能力，确保一旦发生突发事件，能够按照指令要求，高效组织应急物流服务保障。

当然，需要强调的是，军队的根本使命是准备战争，在赋予联储联供任务时应当把握“适度、适量”原则，绝对不能因为应急影响应战，而是要以应战为核心能力目标，在应急应战协调发展上下工夫，谋求通过应急来进一步提高应战水平。

二、以突发事件应急为导向的“泛行政化”发展模式

所谓“泛行政化”发展模式，是指政府有关部门按照突发事件应急管理的职能要

---

① 王铁牛，李彦忠．总后勤部与河南省签署《关于推进应急运输与物流军民融合式发展战略合作协议》［N］．解放军报，2011－10－15（1）．

求，优化配置应急物流资源，组织开展应急物流建设的发展模式。这种模式中，政府按照应对突发事件的战略目标，着眼有效满足应急管理的需要，全面调查掌握突发事件危险源的分布情况以及发生发展的规律，以现有救灾物资储备库体系为基础，科学整合调用铁路、民航等国有大中型企业的应急物流力量，通过行政手段推动应急物流的建设和发展。

自2003年SARS疫情爆发以来，突发事件应急管理逐步纳入了各级政府的重要议事日程。应急物流也随着2009年国务院《物流业调整和振兴规划》的发布施行，正式进入到国家经济社会发展战略决策之中。2011年《商贸物流发展专项规划》明确要关注商贸流通领域社会层面应急物流资源的优化整合、科学配置和统筹利用，也着重强调要“突出政府层面的应急物流指挥调度和组织协调”①。“十二五”期间，加强突发事件应急管理能力建设的重点工作之一，就是确定全国性和区域性应急物流建设项目②。各级政府已经开始逐步重视并加快推进突发事件应急物流体系建设。

《国家综合防灾减灾规划“十二五”规划》在健全救灾物资储备体系的基础上，提出将逐步建立运力集结、资源补给、车辆维修的全国救灾物资交通运输网络，提高物资投送能力。该规划的颁布施行，标志着传统的以储为主的物资保障模式已经受到应急物流先进理念的深刻影响，将以全新的形象进入到政府突发事件应急体系中来。2010年，西安市计划用3年时间建成西安粮食应急物流基地③。该基地规划于西安国际港务区应急物流功能区内，占地约2000亩，建筑面积约20万平方米，以国家粮食储备为支撑，集粮食收购、储备、加工、销售、物流及进出口贸易为一体，不仅要成为西安粮食应急调控中心，而且要成为国家的主要调控中心。

以各级政府有关部门规划的物资储备库、应急物流基地等为基础，投入适当的资金，配套建设仓储、运输等相关基础设施，制订完善应急物流预案，并配备一定运力或整合调用铁路、民航等国有大中型企业的运力，培养具备较强应急应变能力的应急物流专业队伍；在突发事件应急时，由政府有关部门集中统一指挥调度应急物流力量，组织突发事件应急物流服务保障。

应当说，以突发事件应急为导向的“泛行政化”发展模式，由各级政府集中统一组织领导，权利和责任非常清晰，具有较高的保障效率，能够充分凸现各级政府“以人为本”的执政理念。但是，由于建设资金基本都要由政府投入，对社会资源的整合

---

① 商务部，国家发展和改革委员会，供销总社. 关于印发商贸物流发展专项规划的通知［EB/OL］.（2011-03-30）［2011-05-08］. http://www.gov.cn/zwgk/2011-03/30/content_1834487.htm.

② 洪毅. 中国应急管理报告［M］. 北京：国家行政学院出版社，2012：2.

③ 佚名. 西安将建粮食应急物流基地，能满足全市六成多面粉需求［J］. 粮食加工，2010，35（1）：30.

利用不够充分，维护管理成本往往居高不下，特别是在条块分割的管理体制下，受到部门利益的影响，容易出现低水平重复建设、资源整合“纵强横弱”、局部冗余和短缺并存等矛盾问题。

三、以应急产业发展为基础的“弱市场化”发展模式

所谓“弱市场化”发展模式，是指在政府有关部门产业发展规划的宏观调控指导下，应急物流相关企业依据“平时生产、急时应急”的要求，按照价值规律，自主参与应急物流事业的发展模式。在这种模式下，以应急服务产业发展为基础，由政府出台必要的优惠政策，依托丰富的社会物流资源，用市场手段来优化配置应急物流资源，从而形成政府、企业等有关方面互惠共赢、各有所得的良好局面。也就是政府通过有效地鼓励和引导社会力量全面参与应急物流建设与发展，以此来减少直接的资金投入，同时保持较高的应急物流服务保障能力，可以取得可观的社会效益；企业在参与应急物流建设的过程中，能够获得一定的经济效益，更重要的是赢得政治荣誉和社会认可，提升知名度，扩大影响力。

应急产业是为了提升突发事件应急应对能力而产生的，以满足国家、社会和人民公共安全需求为基础的，从事应急管理所涉及的应急产品生产及应急服务提供的、政府与企业共同参与的综合性的新兴产业。原国务委员、国务院秘书长华建敏同志曾指出，“全面提高我国抵御风险、防范应对突发事件的能力，关键要靠科技和产业支撑”。2011 年，国家发展和改革委员会将“公共安全与应急产品”列入《产业结构调整指导目录》。工业和信息化部暂定的应急产业分类标准中，将应急产业分为感知和预警类产品、预防和防护类产品、救援和处置类产品、服务类产品等四大类。

应急物流作为应急服务产业的有机组成部分，能够为应对突发事件提供高效可靠的物流服务保障。近些年来，我国现代物流业发展迅猛，已经在一定程度上形成了应急物流的产业基础，但在发展速度上仍然相对滞后，远未达到规模化和产业化。实际上，应急物流在应急物流技术装备发展、应急物流保障中心建设、应急物流信息平台建设、应急物流企业队伍建设、应急物流标准规范制订、应急物资储备体系建设等方面，具有丰富的商机①。目前，应急物流专项规划呼之欲出，应急物流动员补偿、资质认证等管理机制亦将逐步形成，物流企业在应急物流建设与发展中将更有作为。以政府发展应急物流服务产业为契机，物流企业不仅能够培养锻炼素质优良、作风过硬的人才队伍，培育形成良好的企业文化，还能得到政府一定的政策优惠，赢得可观的经

① 黄定政．应急物流专项规划呼之欲出，物流企业或将迎来崭新商机［J］．中国储运，2010（11）：81－82.

济效益，更重要的是通过履行应尽的社会责任，能够大大提升企业形象，扩大社会影响力，并能与政府有关部门建立良好的沟通渠道。

政府有关部门应当着眼有效利用社会应急物流资源，大力开展应急物流服务项目外包，积极培育应急物流服务产业，鼓励应急物流社会化建设。通过政府有关部门出台法规政策进行科学引导和规范，不断发展壮大应急物流服务产业，确保在平时维持足够的应急物流服务保障力量；在突发事件应急时，则采取紧急动员、应急采购等形式，向应急物流企业购买服务，支付必要的报酬，组织应急物流服务保障。

2008 年，国家经济动员办公室依托商业企业，成立了“湖北物流配送应急保障动员中心”，建成了覆盖整个湖北省的物流配送应急保障中心。2009 年，江苏省国防动员委员会经济动员办公室依托高邮市诚信物流园区，成立了首家运用民营物流载体的“江苏诚信应急物流救援保障动员中心”，按照应急动员的要求，健全体系、完善机制、规范管理、修订预案、提升应急动员保障能力，为政府应对突发事件提供优质高效服务。目前，该中心一期占地 50 亩，二期政府预留规划 100 亩，拥有应急仓储面积 20000 平方米，应急运输车辆 100 多辆[①]。值得一提的是，该中心还按照“平战结合、军民兼容”的原则，加强与地方军事部门的联系，积极为部队、预备役、民兵等遂行多样化军事任务提供可靠的应急物流保障。2012 年，作为全国首个“中国应急物流实践基地”[②]，重庆市秀山县物流园区聚焦“转型”，将建成以专业市场为核心，铁路物流为重点，仓储配送为依据，集交易、配送、仓储、加工、会展等功能于一体的多功能综合性物流园区。这些实践探索收到了良好的效果，积累了一定的经验，为下一步深化推动应急物流的“弱市场化”发展奠定了坚实的基础。

“弱市场化”发展模式，可以发挥竞争优势，充分利用全社会的物流资源，将突发事件应急物流的资源寓于深厚的社会基础之中，借力而为，取得低投入、高产出的效果。但是，也应当看到，应急物流服务保障中存在诸多风险因素，风险防控难度大，政府有关部门应当加强对应急物流服务产业的监管和干预，紧密结合实际，完善法规政策和标准规范，出台必要的优惠措施，科学引导，确保应急物流企业完全、有效地履行社会责任，使应急物流相关从业人员在依法履行社会义务为他人提供公共安全服务的同时，得到与之相当的精神上和经济上的补偿和收益，确保应急物流服务产业持续稳定健康发展。

需要强调的是，应急物流服务保障中存在诸多风险因素，受此影响，完全的市场

---

① 张梅华．首家应急物流动员中心成立［N/OL］．中国交通报．（2009－08－21）［2009－12－03］．http：//www. moc. gov. cn/zhuzhan/jiaotongxinwen/difangxinwen/200908/t20090821_ 612480. html.

② 喻卫东．重庆秀山：着力打造武陵山区域性商贸物流中心［N/OL］．（2012－05－19）［2012－12－03］．http：//news. xinmin. cn/rollnews/2012/05/19/14810736. html.

化手段可能使相关企业采取“趋利避害”策略，以致在面临危险时选择退缩而拒不履行应尽的社会责任。因此，应当在某些方面有意识地弱化市场色彩，适度增加政府的宏观调控和行政干预力度。这也是提出“弱市场化”发展模式的基本考虑。

总之，我国应急物流发展的三种模式，应当说并不是完全割裂和不相关联的，而是各有优长，可以互为补充的有机整体，需要在实践中因地制宜，灵活运用，使其发挥出最佳的综合效益。根据组织建设的主体不同，依托军队单位主导的建设项目，在军民深度融合的基础上，宜采用“准军事化”发展模式，积极推进“共建、共管、共用”和“联储、联运、联供”；由市场实体主导的建设项目，政府应加强引导，按照“弱市场化”发展模式，鼓励发展应急物流服务产业；由政府部门主导的建设项目，应进一步规范管理和使用的程序内容，按照“泛行政化”发展模式，积极建强政府监管的突发事件应急物流力量。

拓 展

调查研究

理论联系实际是我党的“三大法宝”之一，调研的过程就是把所学专业知识与实践有机结合，并进行深入探索的过程，只有坚持“从实践中抽象理论，以理论指导实践，用实践验证理论”的思路开展调查研究，才是求真务实的学风，研究成果才会对实践起到推动作用。

所谓调研，就是调查研究，是通过对原始材料的观察，有目的有计划地收集研究对象的材料从而形成科学认识的一种研究方法。毛泽东说，“没有调查，没有发言权。”①

调查是人们通过各种方式和手段获得的大量的感性认识，而研究则是对感性认识的升华，将其上升到理性认识。也就是说，通过调查获得大量的第一手材料，然后在头脑中进行加工制作，去粗取精、去伪存真、由此及彼、由表及里，从感性认识上升到理性认识，从而得出比较正确的结论，制定出比较符合客观实际的正确的理论、路线、方针、政策和方法，用以指导实践，并在实践中检验这些认识。

（一）调查研究的原则

1. 客观性原则

客观性原则就是指调查研究者必须坚持唯物辩证法的认识论，使调查、研究、结论独立于调查研究者的主观因素和个人愿望，从而做到客观、公正、全面、准确地认识事物。真实是调查研究的生命，离开真实，将使调查研究变得毫无意义可言，甚至

① 毛泽东．毛泽东选集：第一卷［M］．2版．北京：人民出版社，1991：109.

产生严重危害。

2. 准确性原则

准确性是衡量调查研究质量的重要标志。准确的前提是真实，但真实未必准确。因为真实中有调查对象一般现象的真实，也有事物本质的真实。在准确性问题上打了马虎眼，常会带来重大失误，正所谓“失之毫厘，谬以千里”。笼统的调查研究不是科学的调查研究，只是“走马观花”地了解情况。

3. 实践性原则

实践性原则对调查研究的各个环节具有决定性的指导意义。调查研究的最终目的在于实际应用，在于实事求是地解决现实问题。只有充分注意实践性，才能使调查研究具有极强的现实性和生命力。贯彻实践性原则，要着眼于调查研究结果的可应用、可操作程度，使调查研究工作的每一步骤都从实际的需要和可能出发。

4. 科学性原则

调查研究是一门科学，要坚持以科学理论为指导。要认真进行可行性研究，拟订科学的调查研究方案，选择科学的调查研究方法，并运用现代科学的调查研究手段。全方位了解、把握情况，不能死守着一个思路、一种角度、一类材料不放，要在调查研究过程中不断变化视角观察研究问题，对调查研究资料进行科学的分析。

（二）调查研究的过程

调查研究一般分为准备阶段、实施阶段、分析阶段、总结阶段。

1. 准备阶段

准备阶段的主要任务是确定调研选题、明确调研对象、组建调研队伍等。重点是选择调研课题，进行初步探索和提出研究假设，并对涉及的调研方案进行可行性研究。

（1）调研选题。

调研选题，是指本次调研所要说明或解决的主要问题。选题是调研活动的方向，对调研的过程及成果价值具有决定性的意义。根据调研目的，主要有五种类型：

①应用性课题。应用性课题主要是对策性的，围绕某一个问题，分析其成因，提出解决问题的具体方案或对策。例如就业问题、住房问题、农民增收问题、经济结构调整问题、对外开放问题等，都是属于工作研究性的课题，在实际工作中有较强的应用性。

②理论性课题。理论性课题主要是揭示事物的本质及其社会发展的规律。理论研究的目的也是为了指导实践，理论上不清楚，实践中必然要犯错误。例如党的领导方式和执政方式问题、社会分层问题、社会利益集团问题、经济发展战略问题等，都有很强的理论性和实践性。

③描述性课题。描述性课题主要是对社会现象通过文字进行具体、准确的叙述，

让人们了解事物的现状，清楚地告诉人们，“这是什么”“怎么样了”。例如人口普查、企业普查、生活质量调查等均属于描述性课题。

④因果性课题。因果性课题，主要是回答“为什么”，通过调研，揭示社会问题的发生机理，从而使解决问题的对策能“对症下药”。例如青少年犯罪的原因、个私经济发展面临的困境、农民为何增收难等问题都属于因果性课题。

⑤预测性课题。预测性课题，主要是根据理论分析或经验总结，对社会事物的发展趋势进行预测。如利率的走势、汇率的走势、社会结构的变化、经济增长速度等课题，具有前瞻性。

（2）研究假设。

在调研选题确定之后，下一步要做的工作就是提出研究假设，这是调研准备阶段的一个重要环节。

研究假设，也称科学假设，它是指在未对事物调查之前，根据以往的经验和初步探索性研究之后，对调查对象所作的假设性设想或说明。这种假设，不是建立在对调查事物的整体的、本质的认识基础之上，只是一种理论假设，还要通过调查研究的事实来加以证明。

研究假设，不是凭调研者的主观猜测所臆想出来的，也不是给调研定框框。研究假设是在科学理论的指导之下，根据以往实践的经验，借鉴他人的研究成果，在对研究对象初步认识的基础之上提出来的，所以它仅仅是一种假设，是否符合客观实际，必须用调查结果对其检验。

研究假设按其性质和复杂程度的不同，可以分为以下三种形式：

①描述性假设。描述性假设是调查研究中一种常用的假设形式。描述性假设是对事物的某些外部联系和大致数量关系的一种推测，是关于事物的外部表象的一种描述。假定我们现在选择的调研选题是“市场经济与腐败问题”。对于这一问题，在调查之前，我们可以提出这样一个描述性假设，许多国家在市场经济建立之初都曾出现这一问题，随着市场经济体制的完善，腐败问题将逐步得到遏制。对这一描述性假设可以用新兴工业化国家发展中的事实来说明。

②解释性假设。解释性假设就是对事物的内在联系、本质特征以及事物发生、发展的原因进行假设说明。在市场经济建设之初；为什么腐败问题会蔓延？可以在调查之前先进行这样解释：解释一，市场经济是一柄双刃剑，在优化配置资源、推动经济发展的同时，又具有趋利性，一些人经不起金钱的诱惑；解释二，市场经济是法制经济，而市场经济建立之初，各方面的体制关系尚未理顺，使一些人有机可乘。在调查中，加强对这一问题的研究，探寻原因，有利于加强市场经济条件下的党风廉政建设。

③预测性假设。预测性假设就是对事物的未来发展趋势进行假设性推测。进行预

测性假设，最关键的是要找准影响未来事物发展趋势的最具有决定性的因素。党的十六大召开前，中央组织了14个调查组，对一些重大问题进行调查，根据分析，提出到2020年全面建设一个惠及十几亿人口的小康社会，国内生产总值到2020年力争比2000年翻两番。这个预测成为我们的奋斗目标。这个目标是科学的，因为它是建立在我们现有的、坚实的发展基础之上，尤其是21世纪头20年是一个可以大有作为的重要战略机遇期。

（3）设计调研方案。

设计调研方案是整个调查研究工作中的一个重要环节。在调研之前，调研者对调研活动的程序及实施过程中的各种问题要进行详细、全面的考虑，制订出切实可行的调研纲目和实施方案，以保证调研工作有计划、有步骤的进行。

调研方案一般包括以下设计要点：

①明确调研目的。调研目的直接决定调研方案的内容。如果目的不明确、不具体，整个调研方案则无法设计。一般来说，调研目的要回答四个问题：一是为什么要进行这次调研；二是通过这次调研要解决什么问题；三是调研成果用什么形式来反映；四是调研要达到什么样的目标，即此次调研的经济价值和社会价值。

②确定调研内容。调研内容的设计，应围绕调研主题，列出大纲，写出细目。使其中心明确，层次清楚，有较强的内在逻辑性。

③选择调研对象。调研对象是指实施调研的基本单位和数量，可以是个人，可以是家庭，也可以是部门或地区。调研对象的选择要有利于调研目的的实现，有利于调研工作的展开，有利于节约人力、财力和物力。例如，毛泽东在寻邬调查时，选择的调查对象是苏维埃干部、贫农、穷秀才、破产的商会会长、曾在知县衙门管钱粮现已失业的小官吏。毛泽东这一次调查涉及21个行业、131家大小商店、21户大地主、110户中小地主，从而对寻邬的社会状况有了一个比较全面的了解。

④确定调研方法。调研方法是调研目的得以实现的手段和途径。调研方法的确定要根据调研的内容、目的及调研者对调研方法技术掌握的熟练程度而定。调研方法可以通过直接调研掌握第一手资料，也可以通过间接调研获得第二手资料。采取何种调研方法要根据需要选择。同一课题可以采取不同的方法，同一方法可以运用于不同的课题，一个课题也可以使用多种方法，总之，要根据课题的需要，选择获取材料的最佳途径和方法。例如，毛泽东总是根据不同的情况，选取适当的调研方法。在井冈山时，毛泽东主要用了现场观察和访问交谈的方法。因为那时打游击战和运动战，这种调研方法最合适有效。在搞农村调研时，毛泽东多用开调查会和访问交谈的方法。因为要调研的面很广，实地观察和单个走访难以获得全面的材料。毛泽东在寻邬调研和才溪调研中都是以开调查会为主要形式。在敌人封锁严密的情况下，毛泽东则多用收集书面材料的方法。井冈山时期，为了弄到书报，毛泽东曾多次派人化装成老百姓到

附近城镇跟小商人联系，请他们代订报纸。还有一些时候，则是到敌占区去“抢”资料。新中国成立后，毛泽东日理万机，客观上不允许他再深入基层较长时间地调研某个问题，但他仍能坚持调查研究工作，运用最多的是认真阅读来自各方面的情况报告、简报、参考资料和信件等。

⑤安排调研时间。主要是要确定在什么时间调研和需要多少时间调研。调研内容与时间是一个统一体。一般而言，调研时间是根据调研目的、要求和完成任务的主客观条件来确定的，但是不同的调研课题也有不同的最佳时间和周期，这时，调研的内容就要服从时间来安排。如果错过了这个时间则不可能收集到有关这方面的资料。例如，市场需求变化的调研，必须安排在市场变化之前，否则调研成果就失去了应有的价值。特别是预测性调研，更要具有超前性。安排调研时间还必须充分考虑时间的充分利用，要见缝插针，紧凑安排，合理交叉，提高时间的有效利用率，同时又要留有余地。调研时间的安排还要认真考虑被调研对象的情况，如对学校调研要安排在课余时间，对工厂和农村调研则应放在工余或农闲，尽量不影响被调研对象的学习和工作。

此外，还应考虑调研经费等其他一些问题。

2. 实施阶段

经过了大量而充分的准备之后，调查研究进入实施阶段。这一阶段的首要任务是收集各种有关材料。调研者必须把材料收集作为调查研究的主要环节认真抓好，做到围绕主题、全面把握、真实可靠、重点突出，因为能否高质量地完成材料的收集，直接关系到整个调研的成败。

在调查研究的实施阶段要注意处理好以下几个问题：

（1）协调好各调研对象的关系。

进入实施阶段后，调研者直接与调研的客体接触。要保证调研材料收集的成功，最关键的是要获得调研对象的积极配合和支持，调研者切忌以领导者身份自居，居高临下，摆造型，要官腔，要与调研对象交朋友，决不做损害他们利益的事。时间安排上要尽量为对方着想，不强人所难。在调查研究中，发现调研对象在工作生活中的困难，要给予同情、理解、安慰，在可能的条件下给予某些必要的帮助。只有这样，材料的收集工作才能顺利进行。

（2）灵活运用各种调研方式。

要根据调研对象的实际情况，选择适当的调研方法，如可以现场观察、个别访谈，也可以开调查会、查阅资料等，目的只有一个，通过多种方式、多个渠道来收集各种有关材料。总之，调研者要做到勤走、勤问、勤看、勤记、勤想，抓住一切机会来收集调查资料。

（3）修改完善调研方案。

调查研究中，既要根据调研方案的设计要求来安排，但又不能拘泥于设计方案。

要坚持实事求是的原则，一切从实际出发，及时发现和解决调研中出现的新情况、新问题，总结前期调研的经验教训，进一步修改和完善调研方案，使之更符合资料收集的要求。

（4）及时整理调研资料。

为了保证调研工作的有序进行，要根据调研方案设计要求，有目的地、全面地收集资料。为了做到心中有数，要边收集资料，边分类整理，认真做好记录，使调研资料系统化。同时在资料整理时，还应对调查资料进行初步分析，这样可以校正资料，发现问题，改正错误。事实上调研研究的各个阶段并非截然分开，对调查资料的分析，从得到材料时就已经开始，始终是边调查边分析。所以，材料收集时要勤于思考，为下一步调查资料的整理分析打下良好的基础。

（5）调查作风要扎实。

要全面准确地把握第一手资料，调查者身子一定要沉下去。如果出门调查只是在宾馆里住住，会议室里谈谈，小车里看看，浮光掠影，不接触群众，就不可能收集到真实可靠的材料。同时，调查者作风要平易近人，要放下架子，甘当小学生，不打官腔，用群众的语言讲话，让群众信任你，跟你谈真话，说心里话。另外，调查者要有实事求是的精神。调查研究时，不能嫌贫爱富，只听好话，不听意见；只看先进的，不看落后的；只看点，不看面，这样就可能误把“小盆景”当作“大观园”，得不到准确可靠的资料，在认识上出现片面性，最后甚至导致决策失误。

3. 分析阶段

分析阶段的主要任务就是整理调查资料，并对资料进行统计分析和理论研究。这一阶段是对调查客体认识进一步深化的过程，即由感性认识上升到理性认识的过程。要通过对材料的整理、分析，找出事物发展的规律及趋势，由此得出正确的结论。

调查材料的整理主要做好以下工作：首先是鉴别材料。即分析材料的真伪，以保证材料的真实性和可靠性。材料如果不真实，据此所作出的分析和判断肯定是错误的和靠不住的，而由此所作出的决策，也肯定是错误的，结果只能是失败。所以，对调查材料要进行全面审核，去伪存真，挤去“水分”，剔除“杂质”，确保材料的真实、准确和完整。其次是对材料进行筛选。筛选就是要去粗取精，即把那些与主题无关紧要的材料剔除，使材料更加集中，更加精练，更具使用价值。最后是材料归类。即将经过鉴别、筛选出来的材料，按照一定的规律或方式，有顺序地排列出来，使之条理化、系统化，能集中、简明地反映调查对象的整体状况，以便下一步进行分析研究。

对材料的分析研究，就是要由表及里，由此及彼，透过现象看本质，找出事物内在的联系，从而揭示出事物的发展规律，从而为问题的解决找到路径。只有做到了这一点，调查研究才真正达到了目的。

对材料分析的方法有统计分析法和理论分析法。统计分析就是根据数据、统计资料，运用数学方法来进行数量分析、简化，显示推论具体的各种数量特征，从而揭示事物发展的规律、水平、结构和比例，说明事物的发展方向和速度等。而理论分析则是运用系统、比较、归纳、推理等手段，发现数量特征和资料本身所反映的意义，寻找事物之间的本质联系，揭示事物的发展规律，预测事物的发展趋势。在科学分析的基础上，调研者有针对性地提出解决问题的具体对策。

总之，要搞好调查资料的分析，关键是要做到以下三点：首先，掌握科学的世界观和方法论是前提。即调研者要学会用马克思主义的立场、观点和方法，去认识分析调查中的问题。解放思想、实事求是、与时俱进，把理论与实际紧密结合起来，这样才能正确解释调查中的问题，并给予理论上的说明。其次，材料全面准确是基础。真实准确是材料的生命。如果提供的材料失真，分析也就失去了科学性。因此，调查材料来不得半点虚假，掺不得任何水分。最后，科学的思维方法是桥梁。对调查材料的分析，要在马克思主义的立场、观点、方法的指导下，运用现代科学的方法对其进行分析、综合、推理、判断，并进行一番去伪存真、去粗取精、由此及彼、由表及里的加工制作，从中引出客观事物的规律性，找出解决问题的途径和方法。

4. 总结阶段

总结阶段是调查研究过程的最后阶段，主要任务就是形成和运用调研成果。其步骤是撰写调研报告、总结调研工作、评估调研成果，进行推广应用。

调研报告就是把调查研究所得来的材料和成果用文字的形式表达出来，它是调研工作最重要的总结，是调研水平和成果质量高低的直接反映，也是宣传、转化调研成果的重要载体。因此，撰写调研报告是调查研究中的一个非常重要的环节。调研报告的主要内容为回顾总结调研过程，侧重说明调研结果和研究结论，对问题的解决提出工作建议。

调研工作总结就是对调研方案、方法、问题、结果等作全面总结。通过总结成绩、分析问题，为今后进一步搞好调研提供经验和教训。

调研成果的评估主要从学术性和社会性两个方面进行检查和评定，评价其学术性就是对调查研究所提供的事实和数据资料、理论观点和说明以及调研方法，作出客观的评价。而社会性则应以实践为基础，对成果在实践中推广应用的情况作出实事求是的评估。

（三）调查研究的方法

1. 直接调研方法

用直接调研方法，与调研对象“零距离”接触，面对面访谈，深入考察研究实际工作，把握第一手资料，全面掌握有关情况。

（1）问卷法。

问卷法是一种以书面方式提出问题收集资料的直接与调研对象近距离沟通的调查方法，也是广泛采用的一种调研方法。在运用问卷法开展调研时，必须根据调研工作的需要和被调研对象的情况，认真设计问卷，做好问卷调研的各项实施工作。

（2）观察法。

观察法是研究者根据一定的研究目的、研究提纲或观察表，深入实际，“零距离”观察调研对象，用自己的感官和辅助工具去直接观察调研对象，取得直接调研资料的一种方法。科学的观察方法具有目的性和计划性、系统性和可重复性。在调查研究中，通过观察，可以扩大感性认识，启发思维，促进创新。

（3）访谈法。

一般来说，访谈的过程中与调研对象直接对话，及时了解实际情况，倾听意见建议，及时反馈有关信息。访谈法是调研中最常用的方法。

（4）实验法。

实验法是从影响调研问题的相关因素中选择一个或几个因素，使之置于可验的条件中进行小范围的试验，然后对实验结果进行分析，了解实验因素变化对调查问题的影响程度，从而确立此结果有无在面上进行推广价值的一种调研方法。

（5）蹲点调查。

蹲点调查就是集中一段时间，到基层单位去解剖“麻雀”，进而发现问题，厘清思路，指导更大范围内的实践。

2. 间接调研方法

间接调查法是指调查者不直接与调研对象面对面接触，而是运用现代技术手段，借助各种信息载体获取资源实施调研的一种调研方法。

（1）文献调研法。

文献调研法是指调查者通过查询已经形成的，或经过一定整理加工的二手资料来获取调研信息的一种方法。文献调研要按照确定调研题目、制订调研计划、选择调研方法、积累文献资料、鉴别文献质量、整理文献资料和存储文献资料等七个步骤进行。文献资料分析方法有定性分析和定量分析两种方法。

（2）信函调研法。

信函调研法是指调查者借助于信函与调研对象互通信息的一种调研方式。信函调研使用方便快捷，调研成本低、信息量较大，是一种比较实用的调研方法。信函调研要按照设计调研方案、选择调研对象、分发调研信函、回收与整理信函、撰写与呈送报告和评价与反馈等六个步骤进行。

（3）电话调研法。

电话调研法是指调查者运用电话与调研对象进行对话而获得信息和资料进行研究

的一种调研方法。电话调研按照选定电话号码、确认被调查者接电话、与调查对象通话和整理分析通话资料并完成调研报告等五个程序来进行。电话调研法具有区域宽阔、调查快速、干扰较小、费用低廉、成效较好和成功率较高等优点。

（4）网络调研法。

网络调研法是指调查者通过网络发布调查信息和收集调查资料而进行研究的一种调研方法。网络调研形式多种多样、方式灵活多变。实施网络调研要按照确定调研主题与目标、研究与发布调研计划、访问网站、搜索网上信息、下载网上信息、整理与分析信息和完成调研报告等七个步骤进行。

（四）调研资料的分析

1. 分析的方法

（1）辩证分析法。

包括对立和统一、分析和综合、现象和本质、个别和一般等分析方法。

（2）系统分析法。

包括整体分析法、结构分析法、层次分析法、动态分析法等分析方法。

（3）逻辑分析法。

包括概念分析法、判断分析法、推理分析法等分析方法。

（4）比较分析法。

包括纵向比较和横向比较、同类比较与异类比较、定性分析比较和定量分析比较等分析方法。

2. 分析的步骤

对调查资料进行理论分析，没有固定的模式可循，不可能套用某一格式。但人们对问题的认识总是由浅入深、由个别到一般、由部分到整体、由简单到复杂，按照这样一个认识问题的过程，调研资料的理论分析可以分为以下五个步骤。

（1）熟悉分类资料。

首先，熟悉分类资料是理论分析的基础。分类是根据事物的异同点，把调研资料按照类别加以划分。例如，对“企业”的分类，按规模可以分为大型企业、中型企业、小型企业；按所有制可以分为国有企业、集体企业、私营企业、外资企业等。分类可以使大量事实材料条理化、系统化。分析者通过熟悉分类资料，相互比较，可以找出事物之间的异同点，从整体上了解调研对象的概况，把握其基本特征。

其次，理论分析是否深入，与对调研资料研究是否透彻直接相关。有这样一种情况，同样的调研材料，不同的人进行分析，可能其结果大相径庭。这里除了不同的分析方法外，还有一个重要原因，就是对调研材料是不是进行了全面、细致的掌握。研究得越细致、越充分，也就越能找到问题的症结，解决问题的思路也就越清楚。

最后，现代调研要求分析者必须全面熟悉调研资料。随着调查范围的广泛化、调查手段的现代化、调查工作的专业化，不可能以一人之力获得全部的第一手资料，对他人的调查资料和统计分析的结果，必须认认真真地阅读思考，这样才能了解调研对象的全貌，从而进行全面深入的理论分析。

（2）论证研究假设。

调研资料收集的主要依据是研究假设。调查者按照研究假设收集了大量的资料，在整理阶段进行分类，并进行了统计分析。接着，就应该运用调研资料和统计分析结果检验和论证调查前的研究假设。与分类资料和统计分析结果相符合的就给予肯定，不符合的则应找出原因，实事求是地加以否定。

论证研究假设可以分为两步。首先是论证具体研究假设。论证具体研究假设是建立在对分类资料研究的基础上，通过陈述分类资料，进行概括总结，形成研究性结论，并以此来检验和论证具体假设。其次是论证中心研究假设。中心研究假设是整个调研的核心问题的假设。一般来说在调查研究前都应该提出自己的中心假设。检验和论证中心假设，是建立在对全部调研资料把握的基础之上的。分类资料是全部材料的有机组成部分，它们相互之间不是孤立存在的，而是相互联系、相互作用的。但是把握全部资料，并非不分主次，重点是要抓住那些能够反映事物本质的有价值的材料。通过对全部材料的分析，综合具体研究假设，得出研究结论，来检验论证是否符合中心假设。

（3）揭示事物本质。

对调研资料的理论分析，就是在科学理论指导下，对调查中获取的大量的和复杂的材料，进行梳理筛选，分析综合，经过反复地比较、鉴别、思考、提炼，由此及彼，由点到面，由事入理，从而小中见大，实中见虚，微观中见宏观，个别中见一般。对调查资料的理论分析，从工作上来说，是一个深入的过程，深入到事物的内部，排除那些对事物本质认识的偶然现象和假象，抓住事物的本质；从认识上来说，这是一个提高的过程，把感性认识上升到理性认识，防止认识表面化、片面化，准确地把握那些直接的、正面的、典型的显现事物本质的现象，从而真正揭示事物本质的内在联系。

在理论分析中，对事物本质的揭示重点要从以下三个方面入手：一是揭示事物的性质。任何事物都具有一定的性质，把握住性质，就能分清一事物与其他事物的根本区别。所以，在调查资料分析中，往往通过定性分析，分辨事物有哪种或哪些特征，从而把握住事物的本质。二是要把握事物之间的内部联系。事物的各个部分、各个环节、各个侧面都是有机地联系在一起的，要对事物形成比较完整的认识，就要分析清楚事物联系的形式是什么？联系的条件是什么？相互之间的影响是什么？做到了这一步，就把握了事物的运动、发展和变化，就能真正把握住事物的本质。三是要反映事物的发展主流。从事物的发展方向看，要把握本质，就要把握住事物发展的大势，即主导方向，而不能只注意一些细枝末节，这样才能抓住一些最核心、最本质的东西。理论分析的直接目的也就在于此。

（4）作出研究结论。

通过理论分析，对事物矛盾有比较深入的揭示，对事物本质有比较深刻的认识，下一步则应得出完整的结论，找出解决问题的途径，进行科学的决策，这在调查研究中起着关键的作用。

所谓研究结论就是指在对调查资料经过全面、深入、细致的分析后所下的最后论断。结论必须把各个部分的理性认识加以综合，进行概括，最后形成一个完整统一的认识。

结论可以有不同的形式。例如，可以是实际工作的建议，具有很强的操作性；可以是政策决策建议，对方针政策的制定提供依据；也可以是学术理论观点，或纠正某些观点，或提出新的观点，直接推动理论创新。不管是哪一种研究结论，都应该在理论上和实践上作出令人信服的分析。

（5）解释调研成果。

要实现调研成果的转化、推广和应用，就需要解释调研成果，说明调研成果的作用，阐明其理论价值和实践意义。

成果的价值可以从以下两个方面加以分析：一是应用于理论研究和科学研究，说明该成果在理论上的新的突破，如新的视角、新的观点、新的结论等；二是应用于实际工作，说明该成果在宣传教育、提高认识中的解疑释惑作用，或为科学决策提供依据、为解决某一问题提出有效对策等，为下一步成果转化指出方向。

（五）调研报告的撰写

调研报告是调研的最重要组成部分，是调研者在对调研对象进行深入调查的基础上，经过收集、整理、分析、综合，揭示出客观规律，为科学决策提供的书面报告，是一种以叙事为主的应用文体，是调研能力的集中展示和体现。调研报告类型多样，可以分为综合性调研报告和专题性调研报告，研究型调研报告、经验型调研报告和建议型调研报告，描述性调研报告和分析性调研报告等。调研报告具有真实性、针对性、典型性和时效性的特点。

1. 一般程序

调研报告的写作一般都要做好明确主题、精选材料、拟定提纲、撰写报告和修改完善等五个环节。

（1）明确主题。

撰写调研报告，最重要的就是提炼和确定主题。主题是调研报告的“总纲”，是调研报告的灵魂和中心思想，是调查研究所作出的总的结论。确定了主题，才能对调研报告进行谋篇布局。调研报告的主题可以用简练的语言概括，直接作为调研报告的标题，也可以在调研报告开头或结尾，用精辟的语言表述出来。在确定主题之后，还必须围绕主题，将调查研究获得的认识提炼出若干个观点。如果说主题为“纲”的话，观点就是“目”，纲举目张，一个调研报告的框架也就支撑起来了。其实，主题也是观点，是一个调研报告的总观点。所以，撰写调研报告，一定要在主题和观点的提炼上下工夫。在一定意义上讲，主题是否明确、是否有价值，对调研报告的质量具有决定性的意义。

（2）精选材料。

调研报告的最大特点是凭事实说话，但调研报告不能成为大量事例的堆积。在确定了调研报告的主题之后，还要通过对大量社会调查材料的精心选择和结构的巧妙安排，用雄辩的事实来揭示事物的本质和规律性，从而表现调研报告的主题。通过调查以及经过统计分析与理论分析所得到的系统的完整的调研材料，不可能也不必都写进调研报告中去，必须按照体现主题、点面结合、方法科学、因地制宜的要求，对其进行科学取舍，精心选择。

（3）拟定提纲。

调研报告的写作提纲相当于报告的“骨架”，拟写提纲的过程实际上就是把调研材料进一步分类、整合的过程。拟写提纲不仅可对调研报告进行总体布局和安排，使调研报告有一个体现主题的、合理科学的结构和层次；而且还可以进一步明确写作任务，厘清思路，使调研报告各部分之间呈现有机的内在逻辑联系，使调研报告浑然一体。

（4）撰写报告。

在拟写好写作提纲的基础上，就可以着手撰写调研报告。在具体写作调研报告的过程中，要注意：大小标题要鲜明，行文要符合逻辑、数据要核实准确、议论要恰当精辟、语言要生动形象。

（5）修改完善。

撰写调研报告，从通篇构思、观点提炼到材料剪裁、数据运用和语言推敲，是一项艰苦的脑力劳动。任何一个高质量的调研报告都不是一次完成的，而是要经过多次修改。修改的过程，实际上就是不断深化思维与语言的过程，是不断使理性认识与客观事物相符合的过程，也是不断集中集体智慧、深化研究成果、提高调研报告质量的过程。因此，写作调研报告，同写其他文章一样，既不要怕反复，也不要怕修改。只有下苦功夫，才能写出好的调研报告来。

2. 主要结构

调研报告的结构通常是由标题、导言、正文、结尾、方法、参考文献等部分构成。

（1）标题。

确定标题一般有两种方法：一是直接标明调查的内容或单位，如《关于××问题的调查》《关于××单位的调查》，这种方法可使读者一目了然地了解该调研报告所要叙述的内容和范围，且简便易行；二是将调研报告的主题思想概括为标题，再用副标题说明调查的内容和单位。这种标题方法使读者清楚地掌握调研报告的主要观点和结论，但这种标题往往要下较大的工夫拟制。

正文中的一级标题，是支撑调研报告的主框架。一般来说，若调研报告采取的是纵向结构，那么，一级标题应从反映客观事物发展过程中不同阶段呈现的特点角度去进行概括；若采取的是横式结构，一级标题则可从反映事物联系情况出发，围绕主题，选择同一角度，列出观点，然后进行概括。

正文中的其他各级标题，必须更具体深入，必须紧紧围绕上一级标题，而不能有悖于此。

(2) 导言。

导言介绍调研报告研究的主要问题、相关研究与评论、本调研报告的主要内容、报告定位。通过导言可以确定报告的语言风格、适用范围等。通过导言，可以使读者对报告的大体情况有一个了解，在具体阅读时能够把握住重点和主要的问题。

导言的主要内容有：一是调研活动所要解决的主要问题。介绍调研活动研究什么问题，是在什么情况下选择这一个问题的，这一个问题有什么性质，为什么是值得研究的，有什么研究意义等。二是其他人对调研问题的研究情况。介绍有什么人、从什么角度、运用什么方法和手段对这一问题进行研究的情况，有什么结论，他们的研究的主要意义、优点是什么，存在什么不足。

导言的写作方法有：一是交代情况法。在调研报告的导言中介绍调研对象的基本情况，概括调研报告的主要内容。二是直述主旨法。直接说明调研活动的主要目的和宗旨。三是描述结论法。直接描述调研报告的主要结论。四是设置疑问法。对于调研的主要问题采用设问的方法提出。

(3) 正文。

调研报告的正文是一篇调研报告的主体部分，是反映调研成果的最重要的部分。可以说，一篇调研报告质量的优劣，主要就是看其正文部分写得如何。

关于综合性的调研报告，其内容必须给人以整体、全面、系统的认识。关于新生事物的调研报告，其正文表述内容应着重反映被调查新生事物的背景、过程及其特点，分析新生事物在现实社会生活中的重大意义和作用，揭示新生事物的成长规律和发展趋势，使人们对新生事物有一个全面的把握，从而增强促进新生事物生长的自觉性。关于揭示问题性的调研报告，既有专题性的，也有在一般调研报告特别是总结经验性的调研报告中揭示某一问题和不足的，这类调研报告的正文内容不仅要客观如实反映问题，而且必须揭示问题的实质，分析问题产生的根源，提出解决问题的对策。关于研究型调研报告的正文内容应着重围绕研究的学术观点，运用调研资料进行论证，上升到理性认识，揭示事物的内在联系和客观规律性，接受实践检验，用以指导社会实践。关于经验性调研报告的正文内容应着重介绍先进的经验、做法、效果，供人们在实践中学习和借鉴。关于建议性调研报告的正文内容应着重阐述在调研、分析的基础上，对现行工作提出改进和完善的具体有可操作性的措施，提高管理水平和工作水平。

正文表述结构可以分为三种：一是横式结构。它是按照事物内部和外部的内在联系，从同一个角度提出问题，围绕主题列出几个平行观点展开阐述。二是纵式结构。它是按照事物发展变化的时间顺序组织材料，把事物发展过程的阶段性演变表述清楚。这种方法有助于帮助人们全面、深入了解事物发展的来龙去脉。三是纵横式结构，它是综合运用上述两种结构。一般涉及内容丰富、背景广阔、综合性强的调研报告，都采用这种结构，对被调查问题从纵向和横向两个方面进行深入剖析，然后综合起来引出结论。

调研报告可以采用第三人称的写法，客观地介绍调研情况、内容和结论；也可以采用第一人称的写法，即以调查者的身份叙述调研目的、主题和调查者本人的看法和议论。两种方式各有优劣，可根据实际情况确定。

（4）结尾。

调研报告的结尾通常有三种情况：一是总结性结尾。它是在正文的基础上，用精辟概括的语言对全文作一个总结性表述，这种结尾起到首尾呼应、一以贯之、加深印象、深化主题的作用。二是启示性结尾。它是在总结概括的基础上，提出新的问题，给人以新的启迪和思考的空间。三是自然性结尾。它不单独成为一部分，仅以正文最后的一段文字作为全文的结束语。这种结尾一般是在调研报告的篇幅不是太大、内容较为单一的情况下使用，但是，这最后一段文字仍带有结尾的性质。

（5）方法。

研究方式的介绍。介绍调研活动是采用问卷法、现场观察法、文献研究法等方法中的某一种或几种方式。

研究结构的介绍。介绍调研报告各部分内容之间的组合方式。主要的结构形式有纵式结构、横式结构和交叉结构。

调研对象的介绍。主要介绍调研对象由哪些人或事物、组织组成，调研对象是如何抽取的，他们的基本情况是什么，有什么特点等。

调研资料的说明。主要有哪些资料，它们的指标是什么，如何进行界定和测量。调研者是通过什么方式、方法和利用什么工具和仪器获取调研资料的。

研究的特色与不足。说明本研究有什么特色，有什么创新和改进。同时，要说明存在哪些缺陷，有什么误差，有什么局限性等。

此外，调研报告还应当将所引用的有关文献资料的作者和文章的目录放在结尾处。

实训作业之六

撰写课程论文初稿

按照课程论文的提纲，完成课程论文初稿。

（一）作业要求

（1）观点正确，结构合理，论证清晰，文字流畅。

（2）不少于5000字。

（二）作业辅导

论文结构，就是论文内部的组织构造，即论文内容的组织排列形式。撰写学术论文，不仅要有明确的主题和充足的材料，还必须按照一定的方式，围绕论文的主题，恰当地把材料组成有机的整体。精心设计过的论文结构，应该是主题突出，线索清晰，各章节之间的逻辑关系一目了然，且各章节在篇幅上保持一个大致的平衡。没有逻辑的混乱，也没有畸轻畸重之偏颇。这样的论文结构完美丰满。

1. 论文结构的形式

人们在长期的写作实践过程中，对某些文体论文的写作逐步形成了一些特定规范，即结构的基本型。这种“型”开始是某个人的创造，但是由于它符合人们的思维规律，所以一直被沿用下来，并在人们的反复运用中逐步完美、定型化。我们利用这些“型”来写作，不但能比较省力，便于组织材料表达观点，而且这种“型”符合人们的思维规律，便于人们阅读。这是一种事半功倍的方法。当然，“型”不是个死板的套子，不考虑内容如何，一律削足适履地塞到里边去也是不行的。利用“型”写作，一要注意富于变化，灵活地运用；二要注意当现成的“型”有损于内容表达时，就要坚决地把它丢开。

（1）并列式。

并列式，又称平列式。即论文各层次之间是平等并列的关系，各层次围绕中心论点从不同方面、不同角度进行论证，各层次的分论点与中心论点是局部与主体的关系。运用这种结构形式，一般有两种情况：一是在一篇论文中需要同时论述几个相对独立的问题时；二是在一篇论文中，为了回答某个问题，从不同侧面和不同角度提出若干相对独立的分论点，形成相互并列的关系。

运用此种结构要注意的问题是：分论点必须紧扣中心论点，分论点的联想、叙述要简明扼要，分论点与分论点之间要有一定的内在联系。

（2）递进式。

递进式的结构特点是根据各层次之间的关系，层层深入，步步发展。这种结构适合于对事物作综合的、深入的分析，所以是一种最常用的论文结构方式。运用递进式的前提，是对事物或问题有总体的把握和极其透彻的研究、理解。

（3）分总式。

这种结构在论文的开始不出现中心论点，而是围绕写作的目的和论文所要表达的中心论点，从不同的角度和侧面分别进行比较和论证，然后归纳起来得出结论。这种结构形式的论文，在选材上以史实性、事实性为多见。这种结构由于省略了引论部分，论文开头难以抓住读者，论文标题应尽量采用“论点型”题目。

（4）总分式。

这种结构一般是先提出论文的中心论点，而后为证明和论述中心论点，在本论部分进行步步深入的说明。总分式的优点是布局严谨，既利于读者领会论文的论点，又便于初学写作者掌握论文的写法，但是弄不好也容易形成固定的、呆板的格局。

（5）总分总式。

这种方式就是“总分式”和“分总式”的结合体。它的特点是论文布局清楚，内容层次分明，引论开门见山，本论层层展开，结论概括全篇，符合人们逻辑思维习惯。

2. 论文结构的内容

论文的结构虽然有较大的灵活性，不能硬套固定的模式，但是各种结构所包含的内容又是相同的，如都有层次、段落、过渡、照应、开头、结尾等。

（1）层次和段落。

层次指的是表现论文内容的先后次序。它是事物发展的阶段性和人的思维发展的进程在论文中的反映，是论文内容展开的步骤。层次是论文的结构和布局的重要环节，是安排表达内容的一个重要手段。安排好层次，不仅可使论文所反映的事物符合发展规律，而且还能突出主题思想，增强论文的真实性和逻辑性。如事物发展的一个阶段、事物特征的一个方面、理性中的一个论点、诸多问题中的一个问题、认识的一个环节及实验的一道程序，都可作大一个层次。论文层次的外部标志主要有：①序号，如一、二、三、四等；②空行；③小标题；④层次首句；⑤序号与小标题结合使用。要使层次安排清楚，需做到：层意应当明确，层意不得重复，层次要有次序，既要反映事理本身内在的联系，也要反映逻辑规律的要求，把反映主题的段落、重要的论据，放到突出的地位上去。

段落是构成论文的最小单位，它具有“换行”的明显标志，是论文思想内容在表达时由于转折、强调、间歇等情况所造成的文字的停顿。划分段落的作用在于：第一，逻辑地表现思维进程中的每一转折、间歇，清晰地反映论文的内在层次；第二，使论文眉清目秀，便于读者阅读、理解；第三，某些特殊的段落，能够起到强调重点、加深印象、表达某种感情色彩的作用。划分段落的原则有：一是要注意段落的“单一性”和“完整性”；二是要注意各段落间的内在联系；三是要注意段落的匀称、适度；四是要善于运用段中的主句。

层次和段落的关系非常密切。层次着眼于思想内容的划分，段落则重于文字表达的需要。它们之间，有时是一致的，即论文段落的划分正好反映内容的层次；有时则层次大于段落，即缀联数段组成一个层次，这是通常所见的情况；有时，段落却大于层次，即一个大的段落之中包含了几个内容有别的层次。

（2）过渡和照应。

过渡是指相邻层次与段落之间的衔接或转换。过渡的作用主要为两种：即承上启下的连接作用、由此及彼的转换作用。过渡的方式有：过渡词语、过渡句、过渡段、自然过渡。具体到一篇论文，哪些情况下需要过渡呢？一是从总到分或从分到总需要过渡；二是内容转换时需要过渡；三是表达方式和表现方式改变时需要过渡。

照应，是指不相邻的层次、段落或题文之间的关照和呼应。前有伏笔，后有交代；前有涉及，后有着落。照应的作用在于加强前后内容的联系，增加论文的整体感和严谨性。照应的方式有题文照应、首尾照应、前后照应、行文中互相照应等。照应是使结构严谨而又活泼的重要手段。使用这种手段容易出现两种毛病：一是只呼不应，前面提到的，后面却丢掉不管，结果是论文逻辑混乱；二是露出做作的痕迹，伏笔过于明显，应笔又很笨拙，缺乏自然浑成的功力。所以，要使照应成为富有审美价值的结构艺术，非细心体会、不断琢磨不可。

论文中的过渡与照应，主要侧重于其中的逻辑关系，通过过渡与照应，增强论文的逻辑力量，使句与句、段与段、层与层之间衔接得天衣无缝。

（3）开头与结尾。

“万事开头难。”论文的开头很重要，它是论文的脸面，统领全文，体现全文中心，为全文打开思路，使论文顺利展开。前人称论文开头为“凤头”，清代文学家李渔说：“开卷之初，当以奇句夺目，使人一见而惊，不敢弃去。”好的开头要能够起到这样一些作用，第一，要有利于表现主题和围绕主题拓展作者的思路。开头是定方向、定调子的地方，如果定准方向和调子，就能使论文顺理成章，文思畅通。所以李渔认为，“开手笔机飞舞，墨势淋漓，有自由自得之妙，则把握在手，破竹之势已成，不忧此后不成完璧。”因此，开头一定要像剥茧抽丝那样，找到一个“顺头”，文思方能源源不断。第二，要有利于吸引和引导读者阅读。怎样吸引读者，主要的写法有二：一是开宗明义，单刀直入；二是形象生动，平中见奇。

“编筐编篓，重在收口”，论文有个好的结尾也是极重要的。古人说“一篇之妙在于落句”。精彩的结尾，使读者或拍案叫绝，精神一振；或回味无穷，沉思默默。结尾不好，就会冲淡主题，削弱论文力量。写好结尾的方法大致有四：一是总结全文，率章显志；二是展示未来，鼓舞斗志；三是饱含哲理，余味无穷；四是委婉含蓄，形象生动。在结尾的写作上，要注意克服下列毛病：一是生搬硬套，千篇一律；二是寓意浅显，兴味索然；三是故弄玄虚，哗众取宠；四是草草收笔，虎头蛇尾；五是当结不结，画蛇添足；六是节外生枝，离题走调；七是空发议论，无病呻吟。

开头和结尾是论文的有机组成部分，由于所处的特殊位置，在论文中有着特殊的功用。所以，一向引起人们对它的特殊关注。如元人乔梦符说：“作乐府亦有法，曰凤头、猪肚、豹尾六字是也。”陶宗仪对这六个字有个解释，说是“大概起要美丽，中要浩荡，结要响亮”。明代谢榛的比喻也很巧妙妥帖，他说，“起句当如爆竹，骤响易彻；结句当如撞钟，清音有余。”

3. 论文结构设计应把握的问题

(1) 顺理成章，依理定形。

一般来说，论文采用的基本推理形式，决定着论文的内在结构形式。例如，一篇论文主要是想探讨某一事物产生的原因，反映在结构上，必然有因果关系的两个部分。或者由结果推断原因，或者由原因推断结果，缺一不可。又如，论述事物一般与个别的关系，或从个别到一般，或从一般到个别，反映在结构上，从个别到一般，总是要逐一分析个别事物的特征，然后归纳出一般事物的特性；从一般到个别，也必然一般结论在先，而后再触及个别事物的特征。如果违背了这一发展逻辑，其结构就会显得不合理。再如，在论述事物的对立统一关系时，总少不了正反、前后、表里、上下、质量等各对矛盾的两个方面的分析对比。忽略一个方面，就会产生片面性。

(2) 以意为主，首尾合一。

意是论文的中心，是统帅。这个中心的要求应当是简单明了的，能够一言以蔽之，可以达到以简治繁的目的。抓住这样的中心，紧扣不放，一线到底，中途不可转换论题，不可停滞，不可跳跃遗隙，这样就能使中心思想的发展具有连续性。中心思想能够贯通始终，才能真正做到“文以传意”，论文自然增色。作为一篇论文，从思想的发展来说，要一层一层地讲，讲透了一层，再讲另一层。开头提出的问题，当中要有分析，结尾要有回答，做到前有呼、后有应。每层之间要“瞻前顾后”，后面讲的与前面不要有矛盾，留在后面说的，也不要在前面一气说光。

(3) 层次有序，条理清晰。

论文要有层次，有条理，关键在于厘清材料之间的不同关系。平行关系的材料之间，没有主从关系，在顺序上谁先谁后都可以，影响不大。但递进关系的材料之间是一层比一层深入的关系，颠倒了就会造成逻辑混乱。递进关系处理得好，就能造成步步深入，道理犹如剥茧抽丝。接续关系的材料前一部分与后一部分有直接的逻辑联系，层次虽分，道理未尽，前一层的未尽之意有待后面续接，不可中断。对于对立关系的材料，论述的重点在于阐明它们是辩证的统一，不能将它们孤立地对待，不能强调了一面而忽略了另一面。总之，厘清了事物间的相互关系，并在结构中体现出来，论文的眉目就清楚了。

（4）接榫细密，转折自然。

古人作文讲究起、承、转、合。起、合是总起、总结问题。承、转是接榫、转折问题。要使论文上上下下浑然一体，没有断裂痕迹，使文气贯通下来，说理有节奏，接榫和转折是不能不注意的问题。接榫是一部分内容与另一部分内容接头的地方。就像木制家具的“榫头”。凹凸之处，不能大，不能小，要正好合适，做出来的东西才能精美。接榫在论文中起着承上启下的作用，是上下联系的纽带，稍不留意，就会造成意的脱节。要解决这个问题，就要交代明白联系的媒介与中心环节，通常是通过过渡来实现的。在论文中有用段落作过渡，还有更多的是用词语作过渡，像“所以”“因此”和“显然”等都属于这一类。为使过渡得法、得体，必须弄清楚上下两段关系怎样，然后再决定用什么形式把它们联结起来。有些地方需要议论发挥，有的地方需要借木穿插，有的地方要有比较复杂的判断与推理，不能抽掉它们。省略了，论文就会急转直下，使人感到突兀。转折，指两层意思的转换。在论文中也同样有段落作转折，有句子作转折，也有词语作转折。我国传统的转折手法还有提法（明转）、驻法（暗转），有急转、缓转，有在前头勾魂动魄的后转，也有篇末暗送秋波的前转。具体选取何种方法转折，要视具体情况而定。

第七讲 应急物流案例研究

导 语

要善于运用案例实证研究方法

实证研究，是指研究者亲自收集观察资料，为提出理论假设或检验理论假设而展开的研究。实证研究具有鲜明的直接经验特征。实证研究方法，是通过对研究对象大量的观察、实验和调查，获取客观材料，从个别到一般，归纳出事物的本质属性和发展规律的一种研究方法。

作为一种研究范式，实证性研究产生于培根的经验哲学和牛顿、伽利略的自然科学研究。法国哲学家孔多塞（1743—1794）、圣西门（1760—1825）、孔德（1798—1857）倡导将自然科学实证的精神贯彻于社会现象研究之中，他们主张从经验入手，采用程序化、操作化和定量分析的手段，使社会现象的研究达到精细化和准确化的水平。孔德1830年到1842年《实证哲学教程》六卷本的出版，揭开了实证主义运动的序幕，在西方哲学史上形成实证主义思潮。

实证研究是以“存在一个客观世界”的世界观为前提，它坚信有一个客观世界存在，并且要通过不断的研究，去接近这个客观世界。实证主义所推崇的基本原则是科学结论的客观性和普遍性，强调知识必须建立在观察和实验的经验事实上，通过经验观察的数据和实验研究的手段来揭示一般结论，并且要求这种结论在同一条件下具有可证性。

实证研究方法有狭义和广义之分。狭义的实证研究方法是指利用数量分析技术，分析和确定有关因素间相互作用方式和数量关系的研究方法。狭义实证研究方法研究的是复杂环境下事物间的相互联系方式，要求研究结论具有一定程度的广泛性。广义的实证研究方法以实践为研究起点，认为经验是科学的基础。广义实证研究方法泛指所有经验型研究方法，如调查研究法、实地研究法、统计分析法等。广义的实证研究方法重视研究中的第一手资料，但并不刻意去研究普遍意义上的结论，在研究方法上是具体问题具体分析，在研究结论上，只作为经验的积累。鉴于此，实证研究可区分为数理实证研究和案例实证研究。

（一）数理实证研究

数理实证研究比较适合研究较为复杂的问题。社会经济制度之间存在着极为复杂的相互作用机制，而运用数学计量工具可以将有关影响因素予以固定，从而把握复杂现象之间的内在联系，消除变量内生性、异方差和多重共线性问题。但数理实证研究对于数据质量相对要求较高，数据录入和操作错误往往会导致错误的分析结果。这就需要研究者在数据录入中保持高度警觉，有意识地避免操作失误。

必须注意的是，在数理统计意义上的相关关系在现实中有可能未必存在。比如太阳黑子在过去20年间逐年增长，中国经济在过去20年间逐年增长，但如果从中得出中国经济增长导致了太阳黑子增多或者太阳黑子增多导致了中国经济增长之类的结论，则是荒谬的。这一结论只不过是把两个同样有时间趋势的事情联系在了一起，从趋势上两者确实是一起移动的，但实际上两者却没有什么关系。这种现象被称作伪回归或者伪相关。

（二）案例实证研究

案例研究可以分为单个案研究和多个案研究。个案研究不仅有助于积累不同广泛而深入的个案资料，形成对于问题的实感，也可以为调查者获得第一手资料，从现实获取灵感源泉。如果没有广泛而深入的个案调查经验，常常不能对所研究问题的状况有一个真实的判断。不仅如此，在许多个案调查的基础上，可以为构建理论框架提供坚实基础，在这一基础上提出的相关对策，就会既具有深度，又具有前瞻性和现实针对性。但个案研究容易犯以偏概全的错误，仅仅凭借个案研究难以推导出具有普遍性意义的结论。通过多案例研究则有可能弥补单个案研究的不足，不仅可以有效扩展对问题了解把握的全面性，而且可以在更大范围内验证个案研究的结论，避免以偏概全。

尽管实证研究方法得到了较为普遍的应用，但对于实证研究的错误理解导致了伪实证和形式实证大行其道。所谓伪实证，也就是研究者用理论预设或价值偏好来剪裁经验事实的做法，它本质上是以实证研究为标榜的非科学方法。研究者开展社会调查的目的不是去发现事实，研究结论是事先就有的。先有观点再找证据，而不是先寻找证据，再得出结果。研究者希望寻找到一些经验材料来证实自己已经形成的理论预设，甚至是价值偏好。因此这种实地调查获取的事实就不是客观的事实，而是经过裁剪或过滤的事实，调查结果就往往与真实情况相差甚远。形式实证是指研究者通过形式主义的调查、走马观花式的调研，或者在资料的收集和使用过程中对于有关数据和资料，特别是官方数据和资料缺乏甄别和处理的情况下直接应用于研究的做法。伪实证和形式实证都会使得实证研究停留在肤浅观察层次上，难以对现实做出更有价值的分析。

无论是运用数理实证，还是运用案例实证，都需要对于所研究问题具有相当程度的了解和理论层次的把握。不能够从理论层次上把握有关问题的逻辑关系，在运用数理实证就容易犯伪相关的错误，运用案例实证就容易犯伪实证或者形式实证的错误，而研究方法的错误必然导致分析错误，最终使得相关研究成果和结论没有价值。而错误研究方法所做出的研究对于社会科学的发展也不会有真正的贡献。

西安国际港务区是陕西省“十一五”规划确定的重大建设项目，是陕西省委、省政府推动产业结构优化升级，拓宽西部地区国内贸易通道，提升西部地区物流配送能力的一项重大战略决策。西安国际港务区借助区位与交通优势，通过发挥枢纽型的内陆港口服务功能，形成现代商贸和物流企业聚集区，逐步发展成为黄河中上游地区最大的商贸物流中心。借助这个优势条件，2009 年西安国际港务区专题规划论证了基于商贸物流的应急物流示范园区。这个应急物流示范园区由政府部门组织规划论证，是深入实施西部大开发战略、提高突发事件应对能力的具体举措，对于完善现代物流园区功能具有重要的现实价值。①

一、西安国际港务区应急物流示范园区规划建设的重大意义

西安国际港务区地处西安市东北，是我国海铁联运、公铁联运、航铁联运的中转中心，也是国际物流、国内综合物流产业集群的现代国际港和城市新区，集中分布了国际商贸中心、国家保税物流中心、现代服务业新区等主要城市职能。西安国际港务区是由西安铁路集装箱中心站、西安保税物流中心和西安公路码头等 3 个项目构成的中国西北内陆港。其中，西安铁路集装箱中心站是亚洲大型集装箱中心站，西安保税物流中心是 B 型保税中心，西安公路码头是全国最先建立的内陆港。

（一）贯彻落实各级政府部门有关决策

中共中央、国务院《关于深入实施西部大开发战略的若干意见》（中发〔2010〕11 号）明确要求，“完善突发事件预警应急体制和机制，支持维稳力量建设，强化守防力量和应急救援力量建设，防范各种敌对的渗透破坏活动，切实维护国家安全。”2009 年 3 月国务院颁布《物流业调整和振兴规划》，将西安确定为 21 个国家级物流节点之一；西安还是民政部 11 个中央级救灾物资储备库和国家粮食储备库之一。西安国际港务区是西安实现国家储备、物流节点战略功能定位的基本依托和最大平台，肩负着发展陕西省乃至西北地区应急物流的重要使命。2009 年 6 月国务院发布的《关中—天水经济区发展规划》中提出，“要加快西安国际港务区、咸阳空港产业园等重点物流园区项目建设，充分发挥西安作为国家级物流节点城市的辐射带动作用”。《2009 年陕

---

① 注：本案例根据《西安国际港务区管理委员会关于请求批准创建全国应急物流示范园区的请示》《西安国际港务区建设全国应急物流示范园区研究》和《关于实施西安粮食应急物流基地项目的思考》等文献资料整理加工。

西省政府工作报告》提出“加快建设西安国际港务区，年内建成西安集装箱铁路中心站，带动运输、仓储、包装、销售一体化发展，打造全国重要的物流集散中心”。《陕西省物流业调整和振兴规划实施方案》将西安国际港务区确定为全省五大物流园区的龙头和核心园区。西安国际港务区规划论证应急物流示范园区，依托现代物流的优势资源创建全国应急物流示范园区，可以更好地整合西安的应急物流资源，有效提高我国西北地区的应急保障能力，实质性地促进陕西省应急物流体系的建设。

（二）提升区域应急物流保障能力

西安国际港务区是新亚欧大陆桥物流通道的重要支点，位于我国六大铁路枢纽客运中心和八纵八横公路快速干道的交会点，具有海陆空联运覆盖全国的优越条件，与国内的海关、商检等口岸互通，能够迅速将经由西安集散的大宗集装箱运输货物和农副产品等散杂货物运送到国内和国际众多城市，具有强大的聚合和辐射功能。建设西安国际港务区国家应急物流示范园区，既能够完善西安国际港务区的国家区域物流中心职能，提高西安国际港务区的国际服务功能和地位；也能够充分发挥西安国际港务区物流中心的组合功能，有效利用区域储备体系、物流系统、运输系统、信息系统、人力资源系统；还能够填补亚欧大陆桥沿线应急物流系统建设的空白，满足我国西北各类突发事件应急物流需求。

（三）探索商贸物流与应急物流一体化发展模式

西安国际港务区作为西北地区重要的物流枢纽，承载着振兴关中—天水经济区和推动西部大开发的重担。借助应急物流的系统集成、整体优化理念，可以优化商贸物流功能模块的布局分布，弥补发展定位、服务范围等方面的缺陷，扩展商贸物流的附加功能，促进物流环节衔接流畅。西安国际港务区应急物流示范园区尝试将应急物流融入到现代商贸物流活动中，探索运行“平营急保”的物流运作模式，尝试建立政府与市场有效的合作与协调机制，完善应急物流建设，增强了应急物流系统的灵活性，提高了应急物流供应链的稳定性，既能够丰富现代商贸物流的功能，开创新的商机，又可以盘活应急物流平时很少能够有效利用的储备资源；既能够提高突发事件应急物流保障能力，又可以最大限度地降低突发事件应急的社会成本，减少资源的消耗。

二、西安国际港务区应急物流示范园区规划建设的基本思路

西安国际港务区建设应急物流示范园区，由政府负责组织计划和协调管理应急物流，建立政企共同参与的应急物流保障机制，调控企业实体参与应急物流运作，共同完成应急物资储备保管、加工包装、中转配送、信息管理等工作。特别是优化整合西

安国际港务区与周边物流园区的资源力量，建立“商急结合，平营急保”的运营机制，与入驻的大中型物流企业和国内其他物流中心尤其是应急物流中心签订合作协议，规划建设应急物流资源信息网。

（一）目标任务

西安国际港务区依托陕西，服务西北，面向中西亚，连接沿海与内陆的桥梁，建成国际重要的物流园区。根据这个战略定位，西安国际港务区应急物流示范园区在服务属地的基础上，积极融入全国应急物流体系，在不同区域范围内承担不同的功能和作用。

一是打造应急救援国际合作平台。西安国际港务区是我国打通中亚和欧洲市场的陆地桥梁和中国向西开放的窗口，应急物流示范园区可以作为国际救援应急物流的重要力量，为周边国家和地区提供应急物流服务保障，搭建应急救援国际合作的平台。

二是完善国家应急物流体系。西安国际港务区应急物流示范园区是构成我国应急物流体系的重要部分，依托政府应急管理公共信息平台，与国内的湖北物流配送应急保障动员中心、江苏省诚信物流应急动员中心等应急物流中心共同形成国家应急物流服务保障网络体系。

三是推动西北地区应急物流发展。西安国际港务区应急物流示范园区开创了西北地区应急物流建设的先河，推动了我国西部其他城市应急物流服务保障系统建设，具有很好的引领性和示范性。

四是整合西安市域应急物流资源。西安国际港务区利用完备的物流仓储设施和运输能力，加快西安市 36 个物流园区的重组，建立“商急结合，平营急保”的运营机制，实现西安市应急物流资源的优化整合，为西安市突发事件应急物流提供服务保障。

（二）功能定位

结合西安国际港务区应急物流示范园区的有效服务范围及其在国家应急物流体系中的作用，将其定位为关中—天水经济区的应急物流指挥中心、西北地区应急物流体系的核心节点、国家应急物流体系的重要部分、亚欧应急物流系统的有机成分。主要是通过应急物流与商贸物流的有机结合，探寻应急物流管理的新模式，并将之推广到全国，提高我国应对突发事件的能力，为国家经济社会发展提供坚强的安全保障。

一是探索应急物流发展新模式。西安国际港务区应急物流示范园区的建设，可以很好地发挥西安作为国家粮食储备中心和国家物流中心城市的互动作用，将国家应急物流与商贸物流融于一体，建立我国“商急结合、平营急保”的应急物流体系，并利用商贸物流现代化的物流设施和企业化的物流运输、储存、装配、加工手段，提升应急物流体系的服务保障水平，为我国应急物流发展探索新路子。

二是探索政府与市场合作与协调机制。西安国际港务区应急物流示范园区依托西安的区位优势、交通优势、产业优势和物流基础优势，按照商贸物流的供应链管理模式，建立政府与市场结合的应急物流供应链运行机制，通过政府调控指导、市场协作运营，按照预案要求全面做好应急物流资源力量准备，并有效降低应急物流的运作成本。

三是提高我国应急物流服务水平。建立西安国际港务区应急物流示范园区，可以充分发挥关中地区的低灾害优势，确保国家应急物流储备资源的安全性，同时又能利用西安发达的交通条件和辐射全国各大城市的优势，尽快将应急物资配送到灾区，提高国家应急物流和应急服务的水平。

四是协调应急物流与商贸物流的布局。建设西安国际港务区应急物流示范园区，有利于探索区域物流经济发展与国家应急物流建设有机结合，进而促进国家应急物流中心按照合理的服务半径均衡布局。

五是发挥西安国际港务区的区位优势和物流中心功能。西安国际港务区具有西北地区现代物流中心和国家重要物流枢纽城市的作用，通过沟通各方应急物资的储备调运关系，能够带动西安市“一港四区两基地”快速发展。

（三）服务范围

西安国际港务区应急物流示范园区能够实现商贸物流的附加功能，服务范围可分为主导关中天水经济区、支撑西北大部分地区、协作中国疆域全境、辐射亚欧大陆范围等四个层次。

三、西安国际港务区应急物流示范园区规划建设的主要内容

西安国际港务区应急物流示范园区的规划设计，主要包括结构设计、功能布局、信息系统、联动机制、运作模式等内容。

（一）结构设计

根据应急物流服务保障的功能环节要素，主要设计应急物资管理系统、应急物流配送网络、应急物流人员构成、应急物流信息系统、应急物流预警动员机制等模块。

一是应急物资管理系统。按照分级分类原则规划应急物资储备管理，将应急物资划分为紧急（A）、严重（B）、一般（C）等三个级别，将所有应急物资按照保质期限、功能用途、急迫程度等划分类别进行储备物资的管理。其中，应急物资储备采用自营仓储与合同仓储相结合的方式。在西安国际港务区应急物流示范园区建设棉衣（被）、帐篷、粮食等耐储应急物资的自营仓储和社会捐赠物品仓库；对于医药、日用

品、饮用水、食品、钢材等市场资源丰富的应急物资，通过与西安国际港务区内各大物流公司以及西安市的大型批发市场和仓储超市签署预先储备合同或优先采购协议，满足储备需要。

二是应急物流配送网络。以西安国际港务区为核心，关中—天水经济区内中小城市为节点，建设区域应急物流配送网络；以西安为核心，发挥公路、铁路、航空多式联运优势，构建连接周边省份大中城市的应急交通枢纽中转体系；依托亚欧大陆桥，构建沿桥应急物流配送网络。

三是应急物流人员构成。西安国际港务区应急物流示范园区的人员由管理层和执行层两个层次构成。其中，西安国际港务区国家应急物流指挥协调中心（管理层）负责对区域突发事件的应急处理和应急物流管理、控制、协调，制定应急响应策略，拟制应急物流预案，依托应急物流信息平台进行高效的宏观调控指挥；应急执行协调中心（执行层）负责收集和处理有关商贸物流的信息资源，执行管理层制定的应急响应总体部署，组织协调应急物流体系的运作。

四是应急物流信息系统。西安国际港务区应急物流信息系统主要包括应急预警动员系统、应急物资采购管理系统、物资储备管理系统、财务管理系统、人事管理系统，以及加盟物流企业信息管理系统。

五是应急物流预警动员机制。西安国际港务区应急物流示范园区采取“平营急保”管理模式。平时，按照商贸物流的要求组织运行经营；应急时，在相关政府部门的指示下启动应急预案，组织应急物流服务保障。

（二）功能布局

结合空军窑村机场规划布局应急物流示范园区用地，建设应急物流指挥中心、应急储备仓储、捐赠专用仓、加工周转仓、应急交通专用道、输配站场六个主体功能模块。

一是应急物流指挥中心。应急物流指挥中心设置在指挥中心办公楼，该办公楼是园区内各个部门机构的日常办公地点。办公楼和服务区公寓建设应充分利用边角土地，不对应急运输系统产生干扰。

二是应急储备仓储、捐赠专用仓、加工周转仓。结合需求种类以及需求的阶段性特征，西安国际港务区应急物流示范园区的仓库分为必需品仓库、加工仓库、中转仓库和专用仓库等四类。其中，必需品仓库主要以满足中短期预案（3～5年）需求的食品、棉被、衣服、医药等临时救助物资为主；加工仓库主要是作为应急物资分类、包装以及建档等的工作场所；中转仓库主要为铁路、公路和航空联运转场的货物提供临时中转储存服务；专用仓库主要储存满足中长期预案（5～20年）突发事件或灾难发生时国内大多数地区正常生产、生活所需的能源以及灾后重建需要的建材、钢材等大规模、耐用物资。物资储备仓库的建设地点，应选择运输车辆通行便利，运送、装卸方便，并且能快速运载到空军窑村机场、铁路集装箱中心站等地点进行装载的位置。可以考虑沿应急物流示范园区与空军窑村机场之间的交通性道路沿线建设储备仓库。

三是应急交通专用道、输配站场。包括运输停车站场、临时中转站、加油站、运输道路、机场净空、停机坪、跑道等功能空间。其中，对外应急通道，借道西安国际港务区“五横五纵一环”的主次物流干道贯通西安市三环、绕城高速，快速对接西汉高速、西康高速、西禹高速、西铜高速、机场高速公路等快速路及其他对外公路，保障应急物流通道的畅通无阻；内部应急通道，借道西安国际港务区“八区六轴”的功能区，利用港务区内部规划的高速联络线、草临路、纺渭路、港务西路及三环、绕城高速等内部高效灵敏的现代物流配送集疏系统，确保应急物流能够物畅其流。

此外，出于对应急储备物质保护和管理的需要，还需要设置运输、加工、仓库管理和警卫人员公寓及其辅助生活服务区。特别是要发挥集装箱中心站、华南城生产资料市场、国家粮食储备基地、铁路集装箱码头、公路码头、窑村军用机场、商贸物流中心、西北医药物流基地、产业转移承接区、现代信息港等功能，加大应急物资的加工、储藏能力，实现应急物资采购、储运的标准化、市场化、效益化和应急配送快捷流畅。

（三）运作模式

西安国际港务区应急物流示范园区在规划时就设计并建立国家应急信息系统，设定统一转换标准，实现信息互通共享；在政府有关部门的统一指挥下，与全国其他物资储备中心或应急物流中心实现资源共享和优势互补；与国家分级应急管理机制保持一致，确保应急物流的制度化、规范化。

一是平营急保平急结合模式。在西安国际港务区管理委员会常设应急物流指挥协调中心、信息汇总管理部门、专项应急储备物资主管部门，协调与港务区商贸物流的关系，研究制订应急预案和应急管理。

二是政企联合商急互动模式。西安国际港务区应急物流示范园区充分借助商贸物流的物资供销系统和供应链采购、储备系统、商贸运输系统，采用政企联合的运行模式，实现应急物流的常态化、标准化，提高应急物流服务保障能力。

三是多式联运快速响应模式。通过建立快速响应的应急机制和物流标准化体系，规范应急物流的输配活动，满足突发小概率事件的应急物流需要。

四、西安国际港务区应急物流示范园区规划建设的重点模块

西安粮食应急物流基地项目是园区规划建设的重点模块之一，是“2111”工程的

核心和重中之重，也是西安粮食现代物流体系建设的重要支撑项目，该项目位于西安国际港务区应急物流功能区内，紧靠新筑集装箱货运站，地势平坦，交通便利。项目占地约2000亩，规划建筑面积约20万平方米，建设总投资11.5亿元，建设周期约4~5年，到2013年全部建成。项目完成后，预计投资回收期约10年，年创利税1.1亿元，可新增就业岗位2000个。据《西安日报》2013年7月29日报道，陕西省粮食局下达粮食现代物流项目2013年中央预算内投资计划，西安粮食应急物流基地项目获得中央投资750万元资金补助①，标志该项目已经落地。

（一）“2111”工程的基本情况

“2111”工程包括抓好两个基地、构建一大体系、打造一个龙头、打响一个品牌，是西安市粮食局未来3~5年保障西安市粮食安全的重大战略。其中，“两个基地”是西安粮食应急物流基地（西安粮食应急调控中心）和泾阳储备基地；“一大体系”是西安市粮食安全保障应急体系；“一个龙头”，就是把西安粮食应急物流基地打造成国内一流水平和具有较强实力的强势企业，真正成为粮油行业政府宏观调控条件下的主力军，市场经营条件下的“航母”；“一个品牌”，就是以“爱菊”品牌为主导，加大品牌带动战略，力争成为国内名牌。

通过“2111”工程的实施，实现有效的收购储备、有效的加工整理、有效的市场供给，确保在市场平稳的情况下，加大基地粮食物流的经营力度，增强主渠道企业的实力及其市场带动作用；在市场波动的情况下，能够调控灵敏；在市场出现紧急情况下，能够应急有力、稳控局面。

（二）西安粮食应急物流基地的功能定位

西安粮食应急物流基地以国家粮食储备为支撑，以国有参股和多元化投资为主体，以搭建现代化粮食物流平台、构建全市粮食安全应急保障体系为立足点，按照“技术先进、经济适用、配套完善、着眼发展”的原则，全力打造一个高起点、现代化、具有强势竞争力的集粮食收购、储备、加工（含深加工和转化加工）、销售、物流于一体的大型粮食流通集团，建成西安市政府粮食应急物流保障基地暨西安粮食宏观调控中心。

西安粮食应急物流基地既是保障西安全市粮食安全的大平台，也是应急情况下的主力军。西安粮食应急物流基地的主要功能包括收购、储备、加工、集散流转、配送、交易、质检、信息监测、科技研发、商业服务等10个方面。西安国际港务区粮食应急物流基地中，政府部门直接掌握的面粉设计加工能力达到每年20万吨，市场保障能力

---

① 轩辕杨子．建西安粮食应急物流基地［N］．西安日报，2013-07-29（2）．

达到65%，可满足全市近2/3的面粉消费需求，极大地提升了西安市面粉的应急保障供应能力；大米加工量和交易量可达到每年48万吨，市场保障能力达到100%；食用油加工和分装量可达到每年25万吨，市场保障能力达到100%。借助强大的粮食应急保障能力和宏观调控能力，西安粮食应急物流基地不仅设计成为西安市粮食应急调控中心，还立足陕西、辐射西部、面向全国，成为国家重要的粮食应急调控中心。

（三）西安粮食应急物流基地的项目运作

西安粮食应急物流基地集中和整合西安市范围内的优势资源和优势企业，统一规划，整体布局，共同参与建设，从而达到全面和共同发展的目标。按照这个思路，现有各类骨干粮食企业将作为投资主体，遵循自愿加入、风险共担、利益共享的原则，新组建一家股份制企业，作为基地项目的实施主体具体负责项目的建设和实施。项目建成后，各投资主体按照《公司法》和《公司章程》规定，组建和完善法人治理结构，股东依法享有投资分红和参与企业经营管理的权利，还可根据各自资源和管理优势，积极发展和开拓多种经营领域，延伸基地产业链，推动企业健康可持续发展。

考虑到资金实力、人力资源和行业管理经验等综合因素，拟采取在爱菊粮油工业集团现有基础上进行增资扩股的方式，来组建新企业，成为基地建设的实施主体。新企业将以原爱菊粮油工业集团为班底，吸纳大型国有和社会粮食企业加入，按照股份制原则成立新公司，并设立董事会和监事会，实行董事会领导下的总经理负责制。

五、西安国际港务区应急物流示范园区规划建设的几点启示

（一）应急物流园区规划建设要充分利用区位优势和交通优势

由于突发事件具有很强的不确定性，而应急物流资源总体上又是有限的，因此应急物流资源不可能均衡、充足地覆盖所有可能的需求区域。这就要求应急物流园区要企业一旦面对突发事件能够做到快速响应、应急保障，在最短时间内将应急物资投送转运到需要的地域，最大范围地覆盖可能的需求区域。因此，是否拥有良好的区位优势和交通优势，如何依托有利的基础设施条件实现快速反应，是应急物流园区建设需要重点关注的基本问题。

西安是新亚欧大陆桥的重要节点，东西两端衔接我国东部沿海地区以及欧洲等经济发达地区，中西部临近中亚和我国西北能源的核心。西安国际港务区位于西安东北部的灞渭三角洲，园区规划面积44.6平方公里，远期辐射控制区面积120平方公里。园区核心区距西安市新的行政中心5公里，距西安咸阳国际机场28公里，通往园区的西安绕城高速公路与京昆高速、连霍高速、陕沪高速、包茂高速等全国高速公路网紧

密相连，形成“米”字形高速公路网络。陇海铁路、郑西货运专线、郑西客运专线穿区而过。窑村机场位于国际港务区内，园区至西安咸阳国际机场建有直通高速。以铁路、公路和航空等多种运输组合发展的优势，承接沿海港口功能内移和内陆资源的集散，使国际海洋运输网与陆地运输网连为一体，是我国为数不多的几个具有公铁联运、海铁联运、航铁联运的中转物流基地之一，民用航空与军用航空相佐，具备建设与军事物流协作发展的应急物流条件。通过航空、铁路、公路等多种实体交通方式的组合，实现了园区便捷、高效的现代物流配送输运系统，为西安国际港务区发展应急物流提供了良好的条件。

（二）应急物流园区规划建设要有效发挥现代商贸物流产业集群优势

突发事件的发生毕竟不是常态化的，其应对又需要大量的资源，应急物流不可能维持在“常备”的水平上。这就要求，应急物流园区建设要尽可能依托社会物流资源和商业经济条件，通过有效的平急转换机制，实现对常态物流资源的动员调用。因此，是否拥有现代商贸物流产业集群优势，如何按照“平营急保”的模式实现对社会物流资源的整合利用并维持自身的保障能力，是应急物流园区建设需要重点考虑的现实问题。

西安国际港务区所在地西安市是全国重要的物资储备集散地，粮食、生活用品等应急物资筹措渠道畅通，来源便利。关中平原是我国北方重要的小麦和玉米产区，西安市是我国西北地区轻工业商品、粮食产品、医药、服装、建材等的集散地，拥有长乐服装批发市场、金花羊毛衫批发市场、西北小食品批发市场、华东服饰批发市场、义乌小商品批发市场、轻工小家电批发市场、胡家庙粮食蔬菜批发市场、万寿路药材批发市场、大明宫建材批发市场、朱宏路机电批发市场等，有效地发挥了集散功能，汇集全国各地的各类生活必需品和日用品。全国享有盛名的第四军医大学及其附属西京医院、交通大学医学院及其附属医院、陕西中医学院、大唐电信、杨森制药、利君药业、麦迪生、西安制药厂等众多制药企业，在应急医疗救助和药品供应保障、信息流动基站建设等有关方面，都能为应急物流做好相应的储备。西安地处我国西气东输、西煤东运、西电东输的要道上，也是我国西气东输重要的中转站，能源供给多源性使得西安成为各种能源的汇入地。西安北部有长庆、延长两大石油集团，西安和北部的渭北地区，本身就是我国重要的煤炭三角洲的外延，还有彬长、铜川、韩城为代表的渭北煤炭基地和丰富的油页岩资源。西安是我国通信中心之一和一类邮件转口局之一，是中国公用计算机网络（CHINANET）和中国多媒体信息网络西北五省网络核心中枢，拥有最大的互联网数据中心（IDC）网络传输线路，拥有光纤、数字微波、卫星、程控交换、数据与多媒体等多种通信手段，形成了覆盖全市城乡，连接全国和世界各地的现代化电信通信网络。西安国际港务区搭建起资源供应地与消费地之间的桥梁，也为港务区内应急物流园区的发展提供了充足的能源、原材料来源保障，确保应急物流活动有物可流、物畅其流。

（三）应急物流园区规划建设要积极寻求商业合作项目和依托基础条件

应急物流具有明显的公益性，相比一般行业来说盈利空间有待进一步拓展开发，通常情况下难以吸引商业机构的资金投入。这就要求政府要切实加强对社会物流资源的引导，通过项目牵引、政策优惠等有效措施，鼓励物流企业实体投入到应急物流项目建设中来。因此，是否具有良好的合作项目和依托基础，如何借助政府公益性投入实现项目落地，是应急物流园区建设需要重点把握的实际问题。

西安国际港务区由国际物流区、国内综合物流区、物流产业集群区等三大园区组成，是西部地区枢纽型国际陆地港口，也是西部地区乃至我国中部地区货物集散、产品配送、集装箱转运、物流加工等多功能一体的亚欧综合物流园。西安国际港务区先后与泰王国国家储备局、美国沃尔玛集团、青海盐湖集团等大型企业达成了合作性意向；与天津港、青岛港、新疆口岸等加强合作，开展区港联运。园区内建设有西安铁路集装箱货运中心站、西安综合保税区和西安公路码头等三大物流支撑平台，西安华南城、西北出版物物流基地、西北现代医药物流中心、新加坡讯通物流分拨基地等七个项目。这些项目共同形成西安国际港务区强大的物流资源，为西安国际港务区发展应急物流提供了强大的硬件设施和物资储备支持。

当然，西安国际港务区应急物流示范园区建设也存在一定的不足，主要是缺少可以利用的骨干和突击力量。众所周知，军队、武警等武装力量是应对突发事件的骨干和突击力量，具有强大的执行力和显著的组织优势。应急物流示范园区固然可以利用社会物流资源，但毋庸置疑的是，对于一些急难险重的任务，社会物流资源很有可能出现趋利避害的逃避行为。这种情况下，就需要军队、武警等武装力量发挥骨干和突击作用，有效应对极端复杂的恶劣环境，完成应急物流保障任务。

拓 展

案 例

所谓案例是指实际调查中发现的范例和标本，它是从客观发生的事件中提炼而来的。案例的英文对应词为case，也可译作“个案、个例、实例、事例”。案例是对一个特定事件的情景进行的客观描述，在事件情景中包含了一个或多个问题和矛盾，包含了解决问题的办法，通过事件情景的分析可以给人们以启迪。案例是社会及行为科学的基本研究工具之一，用来“解剖麻雀”、发现典型问题、归纳普遍规律的案例即称为研究案例。就案例本身而言，个案特色突出，呈现的问题带有一定的普遍性，解决问题的经验和技巧方法有可推广交流的价值。在实际调研中，所有的事件都是案例，但并不是每一个事件都能成为具有指导意义的典型案例，这就是案例与典型案例的本质区别。

（一）典型案例的特点

典型案例所具有的交流、借鉴意义，关键在于个案特色突出，尤其在事件发生、事件性质、事件复杂程度等方面独具特色。所以，典型案例具有以下特点：

一是事件本身具有一定的典型性。所谓典型性是指事件的内容、事件的性质、事件发生的时间地点、事件的影响、涉及的对象、解决方法、问题的思考和分析等方面具有代表性和借鉴价值。

二是案例分析恰如其分，针对性强。典型案例的分析必须是对事件中发现和存在的问题深入剖析，并有一定深度，关键是通过这种事后的分析，为此后类似问题的解决提供帮助和借鉴，避免类似情况的发生和出现。

总之，一篇成功的典型案例“贵在典型，重在（案例）过程，关键在分析”。[①]

（二）典型案例的编写

典型案例是了解社会、认知社会的有效途径。一篇好的典型案例能全面反映出对问题的认识深度、力度和水平，具有较强的借鉴和指导作用。在编写典型案例时，要注意以下几个方面：

1. 典型案例应具备三个要素

一是典型性。能反映事件发生的特定的社会背景，能隐含普遍存在、大家关心、比较重要的问题，能体现问题的深刻性，有无穷的回味，有实用的价值。二是事例要生动。要具体、生动，要包括一些冲突。问题和矛盾冲突作为编写案例的核心内容，没有问题、没有矛盾冲突就没有案例。三是寓意要明确。典型案例能够启发大家思考，能够让人们看出案例揭示的某些规律和本质，对实际有指导作用。

2. 要突出“典型”“案例”“分析”

一是注重典型。要善于从调查中准确地选择出有典型意义和普遍意义，具有代表性、可交流性和个案特征的事件。要正确选定主题，针对实际问题选题，要有明确的目的性，为解决实际问题而编写案例，而不是不加分析地任意选择和随意确定。二是案例要客观、真实反映事件发生发展的全过程。在撰写案例时要注意三点：第一，内容要充分完整，结构要清晰合理。这是撰写典型案例最基本的要求。第二，对案例描

---

① 许鹿．浅谈典型案例分析与写作［Z/OL］．（2011－09－23）［2017－10－17］．贵州大学经济学院，http：//econ. gzu. edu. cn/s/67/t/597/3c/79/info/5481. htm.

述要客观真实、具体明确。典型案例重在客观真实地反映时间内的过程和事件的来龙去脉，基本事实来自事件本身，在情节上不得虚构，但对过程的描述应尊重客观事实，要把事实作为编写案例的依据，保持事件原貌，非重要的情节可以省略和掩饰，基本情节必须真实可信，无须夹杂强烈浓厚的文学修饰。第三，要有可读性。案例不是干巴巴的说教，引人入胜的情节是编写案例的必要内容，既要突出过程，又要注重情节，要有富有情趣的故事，要有人物、有时间、有事情、有活动，以增强案例的人文情节，使之更有吸引力和影响力，让人们身临其境进入角色，切忌笼统、抽象和概括说明。案例三要素是对典型案例内容的原则性要求，也是一种规范化内容，但规范化并不等于僵化、教条，对案例内容的简单罗列，或生搬硬套，照葫芦画瓢。只能使典型案例黯然失色，没有了特色，也就不具有可读性，更无任何借鉴意义。三是案例分析要透过现象，抓住本质。要善于剥开事件繁杂的表层现象，深入寻求实质性的东西。对事件过程要进行去粗取精、由此及彼、由表及里的分析，真正找出问题所在。案例分析是典型案例的“画龙点睛”之处，它的作用和意义是深远的，能发人深思，给人以启示。

3. 注意写作方法和技巧

俗话讲“文无定式”。这主要是指写文章的思路、方法、技巧、程式等方面并没有固定的格式。所以典型案例的写作要破除三段式、八股文，讲求写作形式上的多样化，尽量做到开门见山、文风质朴、文字流畅，切记不能搞“文学创作”。

4. 注意挖掘，善于分析总结

在调研中，案例能成为有普遍指导意义上的典型案例，离不开调查者认真细致地对案例不断地发现、挖掘并加以分析总结和完善。在案例分析的基础上，深入细致地进行分析，运用相关学科基本原理，揭示主题，找出论据，支持自己提出的观点和建议，力求提出解决具体问题的措施。

实训作业之七

课程论文修改

在完成课程论文初稿的基础上进行修改完善。

（一）作业要求

（1）通观全文，认真提炼升华课程论文的创新点，思考创新点是否存在，是否充分表达了创新观点。

（2）站在整篇论文的全局，对论文的谋篇布局、间架结构、逻辑关系、论述顺序、衔接过渡、篇幅大小等，进行全面审视调整。

（3）逐字逐句审读论文，认真揣摩每个小标题之下的文字说明与观点是否相符、每句话前后文之间的逻辑关系是否顺畅；认真审视每一个字词和标点符号，检查是否符合基本的用法规范、是否有错别字等硬伤；认真检查文献著录格式、段落格式、文字段落间距等是否符合规范。

（4）与有关同学交换论文，或邀请其他人阅读论文，请他们提出意见建议，换个角度审视论文。

（二）作业辅导

论文的修改，首先要立足全篇，通观全局，检查全文的基本内容是否真正深刻地反映了自己的研究成果，中心论点和分论点的逻辑关系是否严密，总体结构是否完整均衡，论述顺序是否符合人们认识问题的规律。然后再考虑局部问题，重点检查对各个分论点是否提供了充分的论据和进行了合乎逻辑的论证，观点与材料是否统一，内容和形式是否一致，等等。最后再检查数据是否准确，说明是否清楚，概念是否正确，用词是否考究，读者能不能理解，会不会产生歧义，有没有错字、别字，标点符号用得是否合适，等等，并一一加以改正。如果一开始就推敲小的问题而抛开主题、材料、结构等大的问题，就难免事倍功半，甚至白费工夫。

1. 论文修改的重点

（1）改主题。

主题是论文的灵魂，关系到观点、资料等多方面的取舍。所以，修改论文首先要认真考虑主题。如果要变动主题，那就不是修改的问题，而是重写了。只有在保留主题的前提下才能考虑论文修改问题。在确定主题不变时，应进一步对主题进行挖掘，尽可能把主题提炼得更加鲜明、深刻。

（2）改内容。

思想内容的修改是论文修改的重中之重。只有通过思想内容的修改，才能使论文的主题更正确、更深刻、更有说服力，论文质量才能有实质性提高。从大的方面讲，思想内容的修改，要着重考虑论点是否齐备、鲜明、新颖，有没有错误，有没有片面性、绝对化的毛病，有没有不够稳妥的地方；论据是否真实、充分、恰当；论证手段是否正确，推理是否严密，分析是否合理。具体地说：一是论点（包括题目）是否正确，是否站得住脚，是否有新意，是否表达清楚了。对错误的论点、模糊不清的思想，要纠正澄清，凡是与法规政策相抵触的要调整，文不对题的要改正；凡是脱离实际，言过其辞，旧话空话假话套话，生搬硬套，无实际内容的都要修改。二是重要提法是否有片面之处，是否有故作惊人之笔，实为随波逐流之笔或极端之言，或人云亦云而并非新意。三是验证引用的资料是否确凿、有力，能否相互配合说明主题，论证是否合乎逻辑。四是看内容是否简练、明了。要相信读者的理解力，凡引用众所周知的史料和理论观点，点到即可，不必详述。要把那些可有可无的段落、内容去掉。开场白不要太长，开门见山为好；结尾也不能没完没了，讲完了就完了，切不可节外生枝，非要真讲几句。

（3）改形式。

主要是看结构是否严谨，层次是否清楚，段落划分是否合适，开头、结尾、过渡、照应如何，全文是否构成一个完整严密的整体。对叙事说理不清、详略处理不当、句段联系不紧的地方，要认真修改。

（4）改语言。

修改论文的语言，应当着重从以下几方面进行：一是改正不当的用词，做到用词准确，文字通顺，语句明白；二是改正句法错误，包括改正结构残缺、混乱的病句等，做到按句法要求造句，能正确表达原意；三是尽量删去不必要的字、词、句、段，力求用尽可能少的文字表达尽可能丰富的思想，使论文言简意赅。除此之外，还要认真检查行文格式、文字、标点符号、代号、图表是否有差错。

2. 论文修改的方法

修改论文是一项艰苦的工作，是对自我的超越，需要有自我否定的学术勇气、严谨求实的科学精神、精益求精的治学态度和锲而不舍的坚韧毅力。某种意义上来说，其难度不亚于论文的写作。

（1）跳出来改。

跳出来改，就是在初稿完成后，放上一段时间，对主要的论点、论据和论证等内容产生了“遗忘”，思路从写作时的定式中“跳出来”之后，再进行修改。因为人脑的思维具有滞后性，较长一段时间思考某一问题后，由于思维的定向运动，形成固定思路，难以发现初稿中的问题，也难以判断论文写作的得失、成功。只有把稿子搁上一段时间，等作者头脑冷静了，原来的偏爱或成见也淡薄了，重读初稿时才易于摆脱原有固定思路的束缚。特别是作者经过阅读有关资料和思索有关问题，产生新的感受、新的认识后，再看初稿就容易发现不完善、不妥当之处，就容易删除多余，增补不足，完美表达，使论文质量有新的提高。

（2）钻进去改。

钻进去改，就是论文初稿完成后，逐字逐句仔细审读，发现问题，然后修改的方法。论文中的一些问题，诸如语句不通、衔接不紧、缺词漏字，以及语言表达方面的毛病，光看不容易发现。但只要逐字逐句地审读，就能比较容易地找到问题所在，甚至有时仅凭“语感”也能发现不妥之处。还可以全文诵读，通过诵读，句子不连贯，语言不流畅，读起来不上口、不入耳的地方，便可以得到修改校正。

（3）借外力改。

借外力改，就是待初稿完成后，请他人帮助修改。俗话说，当局者迷，旁观者清。

自己写的论文，总觉得“无一非佳”“无语不妙”，往往看不出毛病来。把论文拿给别人（特别是本专业领域的专家学者，甚至外专业的专家学者）看，虚心求教，可以得到更加客观、全面的评价，发现自己难以发现的问题，得到中肯的意见和建议。这就首先要求作者不要怕亮丑，不要怕揭短，不要怕听刺激性的话，要能客观冷静地听取各种意见。别人提的意见，有的可能是具体的修改意见，有的可能只是某种感觉，比如哪个问题没有说清楚、哪两个部分有些重复、哪个缺乏新意等。因此，听取意见只能为修改文章提供一些借鉴，不能代替自己对文章的修改。作者必须进一步消化、分析、比较，摒弃自己的成见，吸收他人的真知灼见，才能把论文修改到比较理想的水平。

值得一提的是，在邀请专家时，应当注意把握其特点和长处：有的专家擅长战略思考，站位高、看得远，能够准确把握重大现实问题、热点问题；有的专家思路缜密，能够在篇章结构、逻辑关系等方面发现哪怕是微妙的问题；有的专家长于文字，能够纠正论文中的语病谬误；有的专家较为激进，有的专家较为保守；有的专家文风活泼，有的专家又比较严谨刻板。因此，需要根据论文的具体情况，相应地选择恰当的专家。

第八讲 应急物流系统工程

导语

要注重定性研究与定量研究相结合

马克思指出，一门科学只有成功地运用数学时，才称得上达到完善的地步。理论创新的实现，在很大程度上取决于研究方法的先进。学术研究要坚持定性分析与定量分析相结合。定性分析与定量分析各有优长，由于其使用的具体方法不同，它们适用的范围和对象也不相同。实践活动的复杂性和单一研究方法的局限性，要求学术研究必须要综合运用定性分析与定量分析两种方法，实现理论分析和数据论证、逻辑推理和数理推理、经验判断和实证研究的统一。

定量分析是指对客观事物的具体环节、步骤，进行一定的量化，采用数学模型进行数量指标的分析，从而得出结果的方法。一般意义的定量分析，是一个自然学科的范畴，是为了对特定研究对象总体的量进行统计从而得出结果而进行的。定量分析具有探索性、诊断性和预测性等特点，有助于我们了解问题、分析问题，进一步摸清情况得出新的认识。

但是社会系统中还存在着众多无法量化的相互交叉、相互影响的社会因素，对这些因素的分析只能依靠人的经验和判断力进行定性分析。客观存在的一切事物，都有自身的质。定性就是确定事物的性质，也就是分清事物的质。定性分析方法，就是通过对事物质的分析和研究，达到深刻地认识事物，做到主观与客观相一致，进而有效地改造世界的方法。质是一个事物区别于其他事物的内在规定性，所以进行定性分析，是我们认识事物的基础、开展工作的起点、解决问题的前提。因此，正确认识和把握事物的质、区分事物的性质、划清各种事物之间的原则界限，对于创新发展具有重要意义。

定性与定量是辩证的、互补的，没有定性就没有定量，反之也是如此。在学术研究中，它们各有各的认识作用和局限性，不能把它们简单化、绝对化，也不能把它们割裂开。应做到“定性分析定量化”和“定量分析定性化”，使两种不同的分析方法优势互补。应明确定性分析是定量分析的基础，定量分析是定性分析的量化和具体化，遵循“定性—定量—定性”的分析思路，这两者有机结合才能取得满意的分析结果。

应急物流系统工程是指从应急物流系统的整体效率效益出发，把物流与信息流融为一体，运用系统工程的理论和方法，为应急物流系统的规划、管理和控制选择最优方案。应急物流系统工程运用系统观点、数字方法、计算机技术和其他科学技术，解决应急物流系统的规划、计划、预测、分析和评价问题，可以有效实现应急物流系统最优控制、最优设计和最优管理问题。考察突发事件应急物流的全流程，主要有需求预测、库点选址、路径优化、库存控制等四个主要内容。

一、应急物流需求预测

需求一般是指由于需要而产生的要求，体现为对某种事物的欲望或要求，是一个在经济、政治、军事、科技和文化等各领域广泛使用的概念[①]。古人云“凡事预则立，不预则废”，预测是决策的依据。应急物流具有不确定性、非常规性等特点，科学预测应急物资的需求，可有效满足应急物资供应保障需要，对于突发事件应对具有重要的现实意义。

（一）需求预测的原理

掌握预测的基本原理，可以建立正确的思维程序。对于预测人员开拓思路、合理选择和灵活运用预测方法，都是十分必要的。

1. 惯性原理

惯性原理也称为连贯的原则。客观事物的发展变化过程常常表现出它的延续性，通常称这种表现为“惯性现象”。客观事物运动的惯性大小，取决于本身的动力和外界因素制约的程度。例如，一项新技术的应用前景，固然取决于其技术性能，但工业部门和企业的需求，以及其他技术的替代作用，也能起到激发或限制的作用。

研究对象的惯性越大，说明延续性越强，越不易受外界因素的干扰而改变本身的运动倾向。例如，属于生产资料的产品，一般对其品种、质量、产量的需求比较稳定，影响生产资料市场的主要因素（国家投资、用户需求等）变动比较缓慢，因而表现出来的惯性较大。属于消费资料的产品，则由于购买者的爱好、兴趣的差异较大且容易改变，因而对规格、品种和价格的要求变动较大，所以表现出来的惯性较小。尤其是流行商品的市场需求变化纷繁，则惯性更小。

根据惯性原理，由研究对象的过去和现在状态向未来延续，从而预测其未来状态。惯性原理是趋势外推预测方法的理论依据。

---

① 罗军，游宁．军事需求研究［M］．北京：国防大学出版社，2011：1.

2. 类推原理

类推原理也称为类推的原则。由于许多特性相近的客观事物，它们的变化有相似之处。因此，人们通过类推预测寻找类似事物。通过分析类似事物相互联系的规律，根据已知的某事物的变化特征，推断具有近似特性的预测对象的未来状态，这就是所谓的类推预测。

类推预测可分为定性类推和定量类推。在缺乏数据资料的情况下，类似事物的相互联系只能作定性处理。这种预测就称为定性类推预测。例如，由金属成型工艺类推预测塑料成型工艺的发展；由鸟的翅膀的几何形状类推预测飞机机翼的变化等。定量类推需要一定的数据资料。已知事物是先导事物，根据先导事物（或称先导事件）的数据变动情况，建立先导事件与迟发事件（预测对象）的数量联系，进行预测。例如，根据甲国达到一定国民生产总值时的能源消耗量，研究乙国的经济结构与经济水平，建立数学模型，进而类推预测乙国达到同一国民生产总值时的能源消耗量。又如，根据军用飞机的最大飞行速度，预测民航客机的最大飞行速度等。

3. 相关原理

任何事物的变化都不是孤立的，而是在与其他事物的相互影响下发展的。事物之间的相互影响常常表现为因果（原因与结果）关系。例如，耐用消费品的销售量与人均收入水平密切相关，与社会人口结构也有关。深入分析研究对象与相关事物的依存关系和影响程度，是揭示它的变化特征和规律的有效途径，同时也可用以预测其未来状态。

从时间关系来看，相关事物的联系分同步相关和不同步相关两类。先导事件与预测事件的关系表现为不同步相关。例如，基本建设投资额与经济发展速度有关。又如，利息率的提高将会明显地导致新住宅建筑的衰落。因而，根据先导事件的信息，可以有效地估计不同步相关的预测事件的状态。同步相关的典型事例是，冷饮食品的销售量与气候变化有关；服装的销售与季节的变化有关。它们之间的相互影响即时可见。

相关原理有助于指导预测者深入研究预测对象与相关事物的关系，有助于预测者对预测对象所处的环境进行全面分析。相关原理是因果型预测方法的理论基础。

4. 概率判断原理

预测对象受到社会、经济、科技等各类因素的影响使其未来状态带有不确定性（或称为随机性）。影响的因素越多，关系越复杂，预测对象的未来状态就越难估计。

预测对象的未来状态如何，实际上是一个随机事件。因此，可以用概率来表示这一事件发生的可能性大小。在预测中，常采用概率论和数理统计方法求出随机事件出现各种状态的概率，然后根据概率判断准则去推测预测对象的未来状态。根据小概率事件判断准则，若某项预测结果是小概率事件（一般认为其发生的概率小于5%），则推断这种结果不可能发生；反之，若其概率很大，则认为预测结论是成立的。

需求预测的基本原理是人们经过长期研究和实践总结出来的。在实际预测工作中，人们以上述原理指导预测分析，并加以综合应用。在预测的基本原理的基础上，人们创造了种类繁多的预测方法，在各个领域中加以运用。当然，世界上没有一成不变的事物。预测对象的发展不可能是过去状态的简单延续，预测的事件也不会是已知的类似事件的机械再现。相似不等于相同。因此，在预测过程中，还应对客观情况进行具体细致的分析，以求提高预测结果的准确程度。

（二）需求预测的步骤

预测，并非只是做出预计推测那一瞬间的行动，而应看作一个过程。一般地说，预测过程包括以下几个步骤：

1. 根据预测的任务确定预测的目标

具体地说，就是按计划、决策的需要，确定预测对象、规定预测的时间期限和希望预测结果达到的精确度等。

2. 收集和分析有关资料和情报

资料和情报是预测的基础，可以从中分析得到反映预测对象特性和变动倾向的信息。原始资料必须经过加工整理，以便去伪存真，去粗取精。对资料和情报的一般要求是要准确、及时、完整和精简实用。

3. 选择预测方法并进行预测

预测者经分析研究了解预测对象的特性，同时根据各种预测方法的适用条件和性能，选择出合适的预测方法。预测方法是否选用得当，将直接影响预测的精确度和可靠性。运用预测方法的核心，是建立描述、概括研究对象特征和变化规律的模型。定性预测的模型是指逻辑推理的程式。定量预测的模型通常是以数学关系式表示的数学模型。根据预测模型，输入有关资料、数据，即可得到预测结果。

4. 分析评价

分析评价就是对已有的预测结果的准确性和可靠性进行验证。由于预测结果受到资料的质量、预测人员的分析判断能力、预测方法本身的局限性等因素的影响，因此预测结果会有一定的误差。此外，各种影响预测对象的外部因素在预测期限内也可能出现新的变化。因而要分析各种影响预测精确度的因素，研究这些因素的影响程度和范围，进而估计预测误差的大小，评价原来预测的结果。在分析评价的基础上，通常还要对原来的预测值进行修正，得到最终的预测结果。

5. 提交预测报告

预测报告应概括预测研究的主要活动过程，列出预测目标、预测对象及有关因素的分析结论，主要资料和数据、预测方法的选择和模型的建立，以及模型预测值的评价和修正等内容。预测报告完成后可提交上级有关部门，作为编制计划、制定决策和拟定策略的依据。

总体上，预测过程可分为准备、实施、验证和交付决策等四个阶段。其具体程序如图 8－1 所示。

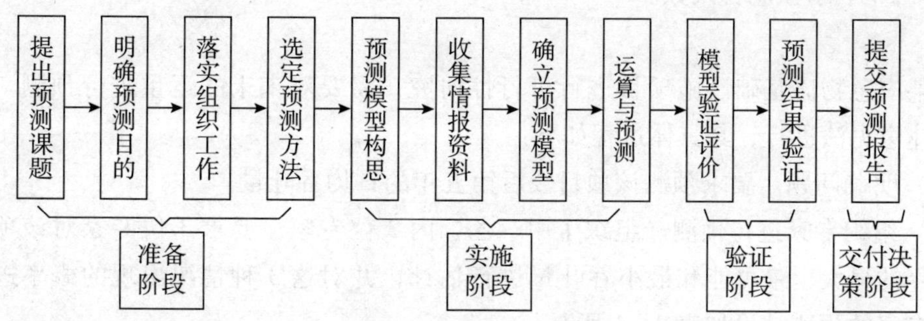

图 8－1 需求预测程序

（三）需求预测的方法

需求预测可使用的方法很多。如定性预测法、时间序列预测法、因果关系预测法以及组合预测法等。相对而言，每一类方法对长期和短期预测的准确性不同，预测方法所使用的历史数据、专家意见或调查问卷等逻辑基础不同，定量分析的复杂程度也不同。

1. 定性预测法

定性预测是预测者根据自己掌握的实际情况、实践经验、专业水平，对事物态势发展前景的性质、方向和程度做出的判断。定性预测的特点是方法简便易行、需要的数据少，但易受主观因素影响。对于难以用数字描述或无法进行定量分析的问题，定性预测是一种行之有效的预测方法。定性预测的主要目的不在数量估计，而在于趋势判断。具有主观性、判断性，主要基于估计与评价。使用专家的意见和特殊的信息预测未来，定性技术可以考虑过去也可以不考虑过去。常用的定性预测法有头脑风暴法、德尔菲（Delphi）法、集体意见法和对比类推法。其中，集体意见法是一种常用的定性预测法。

集体意见法是把预测者的个人预测通过加权平均而汇集成集体预测的方法，其程序如下。

（1）要求每一位预测者就预测结果的最高限、最低限和最可能的值加以判断，并对这 3 种情况出现的概率进行估计。例如，第 i 位预测者得出的预测结果如下：最高限为 F_{1i}，其出现的概率为 P_{1i}；最可能的值为 F_{2i}，其出现的概率为 P_{2i}；最低限为 F_{3i}，其出现的概率为 P_{3i}。

（2）根据预测者对预测结果最高值、最可能值和最低值的估计，以及对 3 种情况出现概率的估计，计算每一位预测者的意见平均值 F_i，其计算公式为：

$$F_i = \sum_{j=1}^{3} F_{ji} P_{ji} \tag{8-1}$$

式中，i 表示预测者人数。

例：

对某应急物流基础设施项目进行可行性研究，需要对未来的运量进行预测。预测采用集体意见法进行，其具体过程如下：

（1）明确问题。要求预测该项目今后第五年的日均吞吐量。

（2）组织专家进行预测。组织了甲、乙、丙 3 位专家，要求 3 位专家对该项目今后第五年的最大、最可能和最小吞吐量进行估计，并对这 3 种情况出现的概率进行估计。设专家的预测结果如表 8-1 所示。

表 8-1　专家预测结果

专家	预测值类别	预测值	估计该情况出现的概率
甲	最大量	200	0.3
	最可能量	140	0.5
	最小量	80	0.2
乙	最大量	240	0.2
	最可能量	180	0.6
	最小量	120	0.2
丙	最大量	180	0.2
	最可能量	120	0.5
	最小量	60	0.3

（3）计算最终预测结果。首先要分别给 3 位专家的预测值赋一个权重，设甲、乙、丙 3 位专家的预测值的权重分别为 0.4、0.3 和 0.3。

则 3 位专家最终的集体意见为：

$146 \times 0.4 + 180 \times 0.3 + 114 \times 0.3 \approx 147$

这也是最终的预测结果。

定性预测法最适合的预测期是中期到长期。将所预测的对象与类似的项目相联系。利用类似项目的历史数据进行预测，这在设计开发新项目时很重要。

2. 时间序列预测法

时间序列又称时间数列，是指观测或记录到的一组按时间顺序排列的数据，如某段时间内某种物资消耗量按时间顺序的统计数据。由于时间序列包含了预测对象在一定时期内的发展变化过程，因而可以从时间序列分析入手，寻找出预测对象的变化特征及变化趋势，并通过适当的模型形式和模型参数建立预测模型，运用惯性原理进行趋势外推预测。时间序列预测法就是通过编制和分析时间序列，根据时间序列所反映出来的发展过程、方向和趋势进行类推或延伸，借以预测下一段时间或以后若干年内可能达到的水平。时间序列预测法结构简单，便于掌握和计算，且能够充分利用原时间序列的各项数据，但准确程度不高，且不能够向外延伸进行外推预测，只适用于进行短期的物流预测。时间序列预测法是假定未来的变化类似于过去的变化，这意味着现有的需求模式将继续到未来。从短期看，这种假定往往相当正确。但是，除非需求模式相当稳定，否则，预测并非都能产生出精确的结果。当增长率或趋势值变化很大时，需求模式就会出现拐点（turning point）。因为时间序列使用历史的需求模式和数据点的加权平均数，所以它们一般对拐点不敏感。结果，可能出现拐点的时候，就必须结合其他的方法。

常用的时间序列预测方法有移动平均预测法和指数平滑预测法。

（1）移动平均预测法。

移动平均预测法是从计算平均值的基础上演化出来的方法。移动平均预测法是根据时间序列资料逐项推移，依次计算包含一定项数的时序平均数以反映长期趋势的方法。当时间序列的数值由于受周期变动和不规则变动的影响，起伏较大，不易显示出发展趋势时，可用移动平均法消除这些因素的影响来分析、预测序列的长期趋势。

以一次移动平均值法为例。其方法是对原时间序列按一定的时间跨度逐项移动，计算一系列的时间序列平均值，形成一个新的时间序列，以消除短期的、偶然的因素引起的变动，显现出长期趋势。在移动平均值的计算中包括的过去观察值的实际个数，必须从一开始就明确规定。每出现一个新观察值，就要从移动平均中减去一个最早观察值，再加上一个最新观察值计算移动平均值，这一新的移动平均值就作为下一期的预测值。因而移动平均从数列中所取数据点数一直不变，只是包括最新的观察值。

对于一个时间序列 $x_1, x_2, \cdots, x_n$，可以计算出其平均值：

$$\bar{x} = \frac{1}{n}\sum_{i}^{n} x_i \tag{8-2}$$

当用平均值 $\bar{x}$ 表示预测的结果时，由于没有考虑到时间序列数据的波动性，不能达到对系统预测的目的。因此，在实际应用中，一般采用移动平均的方法对时间序列进行平滑处理，在平滑后的时间序列基础上对系统进行预测。

设时间序列为 $x_1, x_2, \cdots, x_n$，其移动平均后的时间序列为 $y_1, y_2, \cdots, y_m$，则：

$$y_i = \frac{1}{k}\sum_{j=i}^{k+1} x_j, i + m \leqslant n \tag{8-3}$$

式中：

$$y_i = \frac{1}{k}\left(\sum_{j=i}^{n} x_j + \sum_{j=1}^{k-(n-i)-1} y_j\right), i \leqslant n \leqslant i+m$$

$$y_i = \frac{1}{k}\sum_{j=i-k}^{i-1} y_j, i \geqslant n$$

例：

某应急物资在过去 10 天消耗量统计如表 8－2 所示，试用移动平均预测法预测第 11 天的消耗量。分别取 $n=3$ 和 $n=4$ 计算，并进行比较。

表 8－2　　某应急物资过去 10 天消耗量统计

时间（天）	1	2	3	4	5	6	7	8	9	10
消耗量（件）	223	260	258	242	330	320	405	420	502	360

分别取 $n=3$ 和 $n=4$ 计算，用式（8－2）计算各天的平均值，并与实际进行比较，求出各期预测值的绝对误差值和平均绝对误差值。其结果列于表 8－3。

表 8－3　　移动平均预测法预测结果

时间（天）	实际消耗量（件）	预测值（y_i）		绝对误差值 $\lvert x_i - \widehat{F}_i \rvert$	
		$n=3$	$n=4$	$n=3$	$n=4$
1	223	—	—	—	—
2	260	—	—	—	—
3	258	—	—	—	—
4	242	247	—	5	—
5	330	253	246	77	84
6	320	277	273	43	48
7	405	297	288	108	118
8	420	352	324	68	96
9	502	382	369	120	133
10	360	442	412	82	52
11	—	427	422	—	—
平均绝对误差				72	88

其预测曲线如图 8－2 所示。由移动平均计算后所得出的新数列，其数据起伏波动的范围变小了，异常大和异常小的数据值被修匀了，从而异常数据对移动平均值的影响不大。因此，移动平均预测法有较好的抗干扰能力，可以在一定程度上描述时间序

列变化的趋势。

移动平均预测法对时间序列中数据变化的反应速度及对干扰的修匀能力取决于 n 的值，随着 n 的减小，移动平均对时间序列数据变化的反应敏感性增加，但修匀能力下降；而 n 增大，移动平均对时间序列数据变化的反应敏感性减小，但对时间序列的修匀能力却上升。所以移动平均预测法的修匀能力与时间序列数据变化的敏感性是矛盾的，两者不可兼得。因此在确定 n 的时候，一定要根据时间序列的特点来确定。

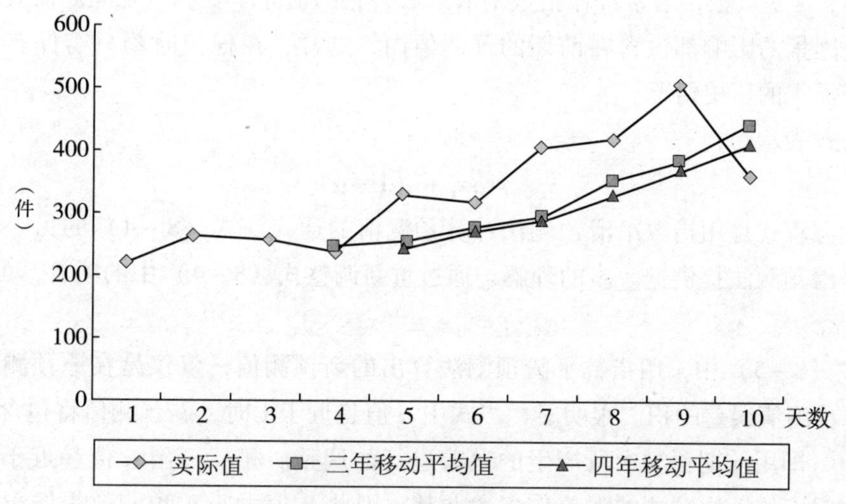

图 8－2　某应急物资 1～10 天消耗量实际值及预测值

一般的选择原则是：①要由所需处理的时间序列的数据点的多少而定，数据点多，n 可以取值大一些。②要由已有的时间序列的趋势而定，趋势平稳并基本保持水平状态的，n 可以取值大一些。③趋势平稳并保持阶梯性或周期性增长的，n 应该取值小一些；趋势不稳并有脉冲式增减的，n 应取值大一些。

在使用时，一个有效的方法是取几个 n 值进行试算，比较它们的预测误差，从中选择最优的。

例如，在上例中要预测第 11 天的消耗量，究竟应取 $n=3$，还是 $n=4$，可以通过计算平均绝对误差来选择。从表 8－2 可知，$n=3$ 时平均绝对误差较小，因此取 $n=3$，第 11 天消耗量的预测值为 427 件。

移动平均预测法只适合做近期预测，即只能对后续相邻的那一项进行预测。它一般适用于预测对象的发展趋势变化不大的情形。如果预测对象的发展趋势存在其他复杂的变化，采用移动平均预测法就会产生较大的预测偏差。

（2）指数平滑预测法。

指数平滑预测法是短期预测中的一种有效方法。该方法很简单，只需要得到很小的数据量就可以连续使用。指数平滑预测法在同类预测法中被认为是最精确的，当预测数据发生根本性变化时还可以进行自我调整。指数平滑预测法是移动平均预测法的一种，只是会给过去的观测值不一样的权重，较近期观测值的权数比较远期观测值的权数要大。

这种几何权数法可以用简单的表达式表示，表达式中只涉及最近期的预测和当期的实际需求。这样，下一期的预测需求就为：

下一期预测值≈α（实际需求值）+（1-α）（前期的预测值）

其中，α是权数，通常称作指数平滑系数，它的值介于0和1之间。需要注意的是所有历史因素的影响都包含在前期的预测值内，这样，在任何时刻只需保有一个数字就代表了需求的历史情况。

用公式表示为：

$$s_{t+1} = \alpha x_t + (1-\alpha) s_t \tag{8-4}$$

上述方程式是用指数平滑预测法计算预测值的通式。式（8-4）的另一种写法可给指数平滑预测法提供进一步的理解。通过重新调整式（8-4）中的项目，可得：

$$s_{t+1} = s_t + \alpha (x_t - s_t) \tag{8-5}$$

在式（8-5）中，用指数平滑预测法算出的新预测值，仅仅是在原预测值上加上α乘以原预测值误差的积。很明显，当式中α值趋近于1时，新预测值将包含一个相当大的调整，即用前期预测中所产生的误差进行的调整。相反，当α值趋近于0时，新预测值就没有用前次预测的误差作多大调整。因此α值大小对预测效果的影响与在计算移动平均数时包括观察值多少对预测效果的影响相同。确定α值大小的有效方法就是计算不同α值时的预测误差。

α的选择，直接影响过去各期观察值的作用。当α值取值较大时，对时间序列的修匀程度较小，平滑后序列能够比较快地反映出序列的变化情况。因此适用于变化较大的时间序列，以便很快地跟上其变化。

当α值取值较小时，对时间序列的修匀程度较大，平滑后序列对原序列的变化反应较迟钝。因此适用于变化较小较平稳的时间序列。

实际应用中，α的值需要通过比较才能确定。从理论上讲，α的值取0~1之间的任意值均可以，选择的原则应是预测误差最小。根据经验，有以下几条准则可供参考。

①长期趋势稳定。如果时间序列有不规则变动，但长期趋势接近一稳定常数，α值可以取值较小，一般在0.02~0.05之间为宜，以使各期的观察值在指数平滑计算中有较接近的权数。

②趋势变动大。如果时间序列具有较迅速和较明显的趋势变动，α值可以取值大一些，一般在0.3~0.5之间为宜，以使近期观察值在指数平滑值的计算中有较大的作用，从而使近期的变动趋势在预测值中充分反映出来。

③趋势变动小。如果时间序列的变化很小，α值可以取值小一些。一般在0.1~

0.4 之间为宜，以使早期的观察值在指数平滑值的计算中也能充分发挥作用。

根据经验，对于使用的指数平滑预测法进行预测的时间序列通常可在 0.05 ~ 0.5 之间选择一个较为理想的值。

用一次指数平滑预测法进行预测，除了选择合适的 α 值外，还要确定初始值 $S_0^{(1)}$。初始值是由预测者估计或指定的。当时间序列的数据较多，比如在 20 个以上时，初始值对以后的预测值影响很少，可选用第一期数据为初始值。如果时间序列的数据较少，在 20 个以下时，初始值对以后预测值影响很大，这时就必须认真研究如何正确确定初始值。一般以最初几期实际值的平均值作为初始值。

例：

对上例中的数据运用一次指数平滑法预测，分别取 $\alpha=0.9$ 和 $\alpha=0.1$，初始值 $S_0^{(1)}=(223+260+258)/3=247$，按照公式计算各期的预测值，计算结果如表8－4 所示。

表 8－4　　一次指数平滑法预测结果

天数	实际消耗量（件）	预测值（y_i）		绝对误差值 $\lvert x_i-\widehat{F}_i\rvert$	
		$\alpha=0.9$	$\alpha=0.1$	$\alpha=0.9$	$\alpha=0.1$
1	223	247.00	247.00	24.00	24.00
2	260	244.60	225.40	15.40	34.60
3	258	247.68	232.32	10.32	25.68
4	242	249.74	237.46	7.74	4.54
5	330	248.20	238.36	81.80	91.64
6	320	264.56	256.69	55.44	63.31
7	405	275.64	269.35	129.36	135.65
8	420	301.52	296.48	118.48	123.52
9	502	325.21	321.19	176.79	180.81
10	360	360.57	357.35	0.57	2.65
11	—	360.46	357.88		
平均绝对误差				61.99	68.64

由表 8－4 可知，由于 $\alpha=0.9$ 时的平均绝对误差较小，因此取 $\alpha=0.9$ 时的预测结果较好。从而预测得到第 11 天的消耗量为 360.46 件。

例：

根据表 8－5 给出的第 1 到 11 天某类应急物资需求量的观察值，分别取 $\alpha=0.1$、0.5、0.9，预测第 12 天该类物资需求量，并对不同的 α 值进行误差比较。

表 8－5　用指数平滑法预测第 12 天某类应急物资需求量

月份	需求量的观察值	指数平滑值		
		$\alpha=0.1$	$\alpha=0.5$	$\alpha=0.9$
1	2000			
2	1350	2000	2000	2000
3	1950	1935	1675	1415
4	1975	1937	1813	1897
5	3100	1940	1894	1967
6	1750	2056	2497	2987
7	1550	2026	2123	1874
8	1300	1978	1837	1582
9	2200	1910	1568	1328
10	2775	1939	1884	2113
11	2350	2023	2330	2709
12		2056	2340	2386

表 8－6　指数平滑法预测误差比较

		误差	绝对误差	误差平方
$\alpha=0.1$	总	551	4771	3431255
	平均	55	477	343126
$\alpha=0.5$	总	674	5688	4338332
	平均	67	569	433833
$\alpha=0.9$	总	－423	6127	5034081
	平均	－42	613	503408

表 8－6 表明 α 值为 0.1、0.5 和 0.9 时所计算出来的预测值。表中后三栏可用式（8－4）或式（8－5）来进行计算。只需注意，第一个时期没有前期预测值可以利用，最好能利用观察值。因此，1935 这个数，在 $\alpha=0.1$ 这栏是用 2000（前期预测值）再加上 0.1α（1350－2000）来得到的。然后把这个数用来作为第三时期的预测值。α 值对前期观察值进行平滑修匀所产生的效果在表 8－4 中可以看出，较大的 α 值（0.9）对预测值的平滑作用很小，而较小的 α 值则有着相当大的平滑作用。

表 8－6 表明，此例中，较小的 α 值比较大的 α 值能给出更好的预测值。

3. 因果关系预测法

因果关系预测法是定量预测法的一种，可用来研究因素与预测目标之间的因果关系及其影响程度。这种方法采用数理统计中的回归模型进行预测。使用时必须具备过去的数据资料，且这些数据资料能够清楚地表明预测目标与诸影响因素之间的关系。

根据影响因素的多少，回归模型可以分为一元回归和多元回归，根据影响因素与预测目标之间的关系，可以分为线性回归和非线性回归。具体选择什么形式的回归模型，需要根据事物内部的特性具体分析，有时也可以根据散点图观察曲线变化的大致形式和趋势。回归预测法包括三个步骤：建立回归模型、回归方程的显著性检验、利用回归方程进行预测。

（1）一元线性回归预测法。

一元线性回归预测法是对两个具有线性关系的变量建立线性回归模型，根据自变量的变动来预测因变量平均发展趋势的方法。

①建立模型方程。

一元线性回归模型可表述为：

$$y = b_0 + b_1 x \tag{8-6}$$

式中：

y——因变量；

x——自变量；

b_0，b_1——参数，为剩余残差项（或称随机扰动项）。

建立回归方程就是要根据变量的历史数据 $\{x_i, y_i\}$ $(i=1, 2, \cdots, n)$ 确定方程中的参数 b_0，b_1。对于每一个 x_i，就有一个对应的估计值，估计值与实际值 y_i 之间存在着离差。设两者之间的离差为 e_i，则：

$$e_i = y_i - b_0 + b_1 x_i \tag{8-7}$$

那么，离差的平方和为：

$$\sum_{i=1}^{n} e_i^2 = \sum_{i=1}^{n} (y_i - b_0 - b_i x_i)^2 \tag{8-8}$$

离差平方和反映了 n 个统计数据 y_i 与回归方程的总体偏差程度。根据最小二乘法原理，离差平方和最小的回归方程为最优方程，即满足：

$$\min \sum_{i=1}^{n} e_i^2 = \min \sum_{i=1}^{n} (y_i - b_0 - b_i x_i)^2 \tag{8-9}$$

参数 b_0 和 b_1 可用下式计算：

$$b_1 = \frac{n \sum x_i y_i - \sum x_i \sum y_i}{n \sum x_i^2 - \left(\sum x_i\right)^2} = \frac{\sum x_i y_i - n \bar{x} \bar{y}}{\sum x_i^2 - n \bar{x}^2}$$

$$b_0 = \bar{y} - b_1 \bar{x} \tag{8-10}$$

②回归方程的检验。

a）相关性检验。

一般可采用相关系数进行相关性检验，相关系数是反映两变量间是否存在相关关系以及这种相关关系密切程度的统计量。相关系数用 r 表示，计算公式：

$$r=\frac{\sum(x_i-\bar{x})(y_i-\bar{y})}{\sqrt{\sum(x_i-\bar{x})^2\sum(y_i-\bar{y})^2}}=\frac{n\sum x_iy_i-\sum x_i\sum y_i}{\sqrt{n\sum x_i^2-(\sqrt{x_i})^2}\sqrt{n\sum y_i^2-(\sum y_i)^2}} \tag{8-11}$$

相关系数的符号很重要，正号代表 x_i 与 y_i 正相关，x_i 增加，y_i 也增加，r 的范围为 0～1；负号代表 x_i 与 y_i 负相关，r 的范围为 -1～0。

相关系数反映了变量 x_i 与 y_i 之间现行相关的密切程度，$|r|$ 越接近于1，就说明 x_i 与 y_i 之间的线性相关程度越密切。$|r|$ 值大，直观地表现为观测点紧密地散布在回归曲线周围，即对回归线的离差小。

b）t 检验。

t 检验适用于分别对每一个回归系数进行统计检验，并据此来判别与该系数相应的解释变量同预测 y 之间的线性相关关系。这里以对 b_1 检验为例来说明 t 检验的步骤。

构造 t 统计量：

$$t=\frac{\widehat{b_1}}{S_{\widehat{b_1}}} \tag{8-12}$$

其中，

$$S_{\widehat{b_1}}=\sqrt{\frac{\sum(\widehat{y_i}-y_i)^2}{(n-2)\sum(\widehat{y_i}-y_i)^2}}$$

可以证明 $t=\widehat{b_1}/S_{\widehat{b_1}}$ 服从自由度为（$n-2$）的 t 分布，查 t 分布表得临界值 $t_{\alpha/2}$（$n-2$）。若 $t>t_{\alpha/2}$（$n-2$），则认为 b_1 显著异于0，反之认为 b_1 不显著异于0。

c）F 检验。

F 检验法将自变量作为一个整体来检验与因变量之间的线性关系是否显著，计算公式为：

$$F=\frac{\sum(\widehat{y_i}-y_i)^2}{\sum(y_i-\widehat{y_i})^2/(n-2)} \tag{8-13}$$

可以证明 F 服从第一自由度为1，第二自由度为（$n-2$）的 F 分布。对于给定的显著水平 α，查 F 分布表可得临界值 F_α（1，$n-2$）。如果 $F>F_\alpha$（1，$n-2$），那么可以认为两变量之间线性相关关系显著；如果 $F\leqslant F_\alpha$（1，$n-2$），那么可以认为两变量之间线性相关关系不显著。

③预测。

有了回归方程，就可以根据自变量的值 x_0 来确定因变量的值 $\widehat{y_0}$，即为预测值。然而，由于过去的观测值没有完全落在回归线上，因此很难期望未来的数值点全部落在回归线的延长线上。一般是在某种置信度水平 100（1 − α）% 上，如 95%（α = 0.05）、97.5%（α = 0.025），求预测值所在的区间。

在置信度水平 100（1 − α）% 上，$\widehat{y_0}$ 的置信区间为：

$$y_p = \widehat{y_0} \pm t_{\alpha/2} S \qquad (8-14)$$

式中：

y_p—— $\widehat{y_0}$ 的置信区间；

$t_{\alpha/2}$—— 统计量；

$$S = \sqrt{\frac{L_{xx}L_{yy} - (L_{xy})^2}{(n-2)L_{xx}}}$$

例：

根据经验，某类应急物资的需求量与受影响区域面积之间具有相关关系。其需求量与受影响区域面积的统计数据如表 8－7 所示。

表 8－7　　某类应急物资需求量与受影响区域面积的统计数据

序号	需求量 y_i	受影响区域面积 x_i	$x_i y_i$	x_i^2	y_i^2
1	60.68	5.05	306.43	25.50	3682.06
2	65.19	5.53	360.50	30.58	4249.74
3	68.40	6.04	413.14	36.48	4678.56
4	69.69	6.87	478.77	47.20	4856.70
5	73.80	8.55	630.99	73.10	5446.44
6	78.83	10.59	834.81	112.15	6214.17
7	86.61	12.36	1070.50	152.77	7501.29
8	101.41	15.01	1522.16	225.30	10283.99
9	116.89	18.41	2151.94	338.93	13663.27
合计	721.50	88.41	7769.24	1042.01	60576.22

试建立数学模型，并预测当受影响区域面积为 20 和 25 时对应的需求量是多少？

解：

①绘制散点图。

由表中数据可知，该类应急物资需求量 y 是随着受影响区域面积 x 的增加而增加，故 y 与 x 是相关的，可画出 y 与 x 之间的散点图。如图 8－3 所示。注意图中数据的直线趋势。

②建立一元线性回归方程。

$$\widehat{y} = b_0 + b_1 x$$

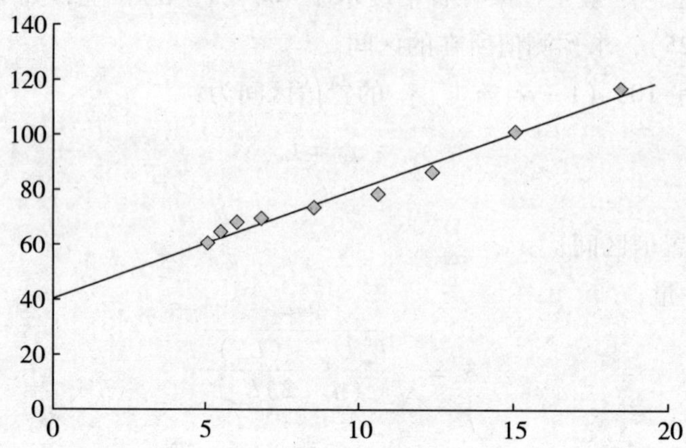

图8-3 某类应急物资需求量与受影响区域面积关系的散点图

计算 $\sum x$，$\sum y$，$\sum x^2$，$\sum xy$，数据见表8-7。将数据代入式（8-10），得到：

$$b_1 = \frac{\sum x_i y_i - n\bar{x}\bar{y}}{\sum x_i^2 - n\bar{x}^2} = \frac{7769.24 - 9 \times 80.17 \times 9.82}{1042.01 - 9 \times 9.82^2} = 3.93$$

$$b_0 = \bar{y} - b_1 \bar{x} = 80.17 - 3.93 \times 9.82 = 41.58$$

因此，该类应急物资需求量与受影响区域面积之间的线性回归方程为：

$$\widehat{y} = 41.58 + 3.93x$$

③回归方程的检验。

a）相关系数检验。

$$r = \frac{n\sum x_i y_i - \sum x_i \sum y_i}{\sqrt{n\sum x_i^2 - (\sqrt{x_i})^2}\sqrt{n\sum y_i^2 - (\sum y_i)^2}}$$

$$= \frac{9 \times 7769.24 - 721.50 \times 88.41}{\sqrt{9 \times 1042.01 - 88.41^2}\sqrt{9 \times 60576.22 - 721.50^2}}$$

$$= 0.989$$

取显著水平 $\alpha = 0.05$，$df = n - 2 = 7$，查相关系数临界值表得 $r_{0.05}$（7）$= 0.6664$。因为 $r > r_{0.05}$（7），所以该类应急物资需求量与受影响区域面积存在很强的相关关系。

b）F检验。

根据公式得 $F = 324.14$，取显著水平 $\alpha = 0.05$，$df = n - 2 = 7$，查 F 分布表得

$F_{0.05}$（7）=5.59。因为 $F>F_{0.05}$（7），说明该类应急物资需求量与受影响区域面积线性关系显著。这与相关系数检验所得结论一致。

④利用模型预测。

当受影响区域面积为20和25时对应的该类应急物资需求量分别是：

$$\widehat{y}(20) = 41.58 + 3.93 \times 20 = 120.18$$

$$\widehat{y}(25) = 41.58 + 3.93 \times 25 = 139.83$$

（2）多元线性回归预测法。

①多元回归模型。

当预测对象 y 受到多个因素 x_1，x_2，…，x_m 影响时，如果 x_j（$j=1$，2，…，m）与 y 之间具有线性相关关系，则可以建立多元线性回归模型进行分析和预测。多元线性回归分析的方法与一元线性回归分析的方法基本相同，只是变量更多，计算更为复杂。和一元线性回归预测模型一样，多元线性回归模型建立时也采用最小二乘法估计模型参数。

多元线性回归模型的一般形式为：

$$y = b_0 + b_1 x_1 + b_2 x_2 + \cdots + b_m x_m + u \tag{8-15}$$

式中：

y——多元回归的因变量；

b_0——参数；

b_1，b_2，…，b_m——回归系数，分别是 y 对每一个变量的偏回归系数，含义是其他变量不变，自身变化一个单元所引起的变化量。

给定变量 y，x_1，x_2，…，x_m 的一组观测值，对应有：

$$y_i = b_0 + b_1 x_{1i} + b_2 x_{2i} + \cdots + b_m x_{mi} + u_i (i = 1,2,\cdots,n)$$

其矩阵形式为：

$$\begin{bmatrix} y_1 \\ y_2 \\ \vdots \\ y_n \end{bmatrix} = \begin{bmatrix} 1 & x_{11} & x_{21} & \cdots & x_{m1} \\ 1 & x_{12} & x_{22} & \cdots & x_{m2} \\ \vdots & \vdots & \vdots & & \vdots \\ 1 & x_{1n} & x_{2n} & \cdots & x_{mn} \end{bmatrix} \begin{bmatrix} b_0 \\ b_1 \\ \vdots \\ b_m \end{bmatrix} + \begin{bmatrix} u_1 \\ u_2 \\ \vdots \\ u_m \end{bmatrix}$$

即 $\boldsymbol{Y}=\boldsymbol{XB}+\boldsymbol{U}$

与一元线性回归方程参数的确定方法相同，仍采用最小二乘法来估计参数向量 $\boldsymbol{B}$。设观测值与模型估计值的残差向量为 $\boldsymbol{E}$，则有：

$$\boldsymbol{E} = \boldsymbol{Y} - \widehat{\boldsymbol{Y}}$$

根据最小二乘法的要求，应有：

$$\boldsymbol{E}'\boldsymbol{E} = (\boldsymbol{Y} - \widehat{\boldsymbol{Y}})'(\boldsymbol{Y} - \widehat{\boldsymbol{Y}}) = \min$$

其中，$\widehat{\boldsymbol{Y}} = \boldsymbol{XB}$

即 $\boldsymbol{E'E} = (\boldsymbol{Y} - \boldsymbol{XB})'(\boldsymbol{Y} - \boldsymbol{XB}) = \min$

由极值原理，根据矩阵求导法则，上式对 $\boldsymbol{B}$ 求导，并令其等于零，则得：

$$\frac{\partial\ \boldsymbol{E'E}}{\partial\ \boldsymbol{B}} = \frac{\partial\ (\boldsymbol{Y} - \boldsymbol{XB})'(\boldsymbol{Y} - \boldsymbol{XB})}{\partial\ \boldsymbol{B}} = \frac{\partial\ (\boldsymbol{Y'Y} - 2\boldsymbol{Y'XB} + \boldsymbol{B'X'XB})}{\partial\ \boldsymbol{B}}$$

$$= -2(\boldsymbol{Y'X})' + 2(\boldsymbol{X'X})\boldsymbol{B} = 0$$

整理得回归系数向量 $\boldsymbol{B}$ 的估计值为：

$$\widehat{\boldsymbol{B}} = (\boldsymbol{X'X})^{-1}\boldsymbol{X'Y} \qquad (8-16)$$

②多元回归模型的检验。

在多元线性回归预测中，需要对模型进行统计检验。常用的有 R 检验、F 检验和 t 检验。R 检验和 F 检验都是从一组解释变量的整体效果上与 y 的线性相关关系的角度进行统计检验。这两种检验方法并不能判别每一解释变量与 y 之间的线性相关程度。然而，t 检验却能够判别每一个解释变量与 y 之间的相关程度。所以这几种检验方法可以互相补充。而且，对多元线性回归而言，t 检验甚至比 R 检验、F 检验更有意义。

实际应用中，由于多元线性回归涉及的数据量较大，相关分析与计算量较复杂，所以通常采用 Excel、SPSS、Eviews 等分析软件来完成。

例：

假设应急物流的投送作业时间受其承担的投送次数及投送行程距离的影响，表 8－8 给出了投送作业时间、投送行程距离及投送次数的数据，试找出它们间的回归方程表达式。

表 8－8　投送作业时间、投送行程距离及投送次数

序号	投送行程距离 x_1	投送次数 x_2	投送作业时间 y
1	95	4	9.2
2	50	2.5	4.7
3	100	4	8.8
4	100	2	6.5
5	50	2	4.3
6	80	2	6.5
7	75	3	7.2
8	65	3	6.0
9	95	2	7.5
10	90	2	6.0

用 Excel 软件处理数据，得到模型参数和各项检验结果如下：

$$\widehat{y} = -0.43 + 0.05x_1 + 1.05x_2$$

（−0.518）（5.927）（4.825）

$R_2=0.916$，$F=38.50$

4. 组合预测法

不同的定性预测模型方法或定量预测模型方法各有其优点和缺点，它们之间并不是相互排斥的，而是相互联系、相互补充的。由于每种预测方法利用的数据信息不尽相同，不同的预测方法从不同的角度挖掘各方面有用的信息。在预测的过程中，如果想当然地认为某个单项预测方法的预测误差较大，随之把该种预测方法弃之不用，就可能造成部分有用的信息丢失，使预测精度受到影响，因此提出了组合预测法。

预测者若只用一种预测方法进行预测，则这种预测方法的选择是否适当就显得很重要。如果预测者选择预测方法不当，就可能要冒一定决策失误的风险。而在预测实践中，若把多种单项预测方法正确地结合起来使用，则会使得组合预测结果对某单个较差的预测方法不太敏感。所谓组合预测就是设法把不同的预测模型组合起来，综合利用各种预测方法所提供的信息，以适当的加权平均形式得出组合预测模型。

组合预测法最主要的特点就是能最大限度地使用较多的信息，以便防止差错，消除虚假现象和避免一些不合理的假设。组合预测法最关心的问题就是如何求出加权平均系数，使得组合预测模型更加有效地提高预测精度。

（1）基本模型的建立。

组合预测法定理认为：即使一个很差的单预测方法，如果它含有待预测系统的独立信息，当它与一种较好的预测方法进行组合后，完全有可能提高系统的预测能力。其基本模型如下：

设对同一预测对象，有 n 种预测模型，则由这 n 个单一预测模型构成的组合预测模型为：

$$\widehat{y_t}=\sum_{i=1}^{n} w_i\,\widehat{y_{it}} \tag{8-17}$$

式中：

$\widehat{y_t}$——t 时期组合预测模型的预测值；

$\widehat{y_{it}}$——t 时期组合第 i 个预测模型下的预测值，（$i=1,2,\cdots,n$）；

w_i——第 i 个预测模型的权系数，且 $\sum_{i=1}^{n} w_i=1$，（$i=1,2,\cdots,n$）。

（2）权重系数的确定。

由统计学可知，y_{it} 作为第 i 个单一预测模型的预测值，只要能通过各自的统计检验及有关的合理性检验，即可求得。显然，组合预测方法的关键在于确定组合权系数。

目前关于权系数的定量计算方法很多，这里仅介绍常用的两种。

①平均值法。

取

$$w_i = \frac{1}{n} \tag{8-18}$$

式中：$i=1, 2, \cdots, n$

平均值法对所有参与组合的模型一视同仁，这是一种较为简单的方法。在难以判定各个模型优劣的情形下，通常采用平均值法。

②标准差法。

取

$$w_i = \frac{s-s_i}{s} \cdot \frac{1}{n-1} \cdot s = \sum_{i=1}^{n} s_i \tag{8-19}$$

式中：$i=1, 2, \cdots, n$；s_i为模型 i 的标准差，标准差法对标准差最小的模型赋予最大的权重，即把模拟效果的优劣作为取舍的标准。由标准差法所得的组合预测结果的标准差小于任一单个模型的标准差。

例：

各时间段内某应急物资消耗量统计值、灰色 GM（1，1）预测值和直线趋势预测值见表 8-9 所示。试用标准差法建立组合预测模型，并给出时间段 10、11 的消耗量组合预测值。

表 8-9　某应急物资消耗量统计值、灰色 GM（1，1）预测值和直线趋势预测值统计

时间段	消耗量实际值	预测值（吨）			相对误差（%）		
		GM（1，1）	直线趋势预测	组合预测	GM（1，1）	直线趋势预测	组合预测
1	60.68	60.68	54.90	57.73	0.00	9.53	4.86
2	65.19	59.10	61.22	60.18	9.34	6.09	7.68
3	68.40	64.58	67.54	66.09	5.58	1.26	3.38
4	69.69	70.58	73.86	72.25	1.27	5.98	3.68
5	73.80	77.12	80.18	78.68	4.50	8.64	6.61
6	78.83	84.28	86.50	85.41	6.91	9.73	8.35
7	86.61	92.10	92.82	92.47	6.34	7.17	6.76
8	101.41	100.65	99.14	99.88	0.75	2.24	1.51
9	116.89	109.99	105.46	107.68	5.91	9.78	7.88
10	—	120.19	110.78	—	—	—	—
11	—	131.35	118.10	—	—	—	—
平均绝对误差					4.51	6.71	5.63

灰色 GM（1，1）模型和直线趋势模型的预测值的标准差分别是 $s_1=18.15$ 和 $s_2=17.31$，这两种单一预测模型的权重分别是 $w_1=0.49$ 和 $w_2=0.51$，所以组合预测模型是：$\widehat{y_t}=0.49\widehat{y_{1t}}+0.51\widehat{y_{2t}}$，把各时间段两种单一预测模型的预测结果代入组合预测模型中可求得各时期的该地区应急物资消耗量预测值。

故，该应急物资消耗量在时间段 10、11 的应急物资消耗量组合预测值为：

$$\widehat{y_{10}}=0.49\times120.19+0.51\times110.78=115.40$$

$$\widehat{y_{11}}=0.49\times131.35+0.51\times118.10=124.59$$

5. 基于事例推理技术

基于事例推理（Case－Based Reasoning，CBR）源于认知科学中记忆在人类推理活动所扮演的角色，传统的基于规则的系统在知识的获取问题上存在困难，不能做事例的例外处理，整体性能十分脆弱。基于事例推理降低了知识获取的难度，不需要得出规则那样准确的知识，还可以学习前面的经验。回归分析和时间序列等常规需求预测方法本质上是一种基于规则的推理技术，通常适用于连续性、平稳性的需求预测。而基于事例推理技术（Case－Based Reasoning，CBR）可以有效解决传统预测方法遇到的困难，对应急需求预测这类非结构化、缺乏领域知识的问题非常有效。另一个最重要的优点就是能模拟人的联想、直觉、类比、归纳、学习和记忆等思维过程进行问题求解和决策，便于从知识的积累中进行学习而不断完善。基于事例推理技术的逻辑示意如图 8－4 所示。

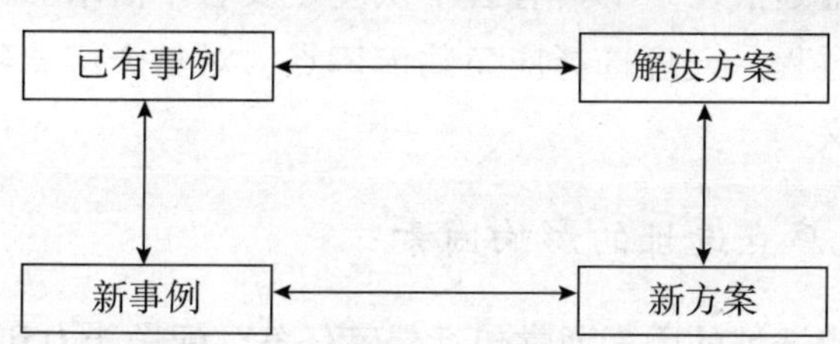

图 8－4　基于事例推理技术的逻辑示意

与一般的推理方式相比，基于事例推理主要是回忆一个或几个具体事例，通过新旧问题的对比，提出解决新问题的方案（或得出结论）。一般基于事例推理的过程可细分为以下六个步骤：事例检索（case retrieval）、提出初始解（propose ballparsolution）、调整/证明（adapt/justify）、评论（criticism）、评价（evaluation）和事例存储（case storage）。具体如下：

（1）事例检索。即从事例库中检索出一个或几个与新问题最相似的事例。新问题与事例的相似性既可以根据两者的主要特征进行比较，也可以在它们的抽象层次上间接比较（如根据所属类别）。这一过程涉及的另一个问题是事例库组织，即如何组织事例并提供适当索引，以便快速、准确地检索事件。

（2）提出初始解。即从检索出的事例中找出与新问题相关的部分，以形成有待于进一步调整的初始解。特别是事例涉及范围比新问题范围更广时，此步骤非常重要。

（3）调整/证明。即将初始解调整，使之适合新问题。这是事例推理中最关键的一步。这一步要解决的主要问题是：调整什么？怎么调整？最简单且最常用的处理方法是比较事例与新问题的差异，并就此根据启发式原理做出调整，以解决差异所带来的问题。

（4）评论。即把推理结果拿出去进行评论。一种做法是将所得结果与事例中的一些近似例子（含正、反例子）作比较，以发现所得推理结果是否存在问题。另一种做法是提出一种假想（模拟）环境直接测试所得结果。不理想的评论结果可能导致对推理结果的修补（repair），即额外调整。

（5）评价。即通过实际应用后，从环境反馈中分析、评价推理结果，即比较所得结果与期望结果。若它们之间有差异，则应力求解释这种差异，进而做出相应修补。

（6）事例存储。即把推理结果作为一个新事例存入事例库中供以后使用。所需存储的内容（事例）一般包括：问题描述、相应解释等。这一过程需要考虑的首要问题是如何建立新的索引。同时不合适的存储结果和索引方式也可能在这一过程做出修改。

二、应急物流库点选址

应急物流库点选址是指在一个具有若干供应点及若干需求点的区域内，选择一个地址设置库点的规划过程。合理选择应急物流库点，对整个应急物流系统的运行，具有十分重要的现实意义。

（一）应急物流库点选址的影响因素

影响应急物流库点选址的因素通常包括保障任务、配送能力和环境条件。

1. 保障任务

应急物流库点选址的目的是为了有效发挥物流功能，满足保障需求，完成保障任务。物流需求是应急物流库点选址的基础，只有明确需求，才能够有针对性地做好规划。因此，必须贯彻任务牵引的原则，充分研究论证应急物流需求，明确保障任务的主要内容、标准要求以及有关协同事项。保障任务重的区域，库点布局相对密集；保障任务较轻的区域，可以将库点布局相对分散。特别是要根据保障任务的类型，合理安排物资储存结构，有效适应保障任务的需要。

2. 配送能力

应急物流库点选址应当充分考虑配送能力的强弱。运输工具（如汽车）性能越好，训练水平越高，配送能力越强，库点的保障范围就越远；反之，运输工具性能越差，训练水平越低，配送能力越弱，库点的保障范围就越近。因此，应急物流库点选址需要综合考虑配送能力，根据配送能力的强弱决定库点选址布局。

3. **环境条件**

应急物流库点选址的环境条件是指库点面对的客观环境。主要包括自然条件和社会条件。

自然条件主要有气象条件、地质条件、水文条件和地形条件。其中，气象条件主要考虑年降水量、空气温湿度、风力、霜期长短、冻土厚度等。地质条件主要考虑土壤的承载能力，库点是大宗物资的集结地，物资会对地面形成较大的压力，如果地下存在着淤泥层、流沙层、松土层等不良地质环境，则不适宜作为库点选址的地点。水文条件主要考虑选址地区近年来的水文资料，需远离容易泛滥的大河流域和上溢的地下水区域，地下水位不能过高。地形条件主要考虑地势、地形，库点需选在地势高，地形平坦的地方，尽量避开山区及陡坡地区，最好选长方地形。

社会条件主要有交通条件、公共设施状况和地区周边状况。其中，交通条件是库点选址需要重点考虑的一个关键因素，库点的位置必须交通便利，最好靠近交通枢纽，如港口、车站、交通主干道（高速公路、国道、省道）、铁路编组站和机场等，且应当有两种或两种以上运输方式衔接，以便能够组织实施多式联运。公共设施状况主要考虑道路是否畅通，通信是否发达，必要时应当有充足的水、电、气、热供应等能力。地区周边状况主要考虑库点周边不能有重大危险源，不宜靠近住宅区，库点周边地区的经济社会发展是否有利于应急物流保障任务的完成。

（二）应急物流库点选址的流程

应急物流库点选址的一般流程是：

1. **确定库点选址的目标和原则**

针对不同用途的应急物流库点，明确库点建立的主要目的和基本原则。

2. **需求分析**

根据区域物流产业的发展战略和产业布局，对该地区的应急物资供应商、运力资源等分布情况进行分析，包括应急物资集散地到库点的运输量、向需求点配送的货物数量、库点预计最大容量、运输路线的最大业务量等。

3. **成本分析**

综合考虑应急物资集散地到库点之间的运输费、库点到需求点之间的配送费、与设施和土地有关的费用及人工费等，如所需车辆数、作业人员数、装卸方式、装卸机械费等。运输费随着距离的变化而变动；而设施费用、土地费是固定的；人工费是根据业务量的大小确定的。

4. **约束条件分析**

主要包括地理位置是否合适，是否靠近铁路货运站、港口、公路主干道；道路通畅情况；是否有法律制度约束；运力资源分布情况等。

5. **初步筛选出几个可行方案**

分析结束后得出综合报告，根据分析结果初选几个可行的地址方案。

6. **结合定量分析方法进一步筛选**

在初选几个可行方案中运用定量分析法进行评价，确定一个最优地址，编写选址报告，报送主管领导审批。

（三）应急物流单库点选址方法

常用的应急物流单库点选址方法有因素评分法、重心法、线性规划法、动态规划法、整数规划法、网络流技术、层次分析法、遗传算法、神经网络算法、模拟退火算法、仿真方法等。

1. **因素评分法**

因素评分法在常用的选址方法中是使用最广泛的一种，它以简单易懂的模式将各种不同因素综合起来。在使用中，每一个被选地点都按因素计分，在允许的范围内给出一个分值，然后将每一地点各因素的得分相加，求出总分后加以比较，得分最多的地点中选。其步骤如下：

（1）给出备选地点。

（2）列出影响选址的各个因素。

（3）为每个因素设定能够反映其重要性的最高可能分数。

（4）依次考虑每个地点，并为每个地点评定一个实际分数，以步骤③设定的最高可能分数为限。

（5）将每一地点各因素的得分相加，求出总分后加以比较，得分最多的地点中选。

例：

应急物流保障中需要临时开设一个配送中心，有 4 个候选地址，其中影响因素有 8 个，其权重如表 8－10 所示。求最优方案。

表 8－10　　配送中心影响因素权重

影响因素	权重	候选方案 A		候选方案 B		候选方案 C		候选方案 D	
		评分	得分	评分	得分	评分	得分	评分	得分
道路条件	0.20	90	18.00	75	15.00	85	17.00	70	14.00
储存条件	0.15	60	9.00	30	4.50	80	12.00	85	12.75
开设时间	1.15	95	14.25	95	14.25	95	14.25	90	13.50
开设成本	0.10	30	3.00	45	4.50	55	5.50	25	2.50
场地条件	0.10	95	9.50	65	6.50	85	8.50	65	6.50

续 表

影响因素	权重	候选方案 A		候选方案 B		候选方案 C		候选方案 D	
		评分	得分	评分	得分	评分	得分	评分	得分
运力资源	0.10	90	9.00	85	8.50	65	6.50	65	6.50
人力资源	0.10	10	1.00	20	2.00	80	8.00	90	9.00
供电条件	0.10	85	8.50	90	9.00	90	9.00	85	8.50
合计	1.00		72.25		64.25		80.75		73.25

可以看出，方案 C 总分最高，则为最优方案。

2. 重心法

重心法是用于在一个已定区域内设置一个库点的选址问题，使库点到各个服务需求点的运输费用最少。如一个配送中心向多个指定需求点发货，运输费用等于货物运输量与运输距离以及运输费率的乘积，此时可用重心法求解。

设在某区域内，有 n 个物流服务需求点，各点的物流服务需求量为 q_j（$j=1$，2，…，n），它们各自的坐标是（x_j，y_j）。现计划在该区域内设置一个库点，设该库点的坐标是（x_o，y_o），库点至物流服务需求点的运费率是 a_j，根据求平面中物体重心的方法，可以得到：

$$\begin{cases} x_0 = \sum_{j=1}^{n} a_j q_j x_j / \sum_{j=1}^{n} a_j q_j \\ y_0 = \sum_{j=1}^{n} a_j q_j y_j / \sum_{j=1}^{n} a_j q_j \end{cases} \quad (8-20)$$

在上式中代入数值，实际求得的值，即为所求得库点的坐标（x_o，y_o）。

3. 单库点选址方法的适用条件

单库点选址模型有助于寻找选址问题的最优解，而且因为这些模型能够充分真实地体现实际问题，因而问题的解对应急管理决策很有意义。但是，任何模型在应用于实际问题时都会表现出一定缺陷，这并不意味着模型没有使用价值，重要的是选址模型的结果对失实问题的敏感程度。如果简化假设条件（如假定运输费率呈线性），对设施选址模型的影响很小或根本没有影响，那么可以说明简单的模型比复杂的模型更加有效。

单库点选址模型的简化条件主要有：

（1）模型常常假设需求量集中于某一点，而实际上需求来自分散于广阔区域内的多个物资使用消耗点，某一区域的中心通常被当作需求的聚集地，当然这将导致某些计算误差，因为计算出的运输成本是到需求聚集地而非单个的物资使用消耗点。

（2）单库点选址模型一般根据可变成本进行选址，模型没有区分在不同地点，建设库点所需的资本成本，以及在不同地点经营有关的其他成本（如劳动力成本、库存持有成本等）之间的差别。

（3）总运输成本通常假设运价随运距成比例增加，然而，大多数运价是由不随运距变化的固定成本和随运距变化的可变部分组成的。

（4）模型中库点与其他网络节点之间的路线通常假定为直线，实际上这样的情况极少。因为运输总是在一定的公路、铁路等道路网络中进行的。可以在模型中引入一个比例因子把直线距离转化为近似的公路、铁路或其他运输网络的里程。例如，计算出的直线距离加上21%的因子得到公路直达线路里程；加上24%的因子得到铁路短线里程；加上41%的因子得到城市街道路网的里程。

（四）应急物流多库点选址方法

实际上，库点选址往往面临任务区域较大，而且由于任务区域较大，客观上地形地貌、交通运输条件等变化非常大，单纯采用重心法，固然适用于某些特定情况，但在大多数时候还是不足以满足需要，因此需要重点研究解决多库点选址的问题。

1. 线性规划法

在重心法中，考察的是一个配送中心对多个供求点的问题，而对于多点对多点的分配问题，则通常采用线性规划法加以研究，以同时确定多个库点的位置。

例：

2个配送中心 F_1 和 F_2，供应 P_1、P_2、P_3、P_4 等4个需求点，由于需求量不断增加，需再设1个配送中心。可供选择的地点是 F_3 和 F_4，试在其中选择1个作为最佳地址。根据已有资料，分析得出各配送中心到各需求点的供需量分配如表8-11所示。

表8-11　各配送中心到各需求点的供需量分配

从＼至	P_1	P_2	P_3	P_4	供应量
F_1	8.00	7.80	7.70	7.80	7000
F_2	7.65	7.50	7.35	7.15	5500
F_3	7.15	7.05	7.18	7.65	12500
F_4	7.08	7.20	7.50	7.45	0
需求量	4000	8000	7000	6000	25000

若新的配送中心设在 F_3，则根据运输问题的解法，得出供需量分配表如表8-12所示，全部费用至少为：

$G=6500\times7.70+500\times7.80+5500\times7.15+4000\times7.15+8000\times7.05+500\times7.18=181865$

表 8-12　　配送中心在 F_3 处的供需量分配

至 从	P_1	P_2	P_3	P_4	供应量
F_1	8.00	7.80	7.70×6500	7.80×500	7000
F_2	7.65	7.50	7.35	7.15×5500	5500
F_3	7.15×4000	7.05×8000	7.18×500	7.65	12500
需求量	4000	8000	7000	6000	25000

若设在 F_4处，解法相同，结果如表 8-13 所示，全部费用是：

$G = 7000 \times 7.70 + 5500 \times 7.15 + 5500 \times 7.15 + 4000 \times 7.08 + 8000 \times 7.20 + 500 \times 7.45 = 182870$

表 8-13　　配送中心在 F_4 处的供需量分配

至 从	P_1	P_2	P_3	P_4	供应量
F_1	8.00	7.80	7.70×7000	7.80	7000
F_2	7.65	7.50	7.35	7.15×5500	5500
F_4	7.08×4000	7.20×8000	7.50	7.45×500	12500
需求量	4000	8000	7000	6000	25000

两方案相比，F_4的费用大于 F_3，故选择在 F_3设配送中心。

2. **集合覆盖模型**

集合覆盖模型的目标是用尽可能少的设施来覆盖所有的需求点，表达为：

$$\min \sum_{j \in N} x_j \tag{8-21}$$

$$\text{s.t.} \begin{cases} \sum_{j \in \boldsymbol{B}(i)} y_{ij} = 1, \ i \in N \\ \sum_{j \in \boldsymbol{A}(i)} d_i y_{ij} \leqslant C_j x_j, \ i, \ j \in N \\ x_j, y_{ij} \in \{0,1\}, i, j \in N \end{cases}$$

式中：

N——需求点数，$N = 1, 2, \cdots, n$；

d_i——第 i 个需求点的需求量；

C_j——设施节点 j 的容量；

$\boldsymbol{A}(j)$——设施节点 j 所覆盖的需求节点的集合；

$\boldsymbol{B}(i)$——$\boldsymbol{B}(i) = \{j \mid i \in A(j)\}$，可以覆盖需求节点 i 的设施选点的集合。

$$x_i\begin{cases}1, 第\ i\ 个需求点被选中为物流节点\\0, 第\ i\ 个需求点未被选中为物流节点\end{cases}$$

$$y_{ij}\begin{cases}1, 第\ i\ 个物流节点供应第\ j\ 个需求点\\0, 第\ i\ 个物流节点不供应第\ j\ 个需求点\end{cases}$$

对此类带有约束条件的极值问题，有两大类方法可以进行求解。一是应用分支定界求解的方法，能够找到小规模问题的最优解，由于运算量方面的限制，一般也只适用于小规模问题的求解；二是启发式方法，所得到的结果不能保证是最优解，但是可以保证是可行解，对大型问题进行的分析，求解用启发式算法可以大大减少运算量。

3. **最大覆盖模型**

对有限的服务网点选址，为尽可能多的对象提供服务，即在给定数量的设施下覆盖尽可能多的需求点，表达为：

$$\max\sum_{j\in N}\sum_{i\in \boldsymbol{A}(j)} d_j y_{ij} \tag{8-22}$$

$$\text{s. t.}\begin{cases}\sum\limits_{j\in \boldsymbol{B}(i)} y_{ij}\leqslant 1,\ i\in N\\ \sum\limits_{j\in \boldsymbol{A}(i)} d_i y_{ij}\leqslant C_j x_j,\ i,\ j\in N\\ \sum\limits_{j\in N} x_j = p\\ x_j,\ y_{ij}\in\{0,\ 1\},\ i,\ j\in N\end{cases}$$

式中：

N——需求点数，$N=1, 2, \cdots, n$；

d_i——第 i 个需求点的需求量；

C_j——设施节点 j 的容量；

$\boldsymbol{A}(j)$——设施节点 j 所覆盖的需求节点的集合；

$\boldsymbol{B}(i)$——$\boldsymbol{B}(i)=\{j \mid i\in \boldsymbol{A}(j)\}$，可以覆盖需求节点 i 的设施选点的集合；

p——允许设置的物流节点数量。

$$x_i\begin{cases}1, 第\ i\ 个需求点被选中为物流节点\\0, 第\ i\ 个需求点未被选中为物流节点\end{cases}$$

$$y_{ij}\begin{cases}1, 第\ i\ 个物流节点供应第\ j\ 个需求点\\0, 第\ i\ 个物流节点不供应第\ j\ 个需求点\end{cases}$$

最大覆盖模型可以采用贪婪启发式算法进行求解，该算法首先求出可以作为候选点的集合，并以一个空集作为原始解的集合，然后在候选点集合中选择一个具有最大满足能力的候选点进入原始解集合，作为二次解，如此往复，直到库点数量满足要求。

三、应急物流路径优化

在应急物流保障中，需要考虑车辆的行驶路线选择问题。车辆按照不同的行驶路线完成同样的运送任务时，由于车辆的利用情况不一样，相应的配送效率和配送成本就会不一样。因此，选择时间短、费用省、效益好的行驶路线是一项重要的内容。在物流网络分布复杂、物流节点繁多的情况下，可以采用网络图等运筹学方法利用计算机辅助确定车辆最终的行驶路线，以保证车辆高效运行。应急物流路径优化问题，主要解决运输工具与运输目的地之间路线、载运量与到达时间与顺序等安排，以达到最佳效益。

（一）应急物流路径优化的必要性

科学选择应急物流的合理路径，对于提高应急物流效率和效益，提高服务保障水平，具有重要的现实意义。

1. 提高配送时效

通过选择合理的路径，避免受到不利环境条件的影响，尽可能减少和避免迂回、绕行、倒流、对流的不合理现象，提高应急物流的安全性和组织的便捷性。

2. 增强配送的精确程度

应急物流路径优化，有助于以配送的精确化实现应急物流的适时、适地、适量，减少和避免过度保障或保障不足，有效降低应急物资的库存，提高物资器材供应保障的速度，确保应急物流的快速反应能力和综合保障能力，发挥出应急物资的最大效益。

3. 降低配送成本

应急物流固然不重点强调经济性，通常要求在最短时间内将应急物资紧急配送到需求点。但是，如果在确保时效性的前提下，通过科学的方法措施，有效提升应急物流的经济性，降低应急物流的成本，则不失为一种上上之选。选择科学合理的路径能够有效缩短运输距离，降低人员和车辆运行成本费用，减少和避免物资器材损耗或毁损，从而实现应急物流的效益最大化。

（二）应急物流路径优化的影响因素

应急物流路径优化受到多种因素的影响和制约，主要包括时效因素、安全因素、经济因素和信息因素。这些因素的存在，将在很大程度上影响和制约应急物流路径优化具体算法的应用。

1. 时效因素

时效是应急物流路径优化最重要的基本因素。对于应急物流而言，“时间就是生命”，绝对不能贻误时机，因此，时效是首要考虑的基本因素。只有将时效因素作为首要考虑的重要条件，才能确保取得突发事件应对的主动权，实现在第一时间内提供可靠的保障。满足不了时间要求，所选择的物流配送路径即使再科学、再合理、再优化、再便捷、再经济，对于保障任务也失去了存在的意义。时效因素重点需要考虑决策时间、配送时间和可能的延误时间及其弥补措施。时效因素是衡量路径是否科学、合理的基本标准，以小时、分等时间单位进行描述。

2. **安全因素**

安全是应急物流路径选择的基础条件。离开了安全这个底线，轻则造成应急物资和载运工具损坏，重则导致人员伤亡，甚至影响整个大局，造成严重的后果。当然，考虑安全因素并不是采取消极、被动的态度和手段，而是要以积极有效的方法措施应对和处置，有效规避风险。在两难的情况下，为了完成使命任务，即使风险很大也要敢于奉献、敢于牺牲。安全因素重点考虑通行路段的危险程度、人员车辆是否处于良好状态等方面的情况。安全因素是衡量路径选择是否可行的重要标志，通常以某一路线或路段中，载运工作安全通过的大致概率来进行描述。

3. **经济因素**

成本是应急物流路径选择需要兼顾的重要因素。通常情况下，应急物流讲求不惜一切代价完成任务，对于配送成本是否最低并不做重点考虑。但通过科学的前端设计，可以实现效率和效益的统筹兼顾。而且，追求应急物流路径优化的经济性与高效可靠地完成应急物资配送任务并不矛盾，因为只有科学选择应急物流路径，合理减少运输周转量，有效降低载运工作使用的数量，才能满足紧急情况下海量物资器材发运和大批量运力集中调度使用的需要。经济因素是衡量应急物流路径优化是否科学的一个方面，通常用运行费用来进行描述。

4. **信息因素**

信息是应急物流路径优化不可或缺的支持因素。通常情况下，由于突发事件对交通运输、通信等基础设施的破坏，使得应急物流路径优化需要的路线长度、通行能力等有关基础数据往往难以及时、准确地传递到指挥决策机构。在信息不对称的情况下，将难以采集到有效的数据，并运用到具体的计算中来。同时，由于突发事件地域分布广泛，短时间内难以统计清楚受灾情况和需求情况。信息因素对应急物流路径优化的影响，主要体现在“缺”和“变”两个方面。所谓“缺”，就是相关基础数据信息还不能及时可靠地采集；所谓“变”，就是有关数据信息始终处于动态发展变化之中。信息因素是制约路径优化是否科学合理的主要方面，常常使得有关量化决策陷入“方法本身非常科学、非常完美，但实际应用严重受限”的窘境。

（三）应急物流路径优化的典型算法

车辆路径问题（Vehicle Routing Problem，VRP）的基本数学模型描述为：设图 $\boldsymbol{G}=(\boldsymbol{V},\boldsymbol{A})$，其中点集 $\boldsymbol{V}=\{\boldsymbol{v}_0, \boldsymbol{v}_1, \cdots, \boldsymbol{v}_n\}$，弧集 $\boldsymbol{A}=\{\boldsymbol{v}_i, \boldsymbol{v}_j \mid \boldsymbol{v}_i, \boldsymbol{v}_j \in \boldsymbol{V}, \boldsymbol{i} \neq \boldsymbol{j}\}$。点 $\boldsymbol{v}_0$ 代表起始点，其他各点代表用户。弧集有对应的成本矩阵（$\boldsymbol{c}_{ij}$）和行驶时间矩阵（$\boldsymbol{t}_{ij}$）。如果这两个矩阵是对称的，就得到基于无向图的 VRP 问题，

$G=(V, E)$，其中，$E=\{[v_i, v_j]: v_i, v_j \in V, i<j\}$ 为边集。每一个用户都有一个非负的需求量 q_i 和服务时间 t_i。起始点有由 m 辆容量均为 Q 的运输车组成的车队，运输车数量提前已知或作为决策变量。VRP 问题就是要确定最多 m 条配送路径，以满足下列条件：

（1）每条路径都是从起始点出发，回到起始点。

（2）每个用户只能拜访一次，且只能由一辆运输车拜访。

（3）每条路径的总需求量不超过 Q。

（4）每条路径的总持续时间（行驶时间 + 服务时间）不超过预设的时限 D。

（5）总成本最低。

上述定义描述的是容量限制的车辆路径问题（Capacitated VRP），加上时间窗口（Time Window）等其他约束条件，还有许多变种。车辆路径问题是一种极难的网络与组合优化问题，只有很小的事例（不超过 50 个点）可由精确解法得出最优解。车辆路径问题目标函数的下界很难导出，所以车辆路径问题实际中总是采用启发式算法。

1. 节约法

节约法由克雷尔（Clarle）和怀特（Wright）提出，能够对节点不多的车辆路径问题进行快速求解，其结果与最优解比较接近，是目前用来解决车辆路径问题最经典的启发式算法，在速度和实现的简易性方面有特别的优势，而且节约法的一个重要特点是其能够包含实际应用中许多重要的约束条件，如时间窗口条件、最长驾驶时间条件、驾驶员休息时间条件等，一直以来是求解车辆路径问题的有效方法。

节约法的核心思想是将问题中存在的两个回路合并为一个回路，根据合并后总距离的变化来确定节约度。假设配送中心 o 用 2 辆运输车分别向需求点 i、j 送货，随后返回，这时的路线里程为：

$$D_1 = d_{oi} + d_{io} + d_{oj} + d_{jo}$$

但如果使用 1 辆运输车由 $o-i-j-o$ 进行一次巡回送货，其行驶里程将变为：

$$D_2 = d_{oi} + d_{ij} + d_{jo}$$

显然，后一种送货方案比前一种可减少行驶里程为：

$$\Delta D_{ij} = d_{oi} + d_{oj} - d_{ij} \tag{8-23}$$

这一减少的行驶里程 ΔD_{ij} 就成为节约里程。送货路线图如图 8-5 所示。

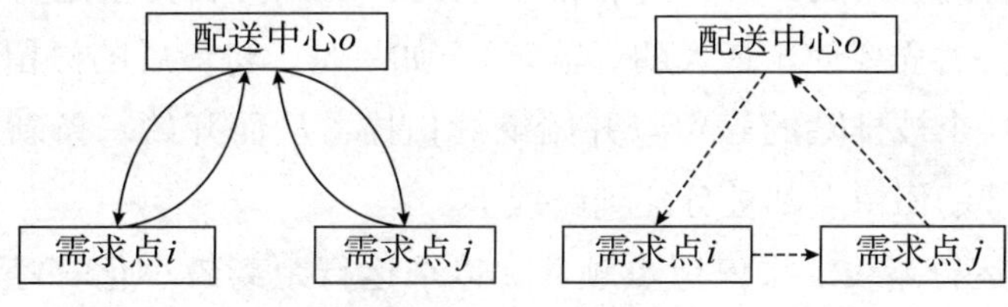

图 8-5　送货路线图

在对多个需求点进行送货时，将其中能去的最大“节约里程”的2个需求点合并在1条线路上，进行巡回送货，能够获得最大的里程节约。同时，在不超过运输车载货容量的条件下，设法使这条选定的巡回路线，尽可能将其他需求点按其所能取得“节约里程”的大小纳入这条线路中，则能获得更大的里程节约效果。这就是节约法的基本原理。

节约法的求解步骤是：

（1）计算需求点 i、j 的行驶里程 ΔD_{ij}，令 $M=\{\Delta D_{ij}\}$（$\Delta D_{ij}>0$）。

（2）在 $\boldsymbol{M}$ 内按 ΔD_{ij} 从大到小的顺序进行排列。

（3）若 $\boldsymbol{M}=\boldsymbol{\varphi}$，则终止。否则对第1项 ΔD_{ij}，考察对应的（i，j），若满足下述条件之一：①点 i 和点 j 均不在已构成的线路上；②点 i 或点 j 在已构成的线路上，但不是线路的内点（即不与 o 相连）；③点 i 或点 j 位于已构成的不同线路上，均不是内点，且一个是起点，一个是终点。则转下一步，否则转步骤（6）。

（4）计算点 i 和点 j 连接后的线路上总货运量 Q，若 $Q \leqslant b_k$（b_k 为运输车 k 的容量，可按容量从大到小的原则采纳运输车），则转下一步，否则转步骤（6）。

（5）连接点 i 和点 j。

（6）令 $\boldsymbol{M}=\boldsymbol{M}-\Delta D_{ij}$，转步骤（3）。

2. 扫描法

扫描法是吉列（Gillette）和米勒（Miller）提出的。用扫描法确定车辆路径的方法十分简单，甚至可用手工计算。一般来说，它求解所得方案的误差率在10%左右，这样水平的误差率通常是可以被接受的，因为调度人员往往需要在接到指令后很短时间内制定出车辆运行路线。

扫描法由两个阶段组成，第一个阶段是将停留点的货运量分配给运输车，第二个阶段是安排停留点在路线上的顺序。由于扫描法是分阶段操作的，因此路线上的总时间和停留点工作时间的约束等时间方面的问题往往难以妥善处理。扫描法的基本步骤是：

（1）将仓库和所有的停留点位置画在地图上或坐标图上。

（2）通过仓库位置放置一把直尺，直尺可以指向任何方向。然后顺时针或逆时针方向转动直尺，直到直尺交到一个停留点。询问：累积的装货量是否超过运输车的载重量或载货容积（首先要使用最大的运输车）。如果是，将最后的停留点排除后将路线确定下来。再从这个被排除的停留点开始继续扫描，从而开始一条新的路线。这样扫描下去，直至全部的停留点都被分配到路线上。

（3）对每条运行路线安排停留点顺序，以求运行距离最小化。停留点的顺序可用凸状法或“旅行推销员”法计算。

3. 其他启发式算法

按照优化机制，主要有经典优化算法、智能优化算法和混合型优化算法等。其中，线性规划、动态规划等传统的运筹学算法，一般只适合用来解决规模较小的优化问题；而基于结构化和随机化搜索策略的智能优化算法，能够适应较大规模的并行运算。

（1）遗传算法。遗传算法（Genetic Algorithms）是20世纪60年代由美国约翰·霍兰（John Holland）等学者提出的。遗传算法是一种利用生物进化和遗传的思想方法，来实现路径优化选择的概率搜索算法。相比传统的搜索方法，这种算法具有并行寻优的特点，可以不依赖于梯度信息，能以较高概率求解到复杂非线性优化问题的最优解，因此被大量运用到军事物流路径优化等领域。

（2）蚁群算法。蚁群算法（Ant Colony Algorithms）是20世纪90年代由意大利多里戈（Dorigo）等学者提出的一种仿生寻优算法。蚁群算法是一种通用型随机优化算法，主要是通过模拟蚁群从巢穴到食物源最短路径的觅食过程来实现优化。由于这种算法对问题解算没有过多的限制条件，所以能够在条件不足的情况下求解到组合问题的最优解或较优解。

（3）粒子群算法。粒子群算法（Particles Swarm Algorithms）是1995年美国埃伯哈特（Eberhart）和肯尼迪（Kennedy）受鸟群觅食行为启发而提出的一种算法。粒子群算法虽然算法相对较为简单，需要设置的参数也不多，但最大的问题是求解结果的精确度不够高。特别是在应急物流路径优化中，往往容易出现局部最优，进而导致不能求解到全局最优化的路线，这就可能引发物流配送成本高、服务质量低的问题。

此外，还有免疫算法、禁忌搜索算法、模拟退火算法等智能优化算法，都可以应用于应急物流路径优化。这些算法各有优长劣短，需要视具体情况采取相应的方法，以求获得最优的解。

实际上，应急物流的不确定性大，对时间的要求高，路径优化受到诸多因素影响和制约，难以进行静态的、理想状态的精确分析和定量研究。特别是随着需求用户数量的增加，问题的规模相应增大，需要较长的求解时间；同时，应急物流路径的可选路线方案将急剧增长，并且是以指数级增长，这就使得应急物流的指挥决策陷入一种两难境地——一方面，需要快速、准确地从备选方案中选择最优化方案；另一方面，可选方案的数量过多，令人无所适从。据研究，一个有20个顶点的旅行商问题（Traveling Salesman Problem），可选路径的总数达到了令人吃惊的6.0822×10^{16}，即使是运算速度为1亿次/秒的超级计算机，也需要计算350年。显然，如果机械地采用这样的算法，类似这样的问题在应急物流路径优化的有关决策中并非不可能发生。在这种情况下，有必要转换思路，着眼应急状况下快速决策的需要，采取一种更为实用的方法来求解应急物流路径优化问题。

四、应急物流库存控制

库存控制，是对物资库存结构与数量的动态掌握与调整。一般来说，库存占总资产的比重为20% ~40%。通过合理筹措物资，减少流通费用，能够以较低费用实施物资保障；通过适时压缩或补充库存物资，能够使库存物资的数量经常保持在合理范围内；通过有效监测库存物资的质量，能够以最少的耗费实现物资的库存控制。

（一）库存控制的重要性

库存管理控制不当将造成巨大浪费。库存控制是保障应急需要、衔接物资筹措与供应的重要手段，具有重要的现实意义和实践价值。

1. 库存控制是物流管理的核心内容

做好库存控制是应急物流管理的核心内容之一。只有做好库存控制，确保安全库存，才能有效降低库存成本，提高库存物资利用率，进而发挥好仓库及其库存物资的作用。

2. 库存控制是规避风险的重要手段

突发事件应对中存在很多不确定因素，难以完全清晰地了解掌握实际的需求。如果不能有效地进行库存控制、保持安全库存或缓冲量，确保库存物资在安全量以内，将可能难以应付需求变化的意外情况，势必造成被动局面。因此，做好库存控制，能够有效避免缺货的风险。

3. 库存控制是提高保障水平的需要

应急物资库存控制的目标是在保质、保量、及时地实施物资保障的前提下，使开支的费用最节省。组织实施精确化的物资保障，需要进行有效的库存控制。将库存物资的数量、品种、结构控制在合理的范围之内，确保应急物资供应保障不断线，全面满足突发事件应对的物资保障需要。

（二）库存分类管理方法

物资管理工作包括多种业务，管理的物资成千上万。一般来说，对所有的物资都进行详尽的严格管理是不经济的，也是相当复杂的，比较经济的办法是对重点物资进行重点管理，而对于一般物资则放松管理。

1. ABC 分类法

19 世纪，意大利的帕累托（Pareto）在研究米兰的财富分布时发现，20%的人口控制了80%的财富。这一现象被概括为“重要的少数、次要的多数”，这就是应用广泛的帕累托原理。帕累托原理也适用于我们的日常生活（日常生活中我们的大部分决策不怎么重要，而少数决策却影响了我们的未来），在库存系统中帕累托原理同样适用（少量物资占用了大量投资）。美国通用电气公司董事长迪斯克对该公司所属某工厂的库存物资进行分析，发现各类物资占用的储备资金，也同样呈现出不均匀分布的规律，即少数几种物资占用着储备资金的大部分，而一般的多数品种物资只占用少数的储备资金。并且发现，只要加强少数重点物资的管理就可大见成效，根本无须不分轻重眉毛胡子一把抓。为此，他倡导 ABC 分类法，并将其运用到物资管理之中。由于 ABC 分类法简单实用，效果很好，后来逐渐渗透到经济管理的其他领域。

ABC 分类法就是强调对物资进行分类管理，对于一切事务皆应保持“根据不同价值而付出不同的努力”，使之一分的努力达到几分的效果。其基本原理就是按照一定的分类标志，将事物划分为若干类型，分类管理，突出重点，照顾一般。也就是将重要的少数从一般的多数中分离出来，加强管理。

应用 ABC 分类法，一般按以下步骤来进行：

（1）选择分析对象。

即确定对什么进行 ABC 分析。例如，选择库存物资作为 ABC 分析的对象，选择消耗物资作为 ABC 分析的对象，选择库存超储积压物资作为 ABC 分析的对象等。

（2）确定分类标志。

即确定以什么标志来区分 ABC 三类物资。选择合适的分类标志是 ABC 分类法是否科学的关键。一般地说，分类标志的确定要根据情况而定。例如，要对库存储备物资进行 ABC 分析，则其分类标志可为年消耗价值（ = 年物资消耗量 × 物资单价），因付出同等劳动代价，用在年消耗价值高的物资上取得的效果就大，用在年消耗价值低的物资上则收效就差。如对煤矿生产中使用的坑木，从订货、进货、验收、保管环节加强管理，就能较大幅度地降低储备资金，而对一些生产当中用量小、价值低的物资如螺钉、螺母等加强管理，就收效很小，对储备资金的影响亦甚微。所以应该选用年消耗价值作为分类标志。而如果对库存积压物资进行 ABC 分析，则其分类标志应为储备资金占用额（ = 物资积压数量 × 物资单价）。因在处理积压物资中，抓住物资储备资金占用额大的物资积极处理，积压物资占用储备资金的降低幅度就大。

在实际工作中，为了使 ABC 分类法更科学完善，将几个分类标志结合运用。例如，对库存物资进行 ABC 分析，基本分类标志是年消耗价值，另外将物资在生产中的重要程度，采购难易，单件价值高低、存储寿命长短、有无危险等作为辅助分类标志。即对于在生产中非常重要的物资、难以采购到的物资、单件价值高的物资、存储寿命周期短的物资列为 A 类物资。在分类时就将其列为 A 类。

（3）收集整理资料。

根据确定的分类标志，收集有关的统计资料，并进行整理。例如，进行库存储备物资的 ABC 分析，则应收集各种物资的年需用量、物资单价。在这一过程中，还应考虑计划年度的各种变化情况。如某物资在计划年度将增加用量或某物资在计划年度将减少用量或淘汰等。

在收集完与基本分类标志有关的资料之后，还要就有关的辅助分类标志来收集资料，如了解在生产中非常重要的物资有哪些？计划年度要购进哪些单件价值高的物资？在库存物资中，有哪些物资保管期短，易变质或危险等。

在收集了有关资料以后，要对收集到的资料进行整理，以便准确地对物资进行 ABC 分类。例如，对库存物资进行 ABC 分析（以下均以此为例）则要整理物资的年消耗价值。一般要分两步进行，第一步是初步整理，可按表 8－14 进行。

表 8－14　　第一步整理表

物资名称	序号	计量单位	年消耗量	单价	年消耗价值	占年总消耗价值的比重	备注

表中的备注栏是为辅助分类标志而设的。如某物资在生产中非重要，则在相应的备注栏里注明。

第二步是再整理，按表 8－15 进行。

表 8－15　　第二步整理表

物资名称	序号	占年总消耗价值的比重	累计年消耗价值的比重	累计年消耗价值占总消耗价值的比重	品种数累计	累计品种数占总数的比重	备注

表中的年消耗价值要按顺序排列。

（4）划分类别，作出物资分类表。

即将分类标志按照一定的比例分开，并列于表中。一般 ABC 三区分的比例为：ABC 三类的品种数的比例为 1 ∶ 2 ∶ 7，年使用价值（或其他分类标志）的比例为 7 ∶ 2 ∶ 1。即 A 类物资的品种数只占 10%，但其年消耗价值占年总值消耗价值的 70%；B 类物资的品种数与年消耗价值均占 20% 左右；C 类物资的品种数占 70%，而年消耗价值只占 10%。当然这个比例只是一个参考数，我们可根据具体情况增加或减少各类物资的品种和年使用价值的比例。

在将物资划分出类别之后，作出物资分类表，物资分类表的一般格式如表 8－16 所示。

表 8－16　　物资分类表

分类	分类标志	年消耗价值	占年总消耗价值的比重	品种数	占总数比重	备注
A B C						
合计						

表中的分类标志是指年消耗价值的分类界限，如大于 5 万元的为 A 类等。备注栏里注明用辅助分类标志区分得到的物资类别。

（5）根据以上步骤计算出来的有关数据，作出 ABC 曲线。

一般用纵坐标表示年使用价值比例，横坐标表示品种数比例。将 ABC 三类物资各自的年消耗价值和品种数所占比例描出坐标点，连接这三个点即成为 ABC 曲线，如图 8－6 所示。

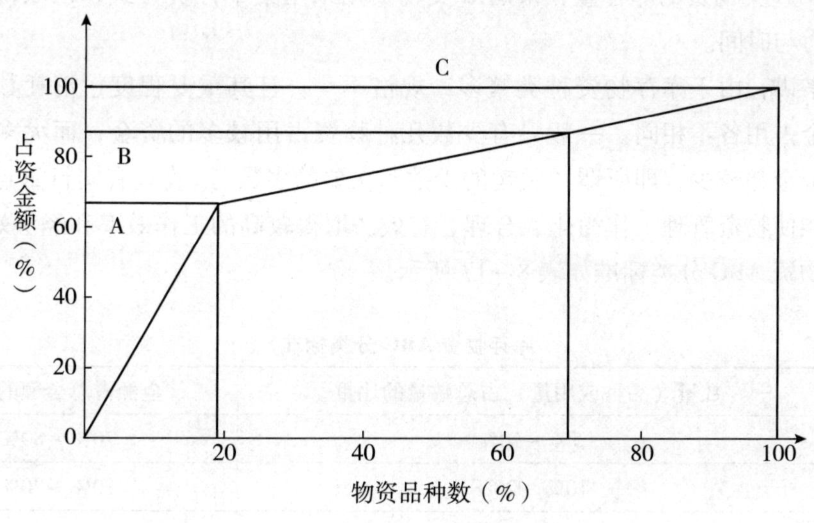

图 8－6　ABC 曲线

（6）制定物资分类管理对策。

根据不同的物资类别，结合本单位的内部条件与外部环境，做出相应的管理对策。这一步骤是 ABC 分类法的重点。只有根据不同类别的物资，制定出科学的、有效的管理措施，ABC 分类法才能产生好的效果。例如，对库存储备物资实行 ABC 分析，则制定的分类管理对策要围绕库存储备物资管理的各个环节来制定，对不同类别的物资制定出不同的管理措施。

（7）效果分析，追踪反馈。

在 ABC 分析施行了一个阶段以后，要及时地进行效果分析，对实施过程中出现的问题要及时地反馈，对物资的分类或制定的管理措施进行修订，以便使 ABC 分析更完善、更科学。比如，有的物资在分类时分在 A 类，经过一段时间的管理发现，这种物资加强管理后效果很小，就可以将其放到 B 类里去。而对一些潜力大的 B 类物资可以放到 A 类里去。

综上所述，ABC 分类过程如图 8－7 所示。

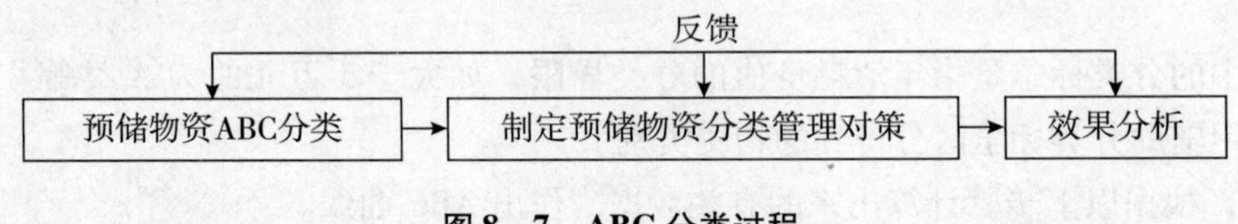

图 8－7　ABC 分类过程

库存物资 ABC 分类管理法是将 ABC 分类管理法的原理应用于库存物资管理，把库存物资分为 A、B、C 三类，并分别采取不同的管理办法和采购、存货策略。

如减少 A 类物资的库存量，采购 C 类物资则采用集中订货方式，以取得优惠价格和节约人力与时间。

一般来讲，由于库存物资种类繁多，规格不一，且其重要程度、消耗数量、价值大小、资金占用各不相同。一般只有少数几种物资占用较多的资金，而大多数种类的物资占用资金却较少，即所谓“关键的少数和次要的多数”。故只有实行重点控制、重点管理才能使物资管理工作简化、合理、有效，取得较高的工作效率和经济效果。

库存物资 ABC 分类标准如表 8－17 所示。

表 8－17　库存物资 ABC 分类标准

类别	数量（品种或用量）占总数量的比重	金额占总金额的比重
A	5%～10%	70%～80%
B	10%～20%	10%～20%
C	70%～80%	5%～10%

库存物资 ABC 分类管理法，就是以库存物资单个品种的库存资金占整个库存资金的累积百分数为基础，进行分级，按级别实行分级管理。分级标准一般取决于库存物资资金占总库存资金的累积百分数，以及相关品种数占总库存资金的累积百分数。

这个图表明库存只占 20% 的物资品种，却占总金额的 80%，构成这 20% 的物资品种称为 A 类产品；B 类产品大约占到物资品种的 50%；最终 C 类代表了其余 30% 的物资品种，它们只约占金额的 5%。

图 8－8 解释了用于库存货管理的 ABC 分类法。ABC 分类结果如图 8－8 所示。

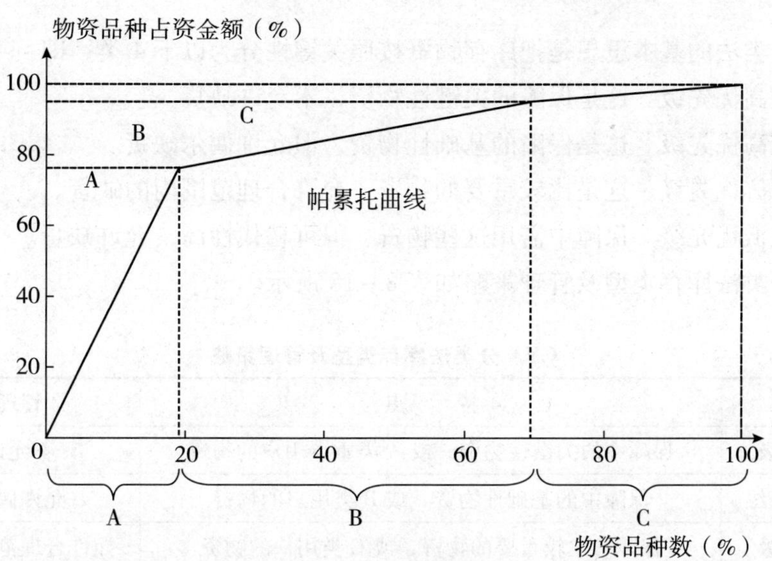

图 8－8　ABC 分类结果

在将物资进行 ABC 分类的基础上，即可据此对各类物资采用不同的管理、控制办法。对 A 类物资要进行重点管理与控制，如用经济批量法确定订货批量、采购间隔期，按品种、规格严格控制发放数量，密切注意消耗情况，加强实物与资金管理等。对 B 类物资，可进行一般性管理与控制，如根据经验和统计资料来确定订货批量，或用订货点法来确定订货点量，也可用加大的经济批量作为订货批量；在管理上可按大类进行控制，不必具体到每个品种、规格等。对 C 类物资，则以保证供给不间断为原则，按全部金额来管理与控制；对具体物资不拘泥于批量、采购间隔等的计算，可完全根据经验估算，因其订货批量大小对资金总额影响甚微，不必严加控制。

在很多 ABC 分析中，通常易犯错误是认为 B 类和 C 类，远远没有 A 类重要，因此，将大多数或全部的管理放到了 A 类上。例如，制定的决策是要确保 A 类物资拥有大量的库存，而 B 类或 C 类物资很小或几乎没有库存。与此不同的决策是在某种程度上 A、B 和 C 类的所有物资都是重要的，每一类都要制定各自的战略，确保适当的成本水平都能获得产品。这样可对 A、B、C 类库存实施差别化的库存政策，确保 A 类物资立即就能取得或通过快递物流服务取得。B 类和 C 类尽管在物流渠道中可能取得，但要等到需要的时候才能及时获得。

应该强调的是，ABC 分类法并不局限于分成三类，可以根据情况适当增加，但经验表明，最多不要超过五类，过多的种类反而会增加控制成本。

2. CVA **分类法**

ABC 分类法也有不足之处，通常表现为 C 类物资得不到应有的重视，而 C 类物资往往也会影响保障任务的完成。因此，引入了关键因素分析法（Critical Value Analysis，CVA）。

CVA 分类法的基本思想是把库存物资按照关键性分为以下 4 类，即：

（1）最高优先级。这是保障的关键性物资，不允许缺货。

（2）较高优先级。这是保障的基础性物资，但允许偶尔缺货。

（3）中等优先级。这是比较重要的物资，允许合理范围内的缺货。

（4）较低优先级。保障中需用这些物资，但可替代性高，允许缺货。

CVA 分类法库存类型及管理策略如表 8－18 所示。

表 8－18　CVA 分类法库存类型及管理策略

库存类型	特　点	管理措施
最高优先级	保障中的关键性物资，或 A 类重点用户的物资	不允许缺货
较高优先级	保障中的基础性物资，或 B 类用户的物资	允许偶尔缺货
中等优先级	保障中比较重要的物资，或 C 类用户的物资	允许合理范围内的缺货
较低优先级	保障中需要但可替代的物资	允许缺货

CVA 分类法比 ABC 分类法具有更强的目的性。在使用中要注意，人们往往倾向于制定高的优先级，结果高优先级的物资种类很多，最终哪种物资也得不到应有的重视。CVA 分类法和 ABC 分类法结合使用，可以达到分清主次、抓住关键环节的目的。对成千上万种物资进行优先级分类时，也不得不借用 ABC 分类法进行归类。

（三）库存控制基本模型

库存控制模型有很多类型，其中基本类型有定量订货法和定期订货法。

1. 定量订货法库存控制

定量订货控制也称订购点控制，是指库存量下降到一定水平（订购点）时，按固定的订购数量进行订购的方式。该方法的关键在于计算出订购点时的库存量和订购批量，对于某种物资来说，当订购点和订购量确定后，就可以利用永续盘点法实现库存的自动管理。

（1）订购点的确定。

订购点，即配送中心进行补货时的库存量，订购点的确定则取决于交货期或订货提前期的需要量和安全库存量，即订购点＝平均需求速度×交货期＋安全库存量。

订购点的数学表达式为：

$$ROL = (R_d \times L) + S \tag{8-24}$$

式中：

R_d——需求或使用速度；

L——交货期（月/天/周）；

S——安全库存量。

例：

当需求或使用速度为每周 100 件，交货期为 3 周，安全库存为 200 件时，订货点 $ROL=(100\times3)+200=500$（件）。定量订货法库存模型如图 8－9 所示。

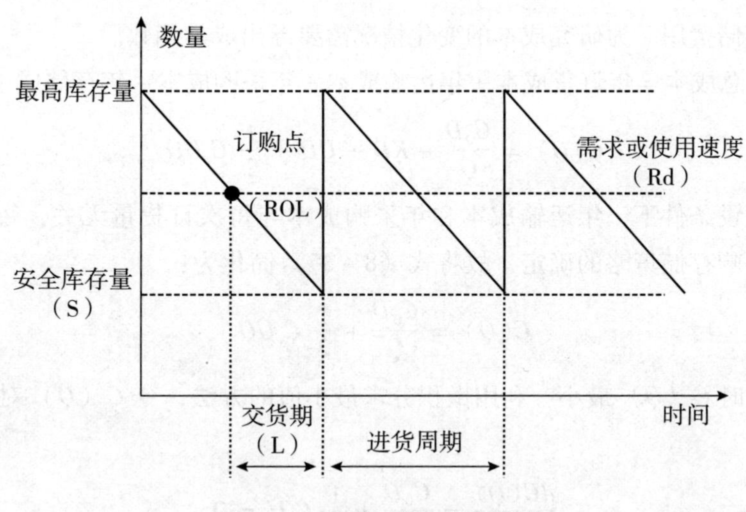

图 8－9　定量订货法库存模型

图 8－9 为基本的再订货水平模型，显示了一种理想的情况，即库存以不变的速度被减少，而下一次到货正好发生于安全库存水平。

（2）订货量的确定。

一般来说，物资的库存量以总成本最低为基本依据，订购量也是一样。库存总成本最小的订购量称为经济订购批量（Economic Order Quantity，EOQ）。

在研究、建立模型时，需要作一些假设，目的是使模型简单、易于理解、便于计算。为此作如下假设：

- 已知全年的需求量；
- 已知连续不变的需求速率（每天的需求量为常数）；
- 已知不变的补给完成周期时间；
- 购买单价或运输价格与订货数量无关（不存在折扣）；
- 多种存货项目之间不存在交互作用；
- 不考虑在途存货；
- 不限制可得资本；

➢ 不允许缺货；

➢ 每次订货量不变，订购费不变；

➢ 单位存储费不变。

这些假设条件只是近似的正确，在这些假设条件下如何确定存储策略呢？我们用年总成本来衡量存储策略的优劣。为了找出最低成本的策略，首先想到在需求确定的情况下，每次订货量多，则订货次数可以减少，从而减少了订购费。但是每次订货量多，会增加存储费用。为研究成本的变化情况需要导出成本函数。

年总成本 = 年订货成本 + 年运输成本 + 年采购成本 + 年存储成本

$$C(Q) = \frac{C_0 D}{Q} + KD + UD + \frac{1}{2} C_i UQ \tag{8-25}$$

在上述假设条件下，年运输成本和年采购成本与每次订货量无关，暂时忽略这两项成本不会影响存储策略的确定，故将式（8－25）简化为：

$$C(Q) = \frac{C_0 D}{Q} + \frac{1}{2} C_i UQ \tag{8-26}$$

Q 取何值时 C（Q）最小？利用微积分求最小值的方法，令 C（Q）对 Q 的导数等于零可求出：

$$\frac{dC(Q)}{dQ} = \frac{C_0 D}{Q^2} + \frac{1}{2} C_i U = 0 \tag{8-27}$$

解得：

$$EOQ = \sqrt{\frac{2C_0 D}{C_i U}} \tag{8-28}$$

上面公式中各参数的含义如下：

EOQ——经济订货批量；

C——年度总成本；

C_o——每次订货发生的费用；

C_i——年度存货储囤成本占存货价值的百分比；

D——年度销售量；

Q——每次订货批量；

K——每单位运输成本；

U——每单位成本。

将 EOQ 代入式（8－26），可得最低总成本的计算公式：

$$\min C(Q) = \sqrt{2C_0 DC_i U} \tag{8-29}$$

另外，由式（8－27）可得：

$$\frac{C_0D}{Q}=\frac{1}{2}C_iUQ \tag{8-30}$$

式（8－30）告诉我们，若采用经济订货批量，则年订货成本等于年存储成本。如图8－10所示。

从 EOQ 的计算公式中，我们还可以看出，货物价值越高，经济订货批量将越小，订货频率也会提高。

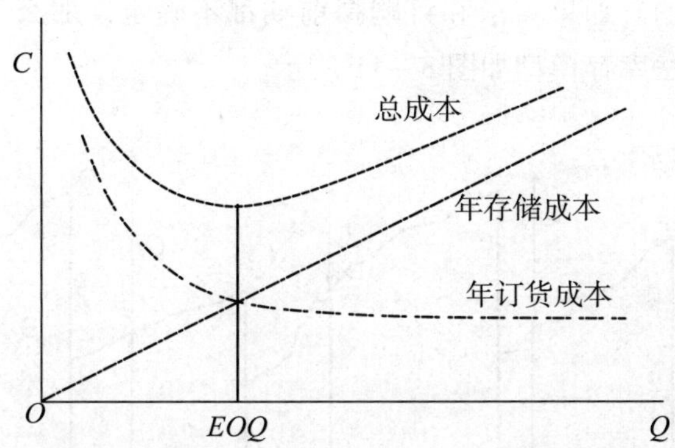

图8－10　年订货成本与年存储成本关系示意

例：

某物资成本为300元，年度储存费用为成本的20%，每次订购需订购费20元。年度需求量为3650单位，需求率为常数。求经济订货批量 EOQ。

解：

$$EOQ=\sqrt{\frac{2C_oD}{C_iU}}=\sqrt{\frac{2\times20\times3650}{0.2\times300}}=49.3\text{（取整为50单位）}$$

$$\min C(Q)=\sqrt{2C_0DC_iU}=\sqrt{2\times20\times3650\times0.2\times300}=2960\text{（元）}$$

总之，定量订货法库存控制的优点有：①管理简便，订购时间和订购量不受人为判断的影响，保证库存管理的准确性；②由于订购量一定，便于安排库内的作业活动，节约理货成本；③便于按经济订购批量订购，节约库存总成本。

缺点有：①不便于对库存进行严格的管理；②订购之前的各项计划比较复杂。

适用范围为：①单价比较便宜，而且不便于少量订购的物品，如螺栓、螺母等C类物资；②需求预测比较困难的物品；③品种数量多，库存管理事务量大的物品；④消耗量计算复杂的物品；⑤通用性强、需求总量比较稳定的物品。

2. 定期订货法库存控制

定期库存控制方法也称为固定订购周期法，这种方法的特点是按照固定的时间周期来订购（一个月或一周等），而订购数量则是变化的。一般是事先依据对物资需求量的预测，确定一个比较恰当的最高库存额，在每个周期将要结束时，对库存进行盘点，决定订购量，物资到达后的库存量刚好到达原定的最高库存额。

与定量库存控制方法相比，这种方法不必严格跟踪库存水平，减少了库存登记费用和盘点次数。价值较低的物资可以大批量购买，也不必关心日常的库存量，只要定期补充就可以了。

如果需求和订购量是确定的，并且可以提前知道，那么使用固定订购周期法，每周期的订购量是一样的。如果需求和订购提前期都不确定，那么每周期的订购量就会有所不同。定期订货法库存模型如图 8-11 所示。

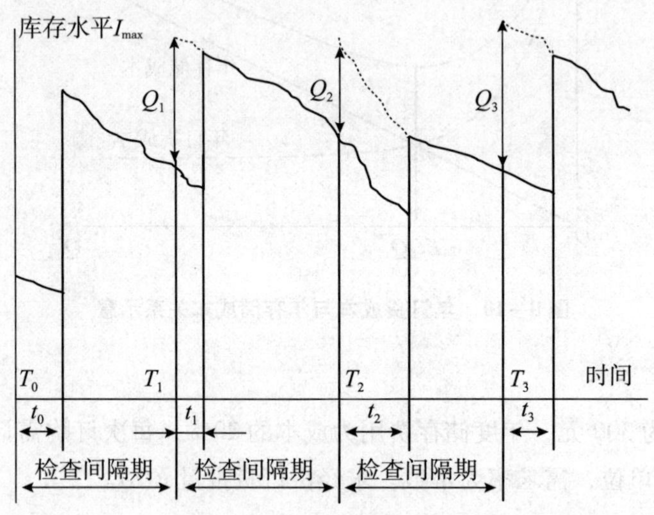

图 8-11　定期订货法库存模型

各次订货（T_0，T_1，T_2，T_3）之间的间隔相同。在 T_1 查库存水平并计算出足以将库存量增加至某一预订最大库存水平 I_{max} 的订货量。但是，数量为 Q_1 的订货在交货期期间 t_1 结束之前不会到货。在此期间，库存在继续减少。同以前一样，需求和交货期一般都是不确定的。数量为 Q_1 的订货一旦到货，库存便被增加到低于 I_{max} 的某一水平。之后，需求将继续减少库存，直至 T_2（第二次检查）。此时，再次进行数量为 Q_2 的订货。同 Q_1 一样，该订货批量为 T_2 时的当前库存水平与 I_{max} 之差。这一新的订货在第二个交货期 t_2（比前一个更长一些）过去之后到货。在这一交货期期间，需求使库存下降得更多。因此，在 T_1 时刻订货的数量必须能够满足检查间隔期加上第二次订货的交货期期间的需求。

这种方法的关键在于确定订购周期和最大库存量。订购周期是指提出订购、发出订购通知，直至收到订购的时间间隔。最大库存量是满足订货周期和订货提前期的库存以及安全库存的要求。

（1）订货周期的确定。

订货周期来自于经济订货批量，最优检查间隔期为：

$$t_r = EOQ/D \tag{8-31}$$

式中：

EOQ——经济订货批量；

D——需求量。

例：

某物资的需求量 D 为每年 2000 单位，价格 U 为每单位 2.5 元，每次订货的订货成本 C_0 为 25 元，年持有成本率 C_i 为 20%。求各次订货之间的最优检查间隔期 t_r。

$$EOQ = \sqrt{\frac{2C_0D}{C_iU}} = \sqrt{\frac{2 \times 2.5 \times 2000}{0.2 \times 2.5}} = 447\ (\text{单位})$$

$$t_r = \frac{EOQ}{D} = \frac{447}{2000} = 0.2235\ (\text{年}) = 2.7\ (\text{月})$$

即最优检查间隔期为每 2 个月 3 周。

（2）最大库存量的确定。

定期检查系统所需考虑的第二个关键问题是计算最大库存量 I_{max}。最大库存量决定了安全库存水平，并且是自动确定每次订货批量的基础。

最大库存量应当满足订货周期、交货期或订货提前期、安全库存等三个方面的要求。计算公式为：

$$I_{max} = R_d(T + L) + S \tag{8-32}$$

式中：

L——平均订购时间；

R_d——需求速度；

T——订购间隔时间；

S——安全库存量。

采用这种库存控制的方法进行订购时，每次的订货量 Q 的计算公式为：

$$Q = R_d(T + L) + S - Q_0 - Q_1 + Q_2 \tag{8-33}$$

式中：

L——平均订购时间；

R_d——需求速度；

T——订购间隔时间；

S——安全库存量；

Q_0——现有库存量；

Q_1——在途库存量；

Q_2——已经发出尚未提货的库存量。

总之，定期订货法库存控制的适用范围为：①价格高、需要实施严密管理的重要物品；②根据市场供应情况需要经常调整采购数量的物品；③需求量变动幅度大，而且变动具有周期性，可以正确判断的物品；④建筑工程、出口等可以确定的物品；⑤设计变更风险大的物品；⑥多种物品采购可以节省费用的情况；⑦同一品种物品分散保管，同一品种物品向多家供货商订购，批量订购分期入库等订购、保管、入库不规则的物品。

拓 展

系统工程方法

系统工程方法论的基础就是运用各种数学方法、计算技术和控制论达成系统的模型化和最优化，来进行系统分析和系统设计。一般方法有：

（一）模型化技术

所谓模型就是由实体系统经过变换而得到的一个映像，是对系统的描述、模仿或抽象。模型化就是通过说明系统结构和行为的、适当的数学方程、图像以至物理的形式来表达系统实体的一种科学方法。模型表现了实际系统的各组成因素及其相互间的因果关系，反映实际系统的特征，但它高于实际系统，而且具有同类系统的共性，有助于解决被抽象的实际系统。

当系统的目标确定后，系统工程的首要任务就是建模，即构造系统模型，又称模型化技术。然后，再进行系统优化和评价。一般来讲，对系统的研究必须转化为对其模型的研究，运用从客观实体观测到的数据，来建立系统模型。

系统的种类不胜枚举，作为系统行为描述的模型种类也很多。因此，必须对模型进行合理分类，以便于研究和应用。

（1）形象模型。包括实体模型和类比模型。实体模型，即系统本身，它能较好地反映实物的某些特性；类比模型，又称图型模型，包括顺序图、点线图、矩阵图、流程图、方框图、树状图及曲线图等。研究工程管理离不开这些初期量化模型。

（2）数学模型。是指运用数学方法描述系统变量之间相互作用和因果关系的模型。它是用各种数学符号、数值来描述工程、管理、技术和经济等有关因素及它们之间的数量关系的模型。它最抽象，应用最广，效果也较好。对于物流系统工程的研究来说，采取类比模型和数学模型综合使用效果比较显著。比如物资的合理调运以及网点设置等采用的均是既有类比模型的矩阵图、点线图、树状图，又有较深的数学调运模型。对数学模型的要求是真实性、简明性、完整性和规范化。

建模，是系统设计的难点，是系统工程技术的主要内容之一。它是通过建立适当的系统模型，作为选择最优化方案的基础。

系统工程的一般模型，通常具有下列方程形式：

$$V=f(x_i, y_j)$$

式中：

V——目标函数；

x_i——可控变量；

y_j——不可控变量；

$f(x_i, y_j)$——表示 v 与 x_i，y_j 之间的关系的函数。

建模的具体方法有直接分析法、系统模型法和数据分析法。

（二）系统优化技术

最优化技术是20世纪40年代发展起来的一门较新的数学分支，近些年来发展迅速，应用范围愈来愈广，其方法也愈来愈成熟，所能解决的实际问题也愈来愈多。

系统优化问题是系统设计的重要内容之一，所谓最优化，就是在一定的约束条件下，找出使目标函数为最大（或最小）的解。求解最优化问题的方法称为最优化方法。一般来讲，最优化技术所研究的问题是对众多方案进行研究，并从中选择一个最优的方案。一个系统往往包含许多参数，受外部环境影响较大，有些因素属于不可控因素。因此，也可以说，最优化问题是在不可控参数发生变化的情况下，根据系统的目标，经常地有效地确定可控参数的数值，使系统经常处于最优状态。

系统工程的基本思想是整体优化的思想，对所研究的对象采用定性、定量，主要是定量的模型优化技术，经过多次测算比较、求好选优、统筹安排，使所获得的目标是整体最优，而不是局部优化。

系统优化离不开系统模型化，先有模型化而后才有系统最优化，二者与系统目标选定和评价共同组成系统分析流程框图。系统优化的方法很多，它是系统工程学中最具理论性的领域。到目前为止，它们还大部分是以数学模型来处理一般问题的。如物资调运的最短路径问题、最大流量、最小运送费用（或最小物流费用）以及物流网点合理选择库存优化策略等模型。

建立优化数学模型时，首先，应根据系统的性质确定目标函数及其相应的约束条件，不同的系统有着不同的目标函数和约束条件，如企业系统的目标函数是企业的产量和利润；物流—运输系统的目标函数是运输量、物流费用和顾客服务水平。前者的约束条件是原材料、动力和劳动力等，后者的约束条件一般是运输工具、运输距离及网点布局等。其次，要掌握达到系统优化的手段和方法，应根据系统的特性、目标函数及约束条件等进行合理选择。

常用的系统优化方法有数学规划法（包括静态优化和动态优化规划法）、动态规划法、探索法、分割法等。另外，运筹学中的博弈论和统计决策也是较好的优化方法。

上述方法中，除了分割法外，都只能用于规模较小的系统优化。对大系统的优化问题，多采用以分解与协调思想为指导的 Dentzin Wolfe 分解原理和分解方法。所谓大系统优化是指为达到大系统的“最高”“最好”或“最短”等目标。对于非工程类的社会大系统，其目标函数往往是在一定条件下，要达到社会经济效益最高的综合目标。由于系统包含多个约束条件和多重变量的影响，难以求优。因而解决的办法可巧妙地把大的问题分解成多个小问题，对各子问题可使用现有的优化方法和计算机求解。也可通过拉格朗日方法求得大系统的动态优化解。

（三）网络技术

网络技术是现代化管理方法中的一个重要组成部分。最早用在工程任务完成方面，后在企业（或公司）的经营管理中得到广泛应用和发展。它是 1958 年美国海军特种计划局在研制“北极星导弹潜艇”过程中提出的以数理统计为基础，以网络分析为主要内容，以电子计算机为先进手段的新型计划化的管理方法，称 PERT（计划评审法）和后来发展的 CMP（关键路线法）。PERT 方法主要以时间控制为主，而 CMP 则以成本控制为中心。对于关系复杂的、多目标决策的物流系统研究，网络技术分析是不可忽视的基础理论。

网络技术，它以工作所需的时间为基础，用工作之间相互联系的“网络图”来反映整个系统的全貌，并能指出影响全局的关键所在，从而对整体系统做出比较切实可行的全面规划和安排。

网络图是一项工程施工（或项目活动过程）的图解模型和逻辑关系的因式，它运用系统的观点，通过网络图的形式对千头万绪、错综复杂的工程任务，以图解方法，以网状流程图来模拟表达清楚各项任务的内在逻辑关系，并进一步对完成各项任务所需的时间进行计算和分析，从而求得最优方案。

由于网络图反映了工程的全貌和各工作之间的相互关系，提出了工程的主要关键及其动态变化，所以将网络图交给领导者，领导者就能清楚地掌握全局，抓住关键路线和关键工作，及时地指导工作。把它交给操作者，操作者也能清楚地了解整个工程和自己所承担的工作在全局系统中的位置，以及本工作对前后工作的影响，因而能及时地做好协调与配合，使整体工程统一起来，加强了管理系统化。

（四）分解协调技术

在一个复杂的系统中，由于组成系统的项目繁多，相互之间关系复杂，涉及面广，就给系统分析和量化研究带来一定困难，如何处理好系统内外的各种矛盾和关系，使系统能在矛盾中不断调节使之处于相对稳定和平衡状态，充分发挥系统的功能，就需要一种叫作“平衡协调”的技术来辅助。

所谓“分解—协调”方法，就是先将复杂的大系统分解为若干相对简单的子系统，以便运用通常的方法进行分析和综合。其基本概念是先实现各子系统的局部优化，再根据总系统的总任务、总目标，使各子系统相互“协调”配合，实现总系统的全局优化。先分别对各子系统局部优化，不断协调各子系统间相互关系，从整体利益出发达到总系统的总目标。除各子系统间要协调外，还要考虑如何处理好系统与外部环境的协调、适应。

（五）模拟技术

模拟在生产、科研和国防等部门是被广泛应用的一种有效的管理技术。对于一些简单的问题，采用一般的解析方法，而对于现代物流这样一个多变量、多目标、多层次的复杂系统，仅用传统的解析方法是不能解决问题的，无法用简单的数学式子表示各变量之间的因果关系，即使有办法表示，也因变量太多、随机性强，而无法求解。

所谓模拟，是指用系统模型结合实际的或模拟的环境和条件，或是用实际的系统结合模拟的环境和条件进行研究、分析或试验的技术方法。此种方法早已用在军事和生产中。计算技术的进步，为计算机模拟系统化提供了强有力的手段，大大推动了人们对复杂系统的数量和逻辑关系的研究，使计算机模拟成为研究系统科学，特别是复杂的物流系统成为可能。

在模拟过程中，首先要对具体问题具体分析，找出主要因素、可控变量和不可控变量，掌握各变量之间的相互关系，将各部分连贯建成一个接近真实的系统，然后给予不同的数据让其模拟出最终结果，并以过去的资料来检查是否真实，确定模拟程序，不断修正，使之逐步逼近现实，且可靠。

实训作业之八

学术交流

参加课程论文学术交流，并选择学术刊物投稿，尝试公开发表课程论文。

（一）作业要求

（1）准备多媒体课件，以课程论文为基础，在课堂作学术报告。应当做到学术观点清晰，语言表达准确，具有一定的创新性。

（2）互相听取报告，就主要观点的创新点等进行质疑提问、答辩讨论。应当做到善于从不同角度听取和理解他人的意见建议，辩证吸收有关学术观点。

（3）研究分析有关学术刊物用稿的专业性质、文字风格、篇幅长短等特点，有针对性地适当调整修改课程论文，联系投稿，争取发表。

（二）作业辅导

学术交流泛指科学技术研究领域中以研究者的学术思想、观点、信息为主要对象和内容的发布、探讨、论证、研究和认可等活动。交流是学术的基本特征，也是学术研究的价值所在，可以采用座谈、讨论、演讲、展示、实验、发表成果等方式进行。

1. 学术交流的作用

学术交流是科学研究的组成部分，具有传播学术思想、启迪创新思维、凝聚科研力量、促进科技进步的功能。英国著名诗人萧伯纳有一句名言，“倘若你有一个苹果，我也有一个苹果，我们彼此交换苹果，那么你和我仍然各有一个苹果。倘若你有一种思想，我也有一种思想，我们彼此交换这些思想，那我们每人将有两种思想。”这段话充分表明了学术交流的意义。

学术交流在科技活动中发挥着推动学术思想传播，启迪创新思维，提高创新能力，凝聚科技群体，促进科技进步的重要作用。一种新的学术思想或观点产生后，即有获得学术评价和批评的需要，这就必须要使该学术思想通过各种媒介广泛传播，而学术交流便是这种传播过程的重要载体，能有效地促进知识的共享和扩散；特别是跨学科领域的学术交流活动，可以给学术交流的主体带来全新的思维模式，增加知识内容的储备，促进学科的交叉融合，增加思维的广度和深度，更易于启迪创新，提高学术创新能力；对于科技工作者而言，学术交流是其获得新的思想、知识、技能和信息的重要途径，是融入科学家共同体并得到同行认可的重要方式，是拓展业务视野、扩大对外交流与合作的重要渠道，也是提高自身学术水平和学术鉴赏力的重要过程。

2. 学术观点的表达

学术交流，应当创造并维持一种鼓励争鸣的文化氛围，不设禁区，不限范围，也不要求必须达成认识上的一致；并且淡化甚至忽视具体身份特别是职务的差别，学术面前人人平等，都可以畅所欲言，言无不尽。

学术交流时，应当注意学术观点的凝练。要将学术成果从书面语转换成通俗易懂、生动活泼的口语；要提炼学术成果的主要内容，用严密的逻辑、清晰的思路准确地表达学术成果的主要观点；要特别注意学术成果创新点的表达，切实使听者理解并有所收获。

当然，课件尽管是一件饱受诟病的“小事儿”，但也容不得丝毫的马虎。要使用简洁凝练的标题文字、醒目清晰的字体图表和协调和谐的配色搭配，必要时还要辅以图片、表格、视频、音频等手段，特别要注意不能在课件上出现错别字等低级错误。

3. 学术成果的发表

一般来说，学术交流的类型可归纳为非正式交流过程和正式交流过程两大类。非正式交流过程包括召开学术会议、网上交流、科学考察、会晤谈话等形式，具有个体性、选择性和针对性等特点；正式交流过程则主要通过正式出版物发表自己的学术思想和观点，如在期刊上发表学术论文、出版学术专著等，具有客观性、规范性等特点。

发表学术论文，应结合自身科研工作的特点和方向来选择期刊。当然，不可否认的是，在同类型期刊中，影响力（由特征值指标反映）越高的期刊，其审稿标准越高，对于科研成果的要求就越高，评审意见也更具启发性和建设性，因此，在时间允许的情况下，建议先选择影响力偏高的期刊试投，这样可以根据评审意见，明确相关成果的水平和不足，有助于现有科研成果的完善和后续科研工作的开展。当然，这种做法的缺点是论文被拒稿的风险较大，可能导致发表周期增加。如果选择低影响力期刊，可以增加论文的录用概率，缩短论文发表周期。但是，后者对科研成果的完善和论文水平的提升帮助有限，同时，还可能导致对于相关成果价值的评价出现偏差，从而对后续工作带来负面影响。因此，从提升自身科研能力和学术交流能力的角度来讲，这种“重速度而不重质量”的做法是不可取的。

参考文献

［1］周宁宁．学术规范教程［M］．北京：军事科学出版社，2013.

［2］粟登馥．军事学学位论文写作［M］．北京：蓝天出版社，2006.

［3］曲继方，庞海波．学位论文写作［M］．北京：国防工业出版社，2005.

［4］刘春燕，安小米．学位论文写作指南［M］．北京：中国标准出版社，2008.

［5］赵英才．学位论文创作［M］．北京：机械工业出版社，2004.

［6］黄津孚．学位论文写作与研究方法［M］．北京：经济科学出版社，2000.

［7］郭有献，郭秀莲．学位论文写作指导［M］．北京：北京邮电大学出版社，1999.

［8］魏孔虎，欧春芳．军事专业学位论文研究与写作［M］．北京：国防大学出版社，2015.

［9］罗温纳·摩雷．怎样撰写学位论文［M］．燕燕，译．北京：东方出版社，2007.

［10］科林·费希尔，约翰·比勒，黛安娜·劳里．博士、硕士研究生毕业论文研究与写作［M］．徐海乐，译．北京：经济管理出版社，2005.

［11］戈登·哈维．学会应用——大学生论文写作指导手册［M］．沈文钦，李茵，译．北京：教育科学出版社，2007.

［12］丁士峰．科学研究方法论［M］．北京：国防大学出版社，2005.

［13］E. B. 威尔逊．科学研究方法论［M］．石大中，鲁素珍，穆秀瑛，等，译．上海：上海科学技术文轩出版社，1988.

［14］王树恩，陈士俊．科学技术论与科学技术创新方法论［M］．天津：南开大学出版社，2001.

［15］威拉德·蒯因．从逻辑的观点看［M］．江天骥，宋文淦，张家龙，等，译．上海：上海译文出版社，1987.

［16］叶润平．形式逻辑教程［M］．北京：蓝天出版社，2006.

［17］金生鈜．教育研究的逻辑［M］．北京：教育科学出版社，2015.

［18］国防大学研究生院．导师论·论导师［M］．北京：国防大学研究生

院，2009.

［19］张占军．剪得秋光入卷来——军事学术论文写作进修教程［M］．北京：军事科学出版社，2008.

［20］马金生．从立意到发表：军事学术论文写作技法详解［M］．北京：海潮出版社，2010.

［21］马金生．从入门到精通：大型文字材料写作技法详解［M］．北京：海潮出版社，2010.

［22］国防大学杂志社．军事学术论文写作讲座［M］．北京：军事科学出版社，2000.

［23］吕学勇．军事学术研究理论与实践［M］．北京：海潮出版社，2006.

［24］杨继军，李华兵．军事学术研究与论文写作［M］．北京：国防大学出版社，2009.

［25］杭长钊，施长富．军事学术研究选题技巧［M］．北京：海潮出版社，2002.

［26］刘卫东．军事学研究生教育探究［M］．北京：海潮出版社，2005.

［27］邓富民．文献检索与论文写作［M］．北京：经济管理出版社，2010.

［28］梁国杰．文献信息资源检索与利用［M］．北京：海洋出版社，2011.

［29］丁恒龙，张欣平．新形势下领导调研方法与艺术［M］．北京：中共中央党校出版社，2012.

［30］谢天振．学位论文写作指导与学术规范训练［J］．中国比较文学，2005（2）：34－39.

［31］郇庆治．论学位论文的“学术理论性”［J］．学位与研究生教育，2009（3）：9－13.

［32］卢伟，李菲菲．军事学研究生写作能力的培养［J］．高等教育研究学报，2011，34（2）：56－59.

［33］张艳兵．毕业论文写作应注意培养的几种能力［J］．公安海警学院学报，2011，10（3）45－47.

［34］周文松，史佩，杨贵硕．关于提高军校研究生学位论文质量的思考［J］．海军院校教育，2011，21（1）：64－66.

［35］王玉云，王永斌．军事学研究生学位论文选题的非理性倾向与应对浅析［J］．重庆通信学院学报，2012，31（5）：87.

［36］郝万禄，侯云翔，张文杰．研究生学位论文选题存在的问题及指导建议［J］．后勤指挥学院学报，2009，103（2）：121.

［37］贲可荣．研究生学位论文选题之我见［J］．海军院校教育，2013，23（2）：77.

[38] 杜万锋，李永洲，由继庄．对军校研究生学术论文写作情况的调查与思考［J］．中国军事教育，2008，20（2）：45－47.

[39] 张德勤，龚道华．军事硕士专业学位论文选题分析［J］．中国军事教育，2008，20（4）：40.

[40] 邓一非．推进军事理论创新的哲学新视角［J］．军事学术，2005：5－9.

[41] 崔莉莉，邵相军，张瑞鹏．提高硕士研究生学位论文质量的对策分析［J］．海军院校教育，2010（4）：61－62.

[42] 袁浩川，贾卫国．军队管理学硕士学位论文选题研究［J］．军队管理论坛，2008（1）：62.

[43] 翟锦河，鲁娜，吕楠．研究生学位论文选题存在的问题及对策［J］．中国军事教育，2008，20（1）：47.

[44] 丁双双，马爱国，魏子任．军校研究生学位论文质量透析及对策研究［J］．中国军事教育，2010（1）：19－23.

[45] 唐权，杨振华．案例研究的5种范式及其选择［J］．科技进步与对策，2017，34（2）：18－24.

[46] 宁湘萍．信息时代学术交流工作的认识与思考［J］．论证与研究，2013（6）：31－33，37.

[47] 艾思奇．大众哲学：修订本［M］．北京：人民出版社，2009.

[48] 粟盛玉．用哲学眼光看待和解决问题［J］．政工导刊，2016（2）：8－9.

[49] 蒋仲安．军事历史研究采撷［M］．北京：军事科学出版社，2005.

[50] 续红伟，丁刚，李志坚．现代汉语［M］．北京：海潮出版社，2003.

[51] 任小平．《学位论文编写规则》新国标的变化和特点［J］．广东教育学院学报，2008，28（5）：109－112.

[52] 刘利军．应急物流［M］．北京：中国财富出版社，2015.

附　录

一、 学位论文编写规则 GB/T 7713.1—2006 （节录）

1 范围

本部分规定了学位论文的撰写格式和要求，以利于学位论文的撰写、收集、存储、加工、检索和利用。

本部分对学位论文的学术规范与质量保证具有一定的参考作用，不同学科的学位论文可参考本部分制定专业的学术规范。

本部分适用于印刷型、缩微型、电子版、网络版等形式的学位论文。同一学位论文的不同载体形式，其内容和格式应完全一致。

2 规范性引用文件

（略）

3 术语和定义

下列术语和定义适用于本部分。

3.1 学位论文

作者提交的用于其获得学位的文献。

注1：博士论文表明作者在本门学科上掌握了坚实宽广的基础理论和系统深入的专门知识，在科学和专门技术上作出了创造性的成果，并具有独立从事创新科学研究工作或独立承担专门技术开发工作的能力。

注2：硕士论文表明作者在本门学科上掌握了坚实的基础理论和系统的专业知识，对所研究课题有新的见解，并具有从事科学研究工作或独立承担专门技术工作的能力。

注3：学士论文表明作者较好地掌握了本门学科的基础理论、专门知识和基础技能，并具有从事科学研究工作或承担专门技术工作的初步能力。

3.2 封面

学位论文的外表面，对论文起装潢和保护作用，并提供相关的信息。

3.3 题名页

包含论文全部书目信息，单独成页。

3.4 摘要

论文内容的简要陈述，是一篇具有独立性和完整性的短文，一般以第三人称语气写成，不加评论和补充的解释。

3.5 摘要页

论文摘要及关键词、分类号等的总和，单独编页。

3.6 目次

论文各章节的顺序列表，一般都附有相应的起始页码。

3.7 目次页

论文中内容标题的集合。包括引言（前言）、章节或大标题的序号和名称、小结（结论或讨论）、参考文献、注释、索引等。

3.8 注释

为论文中的字、词或短语作进一步说明的文字。一般分散著录在页下（脚注），或集中著录在文后（尾注），或分散著录在文中。

3.9 文献类型

文献的分类。学位论文的代码为“D”。

3.10 文献载体

记录文字、图像、声音的不同材质。纸质的载体代码为“P”。

4 一般要求

4.1 学位论文的内容应完整、准确。

4.2 学位论文一般应采用国家正式公布实施的简化汉字。学位论文一般以中文或英文为主撰写，特殊情况时，应有详细的中、英文摘要，正题名必须包括中、英文。

4.3 学位论文应采用国家法定的计量单位。

4.4 学位论文中采用的术语、符号、代号在全文中必须统一，并符合规范化的要求。论文中试用专业术语、缩略词应在首次出现时加以注释。外文专业术语、缩略词，应在首次出现的译文后用圆括号注明原词语全称。

4.5 学位论文的插图、照片应完整清晰。

4.6 学位论文应用 A4 标准纸（210mm × 297mm），必须是打印件、印刷件或复印件。

5 组成部分

5.1 一般要求

学位论文一般包括以下 5 个组成部分：

a）前置部分；

b）主体部分；

c）参考文献；

d）附录；

e）结尾部分。

5.2 前置部分

5.2.1 封面

学位论文可有封面。

学位论文风应包括题名页的主要信息，如论文题名、论文作者等。其他信息可由学位授予机构自行规定。

5.2.2 封二（可选）

学位论文可有封二。

包括学位论文使用声明和版权声明及作者和导师签名等，其内容应符合我国著作权相关法律法规的规定。

5.2.3 题名页

学位论文应有题名页。题名页主要内容：

a）中图分类号

采用《中国图书馆分类法》（第4版）或《中国图书资料分类法》（第4版）标注。

b）学校代码

按照教育部批准的学校代码进行标注。

c）UDC

按《国际十进分类法》（Universal Decimal Classification）进行标注。

注：可登录 www. udcc. org，点击 outline 进行查询。

d）密级

按 GB/T 7156—2003 标注。

e）学位授予单位

指授予学位的机构，机构名称应采用规范全称。

f）题名和副题名

题名以简明的词语恰当、准确地反映论文最重要的特定内容（一般不超过 25 字），应中英文对照。

题名通常由名词性短语构成，应尽量避免使用不常用缩略词、首字母缩写字、字符、代号和公式等。

如题名内容层次很多，难以简化时，可采用题名和副题名相结合的方法，其中副题名起补充、阐明题名的作用。

题名和副题名在整篇学位论文中的不同地方出现时，应保持一致。

g）责任者

责任者包括研究生姓名，指导教师姓名、职称等。

如责任者姓名有必要附注汉语拼音时，遵照 GB/T 15159—1996 著录。

h）申请学位

包括申请的学位类别和级别，学位类别参照《中华人民共和国学位条例暂行实施办法》的规定标注，包括以下门类：哲学、经济学、法学、教育学、文学、历史学、理学、工学、农学、医学、军事学、管理学。学位级别参照《中华人民共和国学位条例暂行实施办法》的规定标注，包括学士、硕士、博士。

i）学科专业

参照国务院学位委员会颁布的《授予博士、硕士学位和培养研究生的学科、专业目录》进行标注。

j）研究方向

指本学科专业范畴下的三级学科。

k）论文提交日期

指论文上交到授予学位机构的日期。

l）培养单位

指培养学位申请人的机构，机构名称应采用规范全称。

5.2.4 英文题名页

英文题名页是题名页的延伸，必要时可单独成页。

5.2.5 勘误页

学位论文如有勘误页，应在题名页后另起页。

在勘误页顶部应放置下列信息：

——题名；

——副题名（如有）；

——作者名。

5.2.6 致谢

放置在摘要页前，对象包括：

——国家科学基金，资助研究工作的奖学金基金，合同单位，资助或支持的企业、组织或个人。

——协助完成研究工作和提供便利条件的组织或个人。

——在研究工作中提出建议和提供帮助的人。

——给予转载和引用权的资料、图片、文献、研究思想和设想的所有者。

——其他应感谢的组织和个人。

5.2.7 摘要页

5.2.7.1 摘要应具有独立性和自含性，即不阅读论文的全文，就能获得必要的信息。摘要的内容应包含与论文等同量的主要信息，供读者确定有无必要阅读全文，也可供二次文献采用。摘要一般应说明研究工作目的、方法、结果和结论等，重点是结果和结论。

5.2.7.2 中文摘要一般字数为300~600字，外文摘要实词在300个左右。如遇特殊需要字数可以略多。

5.2.7.3 摘要中应尽量避免采用图、表、化学结构式、非公知公用的符号和术语。

5.2.7.4 每篇论文应选取3~8个关键词，用显著的字符另起一行，排在摘要的下方。关键词应体现论文特色，具有语义性，在论文中有明确的出处。并应尽量采用《汉语主题词表》或各专业主题词表提供的规范词。

5.2.7.5 为便于国际交流，应标注与中文对应的英文关键词。

5.2.8 序言或前言（如有）

学位论文的序言或前言，一般是作者对本篇论文基本特征的简介，如说明研究工作缘起、背景、主旨、目的、意义、编写体例，以及资助、支持、写作经过等。这些内容也可以在正文引言（绪论）中说明。

5.2.9 目次页

学位论文应有目次页，排在序言和前言之后，另起页。

5.2.10 图和附表清单（如有）

论文中如图表较多，可以分别列出清单置于目次页之后。图的清单应有序号、图题和页码。表的清单应有序号、表题和页码。

5.2.11 符号、标志、缩略词、首字母缩写、计量单位、术语等的注释表（如有）

符号、标志、缩略词、首字母缩写、计量单位、术语等的注释说明，如需汇集，可集中置于图表清单之后。

5.3 主体部分

5.3.1 一般要求

主体部分应从另页右页开始，每一章应另起页。

主体部分一般从引言（绪论）开始，以结论或讨论结束。

引言（绪论）应包括论文的研究目的、流程和方法等。

论文研究领域的历史回顾、文献回溯、理论分析等内容，应独立成章，用足够的文字叙述。

主体部分由于涉及的学科、选题、研究方法、结果表达方式等有很大的差异，不能作统一的规定。但是，必须实事求是、客观真切、准备完备、合乎逻辑、层次分明、简练可读。

5.3.2 图

图包括曲线图、构造图、示意图、框图、流程图、记录图、地图、照片等。

图应具有“自明性”。

图应有编号。图的编号由“图”和从“1”开始的阿拉伯数字组成，图较多时，可分章编号。

图宜有图题，图题即图的名称，置于图的编号之后。图的编号和图题应置于图下方。

照片图要求主题和主要显示部分的轮廓鲜明，便于制版。如用放大缩小的复制品，必须清晰，反差适中。照片上应有表示目的物尺寸的标度。

5.3.3 表

表应具有“自明性”。

表应有编号。表的编号由“表”和从“1”开始的阿拉伯数字组成，表较多时，可分章编号。

表宜有表题，表题即表的名称，置于表的编号之后。表的编号和表题应置于表上方。

表的编排，一般是内容和测试项目由左至右横读，数据依序竖读。

表的编排建议采用国际通行的三线表。

如某个表需要转页接排，在随后的各页上应重复表的编号。编号后跟表题（可省略）和“（续）”，置于表上方。

续表均应重复表头。

5.3.4 公式

论文中的公式应另行起，并缩格书写，与周围文字留足够的空间区分开。

如有两个以上的公式，应用从“1”开始的阿拉伯数字进行编号，并将编号置于括号内。公式的编号右端对齐，公式与编号之间可用“…”连接。公式较多时，可分章编号。

较长的公式需要转行时，应尽可能在“=”处回行，或者在“+”“-”“×”“/”等记号处回行。公式中分数线的横线，其长度应等于或略大于分子和分母中较长的一方。

如正文中书写分数，应尽量将其高度降低为一行。如将分数线书写为“/”，将根号改为负指数。

5.3.5 引文标注

论文中应用的文献的标注方法遵照 GB/T 7714—2005，可采用顺序编码制，也可采用著者 - 出版年制，但全文必须统一。

5.3.6 注释

当论文中的字、词或短语，需要进一步加以说明，而又没有具体的文献来源时，用注释。注释一般在社会科学中用得较多。

应控制论文中的注释数量，不宜过多。

由于论文篇幅较长，建议采用文中编号加“脚注”的方式。最好不要采用文中编号加“尾注”。

5. 3. 7 结论

论文的结论是最终的、总体的结论，不是正文中各段的小结的简单重复。结论应包括论文的核心观点，交代研究工作的局限，提出未来工作的意见或建议，且准确、完整、明确、精练。

如果不能导出一定的结论，也可以没有结论而进行必要的讨论。

5. 4 参考文献表

参考文献表是文中引用的有具体文字来源的文献集合，其著录项目和著录格式遵照 GB/T 7714—2005 的规定执行。

参考文献表应置于正文后，并另起页。

所有被引用文献均要列入参考文献表中。

正文中未被引用但被阅读或具有补充信息的文献可集中列入附录中，其标题为“书目”。

引文采用著作 - 出版年制标注时，参考文献表应按著者字顺和出版年排序。

5. 5 附录

附录作为主体部分的补充，并不是必需的。

下列内容可以作为附录编于论文后：

——为了整篇论文材料的完整，但编入正文又有损于编排的条理性和逻辑性，这一材料包括比正文更为详尽的信息、研究方法和技术更深入的叙述，对了解正文内容有用的补充信息等。

——由于篇幅过大或取材于复制品而不便于编入正文的材料。

——不便于编入正文的罕见珍贵资料。

——对一般读者并非必要阅读，但对本专业同行有参考价值的资料。

——正文中未被引用但被阅读或具有补充信息的文献。

——某些重要的原始数据、数学推导、结构图、统计表、计算机打印输出件等。

5. 6 结尾部分（如有）

5. 6. 1 分类索引、关键词索引（如有）

可以编排分类索引，关键词索引等。

5. 6. 2 作者简历

包括教育经历、工作经历、攻读学位期间发表的论文和完成的工作等。

5. 6. 3 其他

包括学位论文原创性声明等。

5.6.4 学位论文数据集

由反映学位论文主要特征的数据组成，共 33 项：

A1 关键词*，A2 密级*，A3 中图分类号*，A4 UDC，A5 论文资助；

B1 学位授予单位名称*，B2 学位授予单位代码*，B3 学位类别*，B4 学位级别*；

C1 论文题目*，C2 并列题目，C3 论文语种*；

D1 作者姓名*，D2 学号*；

E1 培养单位名称*，E2 培养单位代码*，E3 培养单位地址，E4 邮编；

F1 学科专业*，F2 研究方向*，F3 学制*，F4 学位授予年*，F5 论文提交日期*；

G1 导师姓名*，G2 职称*；

H1 评阅人，H2 答辩委员会主席*，H3 答辩委员会成员；

I1 电子版论文提交格式，I2 电子版论文出版（发布）者，I3 电子版论文出版（发布）地，I4 权限声明；

J1 论文总页数*。

注：有星号*者为必选项，共 22 项。

6 编排格式

6.1 封面

6.2 目次页

6.3 章、节

6.3.1 论文主体部分可根据需要划分为不同数量的章、节，章、节的划分建议参照 CY/T 35—2001。

6.3.2 章、节编号全部顶格排，编号与标题之间空 1 个字的间隙。章的标题占 2 行。正文另起行，前空 2 个字起排，回行时顶格排。

6.4 页码

学位论文的页码，正文和后置部分用阿拉伯数字编连续码，前置部分用罗马数字单独编连续码（封面除外）。

6.5 参考文献表

6.6 附录

附录编号

附录编号、附录标题各占 1 行，置于附录条文之上居中位置。

每一个附录通常应另起页，如果有多个较短的附录，也可接排。

6.7 版面

论文在打印和印刷时，要求纸张的四周留足空白边缘，以便于装订、复印和读者批注。每一面的上方（天头）和左侧（订口）应分别留边 25mm 以上间隙，下方（地角）和右侧（切口）应分别留边 20mm 以上间隙。

6.8 书脊

为便于学位论文的管理，建议参照 GB/T 11668—1989，在学位论文书脊中标注学位论文题名及学校名。

二、 文后参考文献著录规则 GB/T 7714—2005 （节录）

1 范围

本标准规定了各个学科、各种类型出版物的文后参考文献的著录项目、著录顺序、著录用的符号、各个著录项目的著录方法以及参考文献在正文中的标注法。

本标准适用于著者和编辑著录的文后参考文献，而不能作为图书馆馆员、文献目录编制者以及索引编辑者使用的文献著录规则。

2 规范性引用文件

下列文献中的条款通过本标准的引用而成为本标准的条款。凡是注日期的引用文件，其随后所有的修改单（不包括勘误的内容）或修订版均不适用于本标准，然而，鼓励根据本标准达成协议的各方研究是否可使用这些文件的最新版本。凡是不注日期的引用文件，其最新版本适用于本标准。

GB/T 3469 文献类型与文献载体代码

GB/T 7408 数据元和交换格式 信息交换　日期和时间表示法（GB/T 7408—1994，eqv ISO 8601：1988）

ISO 4 信息与文献 出版物题名和标题缩写规则

3 术语和定义

下列术语和定义适用于本标准。

3.1 文后参考文献

为撰写或编辑论文和著作而引用的有关文献信息资源。

3.2 主要责任者

对文献的知识内容或艺术内容负主要责任的个人或团体。主要责任者包括著者、编者、学位论文撰写者、专利申请者或所有者、报告撰写者、标准提出者、析出文献的作者等。

3.3 专著

以单行本形式或多卷册形式，在限定的期限内出版的非连续性出版物。它包括以各种载体形式出版的普通图书、古籍、学位论文、技术报告、会议文集、汇编、多卷书、丛书等。

3.4 连续出版物

一种载有卷期号或年月顺序号、计划无限期地连续出版发行的出版物。它包括以各种载体形式出版的期刊、报纸等。

3.5 析出文献

从整本文献中析出的具有独立篇名的文献。

3.6 电子文献

以数字方式将图、文、声、像等信息存储在磁、光、电介质上，通过计算机、网络或相关设备使用的记录有知识内容或艺术内容的文献信息资源，包括电子书刊、数据库、电子公告等。

3.7 顺序编码串

一种文后参考文献的标注体系，即引文采用序号标注，参考文献表按引文的序号排序。

3.8 著者 - 出版年制

一种文后参考文献的标注体系，即引文采用著者 - 出版年标注，参考文献表按著者字顺和出版年排序。

3.9 合订题名

由两种或两种以上的著作汇编而成的无总题名的文献中各部著作的题名。

3.10 并列题名

在文献著录信息源中出现的对应于正题名的另一种语言文字的题名。它包括对应于正题名的外文题名、少数民族文字题名等，但不包括汉语拼音题名。

4 著录项目与著录格式

本标准规定文后参考文献设必备项目与选择项目。凡是标注“任选”字样的著录项目系参考文献的选择项目，其余均为必备项目。本标准分别规定了专著、专著中的析出文献、连续出版物、连续出版物中的析出文献、专利文献以及电子文献的著录项目和著录格式。

4.1 专著

4.1.1 著录项目

主要责任者

题名项

　题名

　其他题名信息

　文献类型标志（电子文献必备，其他文献任选）

其他责任者（任选）

版本项

出版项

　出版地

　出版者

　出版年

　引文页码

引用日期（联机文献必备，其他电子文献任选）

获取和访问路径（联机文献必备）

4.1.2 著录格式

主要责任者．题名：其他题名信息［文献类型标志］．其他责任者．版本项．出版地：出版者，出版年：引文页码［引用日期］．获取和访问路径．

示例：

［1］余敏．出版集团研究［M］．北京：中国书籍出版社，2001：179 - 193.

［2］昂温 G，昂温 PS. 外国出版史［M］．陈生铮，译．北京：中国书籍出版社，1988.

［3］全国文献工作标准化技术委员会第七分委员会．GB/T 5795—1986 中国际准书号［S］．北京：中国标准出版社，1986.

［4］辛希孟．信息技术与信息服务国际研讨会论文集：A 集［C］．北京：中国社会科学出版社，1994.

［5］孙玉文．汉语变调构词研究［D］．北京：北京大学出版社，2000.

［6］顾炎武．昌平山水记；京东考古录［M］．北京：北京古籍出版社，1982.

［7］王夫之．宋论［M］．刻本．金陵：曾氏，1865（清同治四年）．

［8］赵耀东．新时代的工业工程师［M/OL］．台北：天下文化出版社，1998［1998 - 09 - 26］. http：//www. ie. nthu. edu. tw/info/ie. newie. htm（Big5）．

［9］PIGGOT T M. The cataloguer's way through AACR2：from document receipt to retrieval［M］. London：The Library Association，1990.

［10］PEEBLES P Z，Jr. Probabilily，random variable，and random signal principle［M］. 4th ed. New York：McGraw Hill，2001.

［11］YUFIN S A. Geoecology and computers：proceedings of the Third International Conference on Advance on Advances of Computer Methods in Geotechnical and Geoenvironmental Engineering，Moscow，Russia，February 1 - 4，2000［C］. Rotterdam：A. A. Balkema，2000.

4.2 专著中的析出文献

4.2.1 著录项目

析出文献主要责任者

析出文献题名项

析出文献题名

文献类型标志（电子文献必备，其他文献任选）

析出文献其他责任者（任选）

出处项

专著主要责任者

专著题名

其他题名信息

版本项

出版项

出版地

出版者

析出文献的页码

引用日期（联机文献必备，其他电子文献任选）

获取和访问路径（联机文献必备）

4.2.2 著录格式

析出文献主要责任者．析出文献题名［文献类型标志］．析出文献其他责任者//专著主要责任者．专著题名：其他题名信息．版本项．出版地：出版者，出版年：析出文献的页码［引用日期］．获取和访问路径．

示例：

［1］程根伟．1998 年长江洪水的成因与减灾对策［M］//许厚泽，赵其国．长江流域洪涝灾害与科技对策．北京：科学出版社，1999：32－36.

［2］陈晋镳，张惠民，朱士兴，等．蓟县震旦亚界研究［M］//中国地质科学院．天津地质矿产研究所．中国震旦亚界．天津：天津科学技术出版社，1980：56－114.

［3］白书农．植物开花研究［M］//李承森．植物科学进展．北京：高等教育出版社，1998：146－163.

［4］马克思．关于《工资、价格和利润》的报告札记［M］//马克思，恩格斯．马克思恩格斯全集：第 44 卷．北京：人民出版社，1982：505.

［5］钟文发．非线性规划在可燃毒物配置中的应用［C］//赵玮．运筹学的理论与应用：中国运筹学会第五届大会论文集．西安：西安电子科技大学出版社，1996：468－471.

［6］WEINSTEIN L，SWERTZ M N. Pathogenic properties of invading microorganism［M］//SODEMAN W A，Pathologic physiology：mechanisms of diseasc. Philade1phia：Saunders，1974：745－772.

4.3 连续出版物

4.3.1 著录项目

主要责任者

题名项

题名

其他题名信息

文献类型标志（电子文献必备，其他文献任选）

卷、期、年、月或其他标志（任选）

出版项

出版地

出版者

出版年

引用日期（联机文献必备，其他电子文献任选）

获取和访问路径（联机文献必备）

4.3.2 著录格式

主要责任者．题名：其他题名信息［文献类型标志］．年，卷（期）－年，卷（期）．出版地：出版者，出版年［引用日期］．获取和协问路径．

示例：

［1］中国地质学会地质论评［J］.1936，1（1）－．北京：地质出版社.1936－.

［2］中国图书馆学会．图书馆学通讯［J］.1957（1）－1990（4）．北京：北京图书馆，1957－1990.

［3］American Association for the Advancement of Science. Science［J］.1883，1（1）－. Washington，D. C.：American Association for the Advancement of Science，1883－.

4.4 连续出版物中的析出文献

4.4.1 著录项目

析出文献主要责任者

析出文献题名项

析出文献题名

文献类型标志（电子文献必备，其他文献任选）

出处项

连续出版物题名

其他题名信息

年卷期标志与页码

引用日期（联机文献必备，其他电子文献任选）

获取和访问路径（联机文献必备）

4.4.2 著录格式

析出文献主要责任者．析出文献题名［文献类型标志］．连续出版物题名：其他题名信息，年，卷（期）：页码［引用日期］．获取和访问路径．

示例：

［1］李晓东，张庆红，叶瑾琳．气候学研究的若干理论问题［J］．北京大学学报：自然科学版，1999，35（1）：101－106.

［2］刘武，郑良，姜础．元谋古猿牙齿测出数据的统计分析及其在分类研究上的意义［J］．科学通报，1999，44（23）：2481－2488.

［3］傅刚，赵承，李佳路．大风沙过后的思考［N/OL］．北京青年报，2000－04－12（14）［2001－07－12］．http：//www. bjyouth. com. cn/Bqb/20000412/GB/4216%5ED0412B1401. htm.

［4］莫少强．数字式中文全文文献格式的设计与研究［J/OL］．情报学报，1999，18（4）：1－6［2001－07－08］．http：//periodical. wanfangdata. com. cn/periodical/qbxb/qbxb99/qbxb9904/990407. hlm.

［5］KANAMORI H. Shaking without quaking［J］．Science，1998，279（5359）：2063－2064.

［6］CAPLAN P. Cataloging internet resources［J］．The Public Access Computer Systems Review，1993，4（2）：61－66.

4.5 专利文献

4.5.1 著录项目

专利申请者或所有者

题名项

专利题名

专利国别

专利号

文献类型标志（电子文献必备，其他文献任选）

出版项

公告日期或公开日期

引用日期（联机文献必备，其他电子文献任选）

获取和访问路径（联机文献必备）

4.5.2 著录格式

专利申请者或所有者．专利题名：专利国别，专利号［文献类型标志］．公告日期或公开日期［引用日期］．获取和访问路径．

示例：

［1］姜锡洲．一种温热外敷药制备方案：中国，88105607.3［P］．1989－07－26.

［2］西安电子科技大学．光折变自适应光外差探测方法：中国，01128777.2［P/OL］．2002－03－06［2002－05－28］．http：//211. 152. 9. 47/sipoasph/zljs/hyjs－yx－new. asp？recid＝01128777. 2&leixin＝0.

[3] TACHIBANA R, SHIMIZU S, KOBAYSHI S, et a1. E1ectronic watermarking method and system: US, 6, 915, 001 [P/OL]. 2002 - 04 - 25 [2002 - 05 - 2 8]. http: //patftuspto. gov/netacgi/nph - Parser? Sectl = PTO2&Sect2 = HITOFF&p = l&u = /netahtml/search - bool. html &r = l&f = G&l = 50&col = AND&d = ptxt&sl = 'Electronic + watermarking + method + system'. TTL/.

4.6 电子文献

凡属电子图书、电子图书中的析出文献以及电子报刊中的析出文献的著录项目与著录格式分别按4.1、4.2和4.4中的有关规则处理。除此之外的电子文献根据本规则处理。

4.6.1 著录项目

主要责任者

题名项

题名

其他题名信息

文献类型标志（含文献载体标志）

出版项

出版地

出版者

出版年

更新或修改日期

引用日期

获取和访问路径

4.6.2 著录格式

主要责任者，题名：其他题名信息［文献类型标志/文献载体标志］．出版地：出版者，出版年（更新或修改日期）［引用日期］．获取和访问路径．

示例：

[1] PACS - L: the public - access computer systems forum [EB/OL]. Houston, Tex: University of Houston Libraries, 1989 [1995 - 05 - 17]. http: //info. lib. uh. edu/pacsl. html.

[2] Online Computer Library, Inc. History of OCLC [EB/OL]. [2000 - 01 - 08]. http: //www. oclc. org/about/history/default. htm.

[3] HOPKINSON A. UNIMARC and metadata: Dublin Core [EB/OL]. [1999 - 12 - 08]. http: //www. ifla. org/IV/ifla64/138 - 161e. htm.

5 著录信息源

文后参考文献的著录信息源是被著录的文献本身。专著、论文集、学位论文、科技报告、专利文献等可依据书名页、版本记录页、封面等主要信息源著录各个著录项目；专著、论文集中析出的篇章与报刊上的文章依据参考文献本身著录析出文献的信息，并依据主要信息源著录析出文献的出处；缩微制品可依据题名帧、片头、容器上的标签、附件等著录；光盘依据标签、附件著录；网络信息依据特定网址中的信息著录。

6 著录用文字

6.1 文后参考文献原则上要求用文献本身的文字著录。

6.2 著录数字时，须保持文献原有的形式，但卷期号、页码、出版年、版次等用阿拉伯数字表示。外文书的版次用序数词的缩写形式表示。

6.3 个人著者，其姓全部著录，而名可以缩写为首字母（见8.1.1）；如用首字母无法识别该人名时，则用全名。

6.4 出版项中附在出版地之后的省名、州名、国名等（见8.4.1.1）以及作为限定语的机关团体名称可按国际公认的方法缩写。

6.5 西文期刊刊名的缩写可参照ISO4《信息与文献——出版物题名和标题缩写规则》的规定。

6.6 著录外文文献时，大写字母的使用要符合文献本身文种的习惯用法。

7 著录用符号

7.1 本标准中的著录用符号为前置符。参考文献中的第一个著录项目，如主要责任者、析出文献主要责任者、专利申请者或所有者前不使用任何标志符号（按顺序编码制组织的参考文献表中的各篇文献序号可用方括号，如：[1]、[2]……）。

7.2 参考文献使用下列规定的标志符号：

. 用于题名项、析出文献题名项、题名、其他责任者、析出文献其他责任者、连续出版物的“卷、期、年、月或其他标志”项、版本项、出版项、出处项、专利文献的“公告日期或公开日期”项、获取和访问路径以及“著者-出版年”制中的出版年前。每一条参考文献的结尾可用“.”号。

: 用于其他题名信息、出版者、引文页码、析出文献的页码、专利国别前。

, 用于同一著作方式的责任者、“等”或“译”字样、出版年、期刊年卷期标志中的年或卷号、专利号、科技报告号前。

; 用于期刊后续的年卷期标志与页码以及同一责任者的合订题名前。

// 用于专著中的析出文献的出处项前。

( ) 用于期刊年卷期标志中的期号、报纸的版次、电子文献更新或修改日期以及非公元纪年。

[ ] 用于文献序号、文献类型标志、电子文献的引用日期以及自拟的信息。

/ 用于合期的期号间以及文献载体标志前。

- 用于起讫号和起讫页码间。

8 著录细则

8.1 主要责任者或其他责任者

8.1.1 个人著者采用姓在前名在后的著录形式。欧美著者的名可以用缩写字母，缩写名后省略缩写点。欧美著者的中译名可以只著录其姓；同姓不同名的欧美著者，其中译名不仅要著录其姓，还需著录其名。用汉语拼音书写的中国著者姓名不得缩写。

示例1：李时珍　　（原题：李时珍）

示例2：韦杰　　（原题：伏尔特·韦杰）

示例3：昂温 PS　　（原题：P. S. 昂温）

示例4：EINSTEIN A　　（原题：Albert Einstein）

8.1.2 著作方式相同的责任者不超过3个时，全部照录。超过3个时，只著录前3个责任者，其后加“，等”或与之相应的词。

示例1：马克思，恩格斯

示例2：YELLAND R L，JONES S C，EASTON K S，et al

8.1.3 无责任者或者责任者情况不明的文献，“主要责任者”项应注明“佚名”或与之相应的词。凡采用顺序编码制排列的参考文献可省略此项，直接著录题名。

示例：Anon. 1981. Coffee drinking and cancer of the pancreas［J］. Br Med J, 283, 628.

8.1.4 凡是对文献负责的机关团体名称通常根据著录信息源著录。用拉丁文书写的机关团体名称应由上至下分级著录。

示例1：中国科学院物理研究所

示例2：贵州省土壤普查办公室

示例3：American Chemical Society

示例4：Stanford University. Department of Civil Engineering

8.2 题名

题名包括书名、刊名、报纸名、专利题名、科技报告名、标准文献名、学位论文名、析出的文献名等。题名按著录信息源所载的内容著录。

示例1：化学动力学和反应器原理

示例2：Gases in sea ice 1975—1979

示例3：J Math & Phys

示例4：袖珍神学，或，简明基督教辞典

8.2.1 同一责任者的多个合订题名，著录前3个合订题名。对于不同责任者的多个合订题名，可以只著录第一个或处于显要位置的合订题名。在参考文献中不著录并列题名。

示例1：自己的园地；雨天的书（原题：自己的园地 雨天的书 周作人著）

示如2：美国十二名人传略（原题：美国十二名人传略 Twelve Famous Americans）

8.2.2 文献类型标志依据 GB/T 3469《文献类型与文献载体代码》著录；对于电子文献不仅要著录文献类型标志，而且要著录文献载体标志。本标准根据文献类型及文献载体的发展现状作了必要的补充，参见附录B。

8.2.3 其他题名信息可根据文献外部特征的揭示情况决定取舍，包括副题名，说明题名文字，多卷书的分卷名、卷次、册次等。

示例1：地壳运动假说：从大陆漂移到板块构造

示例2：世界出版业：美国卷

示例3：ECL 集成电路：原理与设计

示例4：北京大学学报：哲学社会科学版

示例5：中国科学：D 辑 地球科学

8.3 版本

第1版不著录，其他版本说明需著录。版本用阿拉伯数字、序数缩写形式或其他标志表示。古籍的版本可著录“写本”“抄本”“活字本”等。

示例1：3 版　（原题：第三版）

示例2：新1版　（原题：新1版）

示例3：5th ed.　（原题：Fifth edition）

示例4：Rev. ed.　（原题：Revised edition）

示例5：1978 ed.　（原题：1978 edition）

8.4 出版项

出版项按出版地、出版者、出版年顺序著录。

示例1：北京：科学出版社，1985

示例2：New York：Academic Press，1978

8.4.1 出版地

8.4.1.1 出版地著录出版者所在地的城市名称。对同名异地或不为人们熟悉的城市名，应在城市名后附省名、外州名或国名等限定语。

示例1：Camhridge，Eng.

示例2：Cambridge，Mass.

8.4.1.2 文献中载有多个出版地，只著录第一个或处于显要位置的出版地。

示例1：北京：科学出版社，2000

（原题：科学出版社　北京　上海　2000）

示例2：London：Butlerworths，1978

（原题：Butterworths London Boston Sydney Wellington Duran Toronto 1978）

8.4.1.3 无出版地的中文文献著录“出版地不详”，外文文献著录“S.L.”，并置于方括号内。如果通过计算机网络存取的联机电子文献无出版社，可以省略此项。

示例1：[出版地不详]：三户图书刊行社，1990

示例2：[S.L.]：MacMillan，1975

8.4.2 出版者

8.4.2.1 出版者可以按著录信息源所载的形式著录，也可以按国际公认的简化形式或缩写形式著录。

示例1：科学出版社（原题：科学出版社）

示例2：Elsevier Science Publishers（原题：Elsevier Science Publishers）

示例3：IRRI（原题：International Rice Research Institute）

示例4：Wiley（原题：Joln Wiley and Sons Ltd.）

8.4.2.2 著录信息源载有多个出版者，只著录第一个或处于显要位置的出版者。

示例：Chicago，ALA，1978

（原题：American Library Association/Chicago Canadian Library Association/Ottawa 1978）

8.4.2.3 无出版者的中文文献著录“出版者不详”，外文文献者录“s.n.”，并置于方括号内。如果通过计算机网络存取的联机电子文献无出版者，可以省略此项。

示例：Salt Lake City：[s.n.]，1964

8.4.3 出版日期

8.4.3.1 出版年采用公元纪年，并用阿拉伯数字著录。如有其他纪年形式时，将原有的纪年形式置于“（）”内。

示例1：1947（民国三十六年）

示例2：1705（康熙四十四年）

8.4.3.2 报纸和专利文献须详细著录出版日期，其形式为“YYYY－MM－DD”。

示例：2000－02－15

8.4.3.3 出版年无法确定时，可依次选用版权年、印刷年、估计的出版年。估计的出版年需置于方括号内。

示例1：c1988

示例2：1995 印刷

示例3：[1936]

8.5 页码

专著或期刊中析出文献的页码或引文页码，要求用阿拉伯数字著录（见8.6、10.1.3、10.2.4）。

8.6 析出文献

8.6.1 从专著中析出有独立著者、独立篇名的文献按4.2的有关规定著录，其析出文献与源文献的关系用“//”表示。凡是从报刊中析出具有独立著者、独立篇名的文献按4.4的有关规定著录，其析出文献与源文献的关系用“.”表示。关于引文参考文献的著录与标注参见10.1.3与10.2.4。

示例1：林穗芳．美国出版业概况［M］//陆本瑞．世界出版概观．北京：中国书籍出版社，1991：1－23.

示例2：张传喜．论面向知识经济时代科技期刊编辑的知识积累［J］．中国科技期刊研究，1999，10（2）：89－90.

示例3：TENOPIR C. Online databases：quality control［J］. Library Journal，1987，113（3）：124－125.

8.6.2 凡是从期刊中析出的文献，应在刊名之后注明其年份、卷、期、部分号、页码。

示例1：2001，1（1）：5－6

年 卷期 页码

示例2：2000（1）：23－26

年 卷 页码

8.6.2.1 对从合期中析出的文献，按8.6.2的规则著录，并在圆括号内注明合期号。

示例1：1999（9/10）：36－39

年 合期号 页码

8.6.2.2 凡是在同一刊物上连载的文献，其后续部分不必另行著录，可在原参考文献后直接注明后续部分的年份、卷、期、部分号、页码等。

示例：1981（1）：37－44；1981（2）：47－52

年 期 页码 年 期 页码

8.6.3 凡是从报纸中析出的文献，应在报纸名后著录其出版日期与版次。

示例：2000－03－14（1）

年 月 日 版次

9 参考文献表

参考文献表可以按顺序编码制组织，也可以按著者－出版年制组织。

9.1 顺序编码制

参考文献表按顺序编码制组织时，各篇文献要按正文部分标注的序号依次列出（参见10.1.3）。

示例：

[1] BAKER S K. JACKSON M E. The fulure of resource sharing [M]. New York: The Haworth Press, 1995.

[2] CHERNIK B E. Intrduction to library services for library technicians [M]. Littleton, Colo.: Libraries Unlimited, Inc., 1982.

[3] 尼葛洛庞帝. 数字化生存 [M]. 胡泳, 范海燕, 译. 海口: 海南出版社, 1996.

[4] 汪冰. 电子图书馆理论与实践研究 [M]. 北京: 北京图书馆出版社, 1997.

[5] 杨宗英. 电子图书馆的现实模型 [J]. 中国图书馆学报, 1966 (2): 24-29.

[6] DOWLER L. The research university's dilemma; resource sharing and research in a trans institutional environment [J]. Journal Library Administration, 1995, 21 (1/2): 5-26.

9.2 著者-出版年制

参考文献表采用著者-出版年制组织时，各篇文献首先按文种集中，可分为中文、日文、西文、俄文、其他文种5部分，然后按著者字顺和出版年排列。中文文献可以按汉语拼音字顺排列（参见10.2.4），也可以按笔画笔顺排列。

示例：

尼葛洛庞帝. 1996. 数字化生存 [M]. 胡泳，范海燕，译. 海口：海南出版社.

汪冰. 1997. 电子图书馆理论与实践研究 [M]. 北京：北京图书馆出版社.

杨宗英. 1966. 电子图书馆的现实模型 [J]. 中国图书馆学报 (2): 24-29.

BAKER S K. JACKSON M E. 1995. The fulure of resource sharing [M]. New York: The Haworth Press.

CHERNIK B E. 1982. Intrduction to library services for library technicians [M]. Littleton, Colo.: Libraries Unlimited, Inc.

DOWLER L. 1995. The research university's dilemma; resource sharing and research in a trans institutional environment [J]. Journal Library Administration, 21 (1/2): 5-26.

10 参考文献标注法

正文中引用的文献的标注方法可以采用顺序编码制，也可以采用著者-出版年制。

10.1 顺序编码制

10.1.1 顺序编码制是按正文中引用的文献出现的先后顺序连续编码，并将序号置于方括号中。

示例：引用单篇文献

……德国学者N. 克罗斯研究了瑞士巴塞尔市附近侏罗山中老第三纪断裂对第三系褶皱的控制[235]；之后，他又描述了西里西亚第3条大型的近南北向构造带，并提出地槽是在不均一的块体的基底上发展的思想[236]。

……

10.1.2 同一处引用多篇文献时，只须将各篇文献的序号在方括号内全部列出，各序号间用“,”。如遇连续序号，可标注起讫序号。

示例：引用多篇文献

裴伟[570,83]提出……

莫拉德对稳定区的节理格式的研究[255-256]

10.1.3 多次引用同一著者的同一文献时，在正文中标注首次引用的文献序号，并在序号的“［ ］”外著录引文页码。

示例：多次引用同一著者的同一文献

主编靠编辑思想指挥全局已是编辑界的共识[1]，然而对编辑思想至今没有一个明确的界定，故不妨提出一个构架……参与讨论。由于“思想”的内涵是“客观存在反映在人的意识中经过思维活动而产生的结果”[2]1191，所以“编辑思想”的内涵就是编辑实践反映在编辑工作者的意识中，“经过思维活动而产生的结果”。……《中国青年》杂志创办人追求的高格调——理性的成熟与热点的凝聚[3]，表明其读者群的文化的品位的高层次……“方针”指“引导事业前进的方向和目标”[2]354。……对编辑方针，1981 年中国科协副主席裴丽生曾有过科学的论断——“自然科学学术期刊必须坚持以马列主义、毛泽东思想为指导，贯彻为国民经济发展服务，理论与实践相结合，普及与提高相结合，‘百花齐放，百家争鸣’的方针。”[4]它完整地回答了为谁服务怎样服务，如何服务得更好的问题。

……

参考文献：

［1］张忠智．科技书刊的总编（主编）的角色要求［C］//中国科学技术期刊编辑学会建会十周年学术研讨会论文汇编．北京：中国科学技术期刊编辑学会学术委员会，1997：33－34.

［2］中国社会科学院语言研究所词典编辑室．现代汉语词典［M］．修订本．北京：商务印书馆，1996.

［3］刘彻东．中国的青年刊物：个性特色为本［J］．中国出版，1998(5)：38－39.

［4］裴丽生．在中国科协学术期刊编辑工作经验交流会上的讲话［C］//中国科协学术期刊编辑工作经验交流会资料选．北京：中国科学技术协会学会工作部，1981：2－10.

10.2 著者－出版年制

10.2.1 正文引用的文献采用著者－出版年制时，各篇文献的标注内容由著者姓氏与出版年构成，并置于“（）”内。倘若只标注著者姓氏无法识别该人名时，可标注著者姓名，例如中国人著者、朝鲜人著者、日本人用汉字姓名的著者等。集体著者著述的文献可标注机关团体名称。倘若正文中已提及著者姓名，则在其后的“（）”内只须著录出版年。

示例：引用单篇文献

The notion ofan invisible college has been explored in the sciences（Crane1972）. Its absence among historians is notes by Stieg（1981）…

参考文献：

CRANE D. 1972. Invisible college［M］. Chicago：Univ. of Chicago Press.

STIEG M F. 1981. The information needs of historians［J］. College and Research Libraries，42（6）：549 –560.

10.2.2 在正文中引用多著者文献时，对欧美著者只需标注第一个著者的姓，其后附“et al”；对中国著者应标注第一著者的姓名，其后附“等”字，姓氏与“等”之间留适当空隙。

10.2.3 在参考文献表中著录同一著者在同一年出版的多篇文献时，出版年后应用小写字母 a，b，c…区别。

示例：引用同一著者同年出版的多篇文献

KEN NEDY W J，GARRISON R E. 1975a. Morphology and genesis of nodular chalks and hardgrounds in the Upper Cretaceous of southern England［J］. Sedimentology，22：311 –386.

KENNEDY W J，GARRISON R E. 1975b. Morphology and genesis of nodular phosphates in the Cenomanian of South – east England［J］. Lethaia，8：339 –360.

10.2.4 多次引用同一著者的同一文献，在正文中标注著者与出版年，并在“（）”外以角标的形式著录引文页码。

示例：多次引用同一著者的同一文献

主编靠编辑思想指挥全局已是编辑界的共识（张忠智，1997），然而对编辑思想至今没有一个明确的界定，故不妨提出一个构架……参与讨论。由于“思想”的内涵是“客观存在反映在人的意识中经过思维活动而产生的结果”（中国社会科学院语言研究所词典编辑室，1996）[1194]，所以“编辑思想”的内涵就是编辑实践反映在编辑工作者的意识中，“经过思维活动而产生的结果”。……《中国青年》杂志创办人追求的高格调——理性的成熟与热点的凝聚（刘彻东，1998），表明其读者群的文化的品位的高层次……“方针”指“引导事业前进的方向和目标”（中国社会科学院语言研究所词典编辑室，1996）[354]。……对编辑方针，1981 年中国科协副主席裴丽生曾有过科学的论断——“自然科学学术期刊必须坚持以马列主义、毛泽东思想为指导，贯彻为国民经济发展服务，理论与实践相结合，普及与提高相结合，‘百花齐放，百家争鸣’的方针。”（裴丽生，1981）它完整地回答了为谁服务，怎样服务，如何服务得更好的问题。

……

参考文献：

裴丽生 . 1981. 在中国科协学术期刊编辑工作经验交流会上的讲话［C］//中国科协学术期刊编辑工作经验交流会资料选 . 北京：中国科学技术协会学会工作部：2 – 10.

刘彻东 . 1998. 中国的青年刊物：个性特色为本［J］. 中国出版（5）：38 – 39.

张忠智 . 1997. 科技书刊的总编（主编）的角色要求［C］//中国科学技术期刊编辑学会建会十周年学术研讨会论文汇编 . 北京：中国科学技术期刊编辑学会学术委员会：33 – 34.

中国社会科学院语言研究所词典编辑室 . 1996. 现代汉语词典［M］. 修订本 . 北京：商务印书馆 .

……

三、 标点符号用法 GB/T 15834—2011

1 范围

本标准规定了现代汉语标点符号的用法。

本标准适用于汉语的书面语（包括汉语和外语混合排版时的汉语部分）。

2 术语和定义

下列术语和定义适用于本文件。

2.1 标点符号

辅助文字记录语言的符号，是书面语的有机组成部分，用来表示语句的停顿、语气以及标示某些成分（主要是词语）的特定性质和作用。

注：数学符号、货币符号、校勘符号、辞书符号、注音符号等特殊领域的专门符号不属于标点符号。

2.2 句子

前后都有较大停顿、带有一定的语气和语调、表达相对完整意义的语言单位。

2.3 复句

由两个或多个在意义上有密切关系的分句组成的语言单位，包括简单复句（内部只有一层语义关系）和多重复句（内部包含多层语义关系）。

2.4 分句

复句内两个或多个前后有停顿、表达相对完整意义、不带有句末语气和语调、有的前面可添加关联词语的语言单位。

2.5 语段

指语言片段，是对各种语言单位（如词、短语、句子、复句等）不做特别区分时的统称。

3 标点符号的种类

3.1 点号

点号的作用是点断，主要表示停顿和语气。分为句末点号和句内点号。

3.1.1 句末点号

用于句末的点号，表示句末停顿和句子的语气。包括句号、问号、叹号。

3.1.2 句内点号

用于句内的点号，表示句内各种不同性质的停顿。包括逗号、顿号、分号、冒号。

3.2 标号

标号的作用是标明，主要标示某些成分（主要是词语）的特定性质和作用。包括引号、括号、破折号、省略号、着重号、连接号、间隔号、书名号、专名号、分隔号。

4 标点符号的定义、形式和用法

4.1 句号

4.1.1 定义

句末点号的一种，主要是表示句子的陈述语气。

4.1.2 形式

句号的形式是“。”。

4.1.3 基本用法

4.1.3.1 用于句子末尾，表示陈述语气。使用句号主要根据语段前后有较大停顿、带有陈述语气和语调，并不取决于句子的长短。

示例1：北京是中华人民共和国的首都。

示例2：（甲：咱们走着去吧？）乙：好。

4.1.3.2 有时也可表示较缓和的祈使语气和感叹语气。

示例1：请您稍等一下。

示例2：我不由得感到，这些普通劳动者也同样是很值得尊敬的。

4.2 问号

4.2.1 定义

句末点号的一种，主要表示句子的疑问语气。

4.2.2 形式

问号的形式是“？”。

4.2.3 基本用法

4.2.3.1 用于句子末尾，表示疑问语气（包括反问、设问等疑问类型）。使用问号主要根据语段前后有较大停顿、带有疑问语气和语调，并不取决于句子的长短。

示例1：你怎么还不回家去呢？

示例2：难道这些普通的战士不值得歌颂吗？

示例3：（一个外国人，不远万里来到中国，帮助中国的抗日战争。）这是什么精神？这是国际主义的精神。

4.2.3.2 选择问句中，通常只在最后一个选项的末尾用问号，各个选项之间一般用逗号隔开。当选项较短且选项之间几乎没有停顿时，选项之间可不用逗号。当选项较多或较长，或有意突出每个选项的独立性时，也可每个选项之后都用问号。

示例1：诗中记述的这场战争究竟是真实的历史描述，还是诗人的虚构？

示例2：这是巧合还是有意安排？

示例3：要一个什么样的结尾：现实主义的？传统的？大团圆的？荒诞的？民族形式的？有象征意义的？

示例4：（他看着我的作品称赞了我。）但到底是称赞我什么：是有几处画得好？

还是什么都敢画？抑或只是一种对于失败者的无可奈何的安慰？我不得而知。

示例5：这一切都是由客观的条件造成的？还是由行为的惯性造成的？

4.2.3.3 在多个问句连用或表达疑问语气加重时，可叠用问号。通常应先单用，再叠用，最多叠用三个问号。在没有异常强烈的情感表达需要时不宜叠用问号。

示例：这就是你的做法吗？你这个总经理是怎么当的??你怎么竟敢这样欺骗消费者???

4.2.3.4 问号也有标号的用法，即用于句内，表示存疑或不详。

示例1：马致远（1250？—1321），大都人，元代戏曲家、散曲家。

示例2：钟嵘（？—518），颍川长杜人，南朝梁代文学批评家。

示例3：出现这样的文字错误，说明作者（编者？校者？）很不认真。

4.3 叹号

4.3.1 定义

句末点号的一种，主要表示句子的感叹语气。

4.3.2 形式

叹号的形式是“！”。

4.3.3 基本用法

4.3.3.1 用于句子末尾，主要表示感叹语气，有时也可表示强烈的祈使语气、反问语气等。使用叹号主要根据语段前后有较大停顿、带有感叹语气和语调或带有强烈的祈使、反问语气和语调，并不取决于句子的长短。

示例1：才一年不见，这孩子都长这么高啦！

示例2：你给我住嘴！

示例3：谁知道他今天是怎么搞的！

4.3.3.2 用于拟声词后，表示声音短促或突然。

示例1：咔嚓！一道闪电划破了夜空。

示例2：咚！咚咚！突然传来一阵急促的敲门声。

4.3.3.3 表示声音巨大或声音不断加大时，可叠用叹号；表达强烈语气时，也可叠用叹号，最多叠用三个叹号。在没有异常强烈的情感表达需要时不宜叠用叹号。

示例1：轰!!在这天崩地塌的声音中，女娲猛然醒来。

示例2：我要揭露！我要控诉!!我要以死抗争!!!

4.3.3.4 当句子包含疑问、感叹两种语气且都比较强烈时（如带有强烈感情的反问句和带有惊愕语气的疑问句），可在问号后再加叹号（问号、叹号各一）。

示例1：这么点困难就能把我们吓倒吗?!

示例2：他连这些最起码的常识都不懂，还敢说自己是高科技人才?!

4.4 逗号

4.4.1 定义

句内点号的一种，表示句子或语段内部的一般性停顿。

4.4.2 形式

逗号的形式是“，”。

4.4.3 基本用法

4.4.3.1 复句内各分句之间的停顿，除了有时用分号（见4.6.3.1），一般都用逗号。

示例1：不是人们的意识决定人们的存在，而是人们的社会存在决定人们的意识。

示例2：学历史使人更明智，学文学使人更聪慧，学数学使人更精细，学考古使人更深沉。

示例3：要是不相信我们的理论能反映现实，要是不相信我们的世界有内在和谐，那就不可能有科学。

4.4.3.2 用于下列各种语法位置：

a）较长的主语之后。

示例1：苏州园林建筑各种门窗的精美设计和雕镂功夫，都令人叹为观止。

b）句首的状语之后

示例2：在苍茫的大海上，狂风卷集着乌云。

c）较长的宾语之前。

示例3：有的考古工作者认为，南方古猿生存于上新世至更新世的初期和中期。

d）带句内语气词的主语（或其他成分）之后，或带句内语气词的并列成分之间。

示例4：他呢，倒是很乐意地、全神贯注地干起来了。

示例5：（那是个没有月亮的夜晚。）可是整个村子——白房顶啦、白树木啦、雪堆啦，全看得见。

e）较长的主语中间、谓语中间或宾语中间。

示例6：母亲沉痛地诉说，以及亲眼看到的事实，都启发了我幼年时期追求真理的思想。

示例7：那姑娘头戴一顶草帽，身穿一条绿色的裙子，腰间还系着一根橙色的腰带。

示例8：必须懂得，对于文化传统，既不能不分青红皂白统统抛弃，也不能不管精华糟粕全盘继承。

f）前置的谓语之后或后置的状语、定语之前。

示例9：真美啊，这条蜿蜒的林间小路。

示例10：她吃力地站了起来，慢慢地。

示例11：我只是一个人，孤孤单单的。

4.4.3.3 用于下列各种停顿处：

a）复指成分或插说成分前后。

示例1：老张，就是原来的办公室主任，上星期已经调走了。

示例2：车，不用说，当然是头等。

b）语气缓和的感叹语、称谓语或呼唤语之后。

示例3：哎哟，这个，快给我揉揉。

示例4：大娘，您到哪儿去啊？

示例5：喂，你是哪个单位的？

c）某些序次语（“第”字头、“其”字头及“首先”类序次语）之后。

示例6：为什么许多人都有长不大的感觉呢？原因有三：第一，父母总认为自己比孩子成熟；第二，父母总要以自己的标准来衡量孩子；第三，父母出于爱心而总不想让孩子在成长的过程中走弯路。

示例7：《玄秘塔碑》之所以成为书法的范本，不外乎以下几方面的因素：其一，具有楷书点画、构体的典范性；其二，承上启下，成为唐楷的极致；其三，字如其人，爱人及字，柳公权高尚的书品、人品为后人所崇仰。

示例8：下面从三个方面讲讲语言的污染问题：首先，是特殊语言环境中的语言污染问题；其次，是滥用缩略语引起的语言污染问题；最后，是空话和废话引起的语言污染问题。

4.5 顿号

4.5.1 定义

句内点号的一种，表示语段中并列词语之间或某些序次语之后的停顿。

4.5.2 形式

顿号的形式是“、”。

4.5.3 基本用法

4.5.3.1 用于并列词语之间。

示例1：这里有自由、民主、平等、开放的风气和氛围。

示例2：造型科学、技艺精湛、气韵生动，是盛唐石雕的特色。

4.5.3.2 用于需要停顿的重复词语之间。

示例：他几次三番、几次三番地辩解着。

4.5.3.3 用于某些序次语（不带括号的汉字数字或“天干地支”类序次语）之后。

示例1：我准备讲两个问题：一、逻辑学是什么？二、怎样学好逻辑学？

示例2：风格的具体内容主要有以下四点：甲、题材；乙、用字；丙、表达；丁、色彩。

4.5.3.4 相邻或相近两数字连用表示概数通常不用顿号。若相邻两数字连用为缩略形式，宜用顿号。

示例1：飞机在6000米高空水平飞行时，只能看到两侧八九千米和前方一二十千米范围内的地面。

示例2：这种凶猛的动物常常三五成群地外出觅食和活动。

示例3：农业是国民经济的基础，也是二、三产业的基础。

4.5.3.5 标有引号的并列成分之间、标有书名号的并列成分之间通常不用顿号。若有其他成分插在并列的引号之间或并列的书名号之间（如引语或书名号之后还有括注），宜用顿号。

示例1："日""月"构成"明"字。

示例2：店里挂着"顾客就是上帝""质量就是生命"等横幅。

示例3：《红楼梦》《三国演义》《西游记》《水浒传》，是我国长篇小说的四大名著。

示例4：李白的"白发三千丈"（《秋浦歌》）、"朝如青丝暮成雪"（《将进酒》）都是脍炙人口的诗句。

示例5：办公室里订有《人民日报》（海外版）、《光明日报》和《时代周刊》等报刊。

4.6 分号

4.6.1 定义

句内点号的一种，表示复句内部并列关系分句之间的停顿，以及非并列关系的多重复句中第一层分句之间的停顿。

4.6.2 形式

分号的形式是"；"。

4.6.3 基本用法

4.6.3.1 表示复句内部并列关系的分句（尤其当分句内部还有逗号时）之间的停顿。

示例1：语言文字的学习，就理解方面说，是得到一种知识；就运用方面说，是养成一种习惯。

示例2：内容有分量，尽管文章短小，也是有分量的；内容没有分量，即使写得再长也没有用。

4.6.3.2 表示非并列关系的多重复句中第一层分句（主要是选择、转折等关系）之间的停顿。

示例1：人还没看见，已经先听见歌声了；或者人已经转过山头望不见了，歌声还余音袅袅。

示例2：尽管人民革命的力量在开始时总是弱小的，所以总是受压的；但是由于革命的力量代表历史发展的方向，因此本质上又是不可战胜的。

示例3：不管一个人如何伟大，也总是生活在一定的环境和条件下；因此，个人的见解总难免带有某种局限性。

示例4：昨天夜里下了一场雨，以为可以凉快些；谁知没有凉快下来，反而更热了。

4.6.3.3 用于分项列举的各项之间。

示例：特聘教授的岗位职责为：一、讲授本学科的主干基础课程；二、主持本学科的重大科研项目；三、领导本学科的学术队伍建设；四、带领本学科赶超或保持世界先进水平。

4.7 冒号

4.7.1 定义

句内点号的一种，表示语段中提示下文或总结上文的停顿。

4.7.2 形式

冒号的形式是“:”。

4.7.3 基本用法

4.7.3.1 用于总说性或提示性词语（如“说”“例如”“证明”等）之后，表示提示下文。

示例1：北京紫禁城有四座城门：午门、神武门、东华门和西华门。

示例2：她高兴地说：“咱们去好好庆祝一下吧！”

示例3：小王笑着点了点头：“我就是这么想的。”

示例4：这一事实证明：人能创造环境，环境同样也能创造人。

4.7.3.2 表示总结上文。

示例：张华上了大学，李萍进了技校，我当了工人：我们都有美好的前途。

4.7.3.3 用在需要说明的词语之后，表示注释和说明。

示例1：（本市将举办首届大型书市。）主办单位：市文化局；承办单位：市图书进出口公司；时间：8月15日—20日；地点：市体育馆观众休息厅。

示例2：（做阅读理解题有两个办法。）办法之一：先读题干，再读原文，带着问题有针对性地读课文。办法之二：直接读原文，读完再做题，减少先入为主的干扰。

4.7.3.4 用于书信、讲话稿中称谓语或称呼语之后。

示例1：广平先生：……

示例2：同志们、朋友们：……

4.7.3.5 一个句子内部一般不应套用冒号。在列举式或条文式表述中，如不得不套用冒号时，宜另起段落来显示各个层次。

示例：第十条　遗产按照下列顺序继承：

第一顺序：配偶、子女、父母。

第二顺序：兄弟姐妹、祖父母、外祖父母。

4.8 引号

4.8.1 定义

标号的一种，标示语段中直接引用的内容或需要特别指出的成分。

4.8.2 形式

引号的形式有双引号““　””和单引号“‘　’”两种。左侧的为前引号，右侧的为后引号。

4.8.3 基本用法

4.8.3.1 标示语段中直接引用的内容。

示例：李白诗中就有“白发三千丈”这样极尽夸张的语句。

4.8.3.2 标示需要着重论述或强调的内容。

示例：这里所谓的“文”，并不是指文字，而是指文采。

4.8.3.3 标示语段中具有特殊含义而需要特别指出的成分，如别称、简称、反语等。

示例1：电视被称作“第九艺术”。

示例2：人类学上常把古人化石统称为尼安德特人，简称“尼人”。

示例3：有几个“慈祥”的老板把捡来的菜叶用盐浸浸就算作工友的菜肴。

4.8.3.4 当引号中还需要使用引号时，外面一层用双引号，里面一层用单引号。

示例：他问：“老师，‘七月流火’是什么意思？”

4.8.3.5 独立成段的引文如果只有一段，段首和段尾都用引号；不止一段时，每段开头仅用前引号，只在最后一段末尾用后引号。

示例：我曾在报纸上看到有人这样谈幸福：

“幸福是知道自己喜欢什么和不喜欢什么。……

“幸福是知道自己擅长什么和不擅长什么。……

“幸福是在正确的时间做了正确的选择。……”

4.8.3.6 在书写带月、日的事件、节日或其他特定意义的短语（含简称）时，通常只标引其中的月和日；需要突出和强调该事件或节日本身时，也可连同事件或节日一起标引。

示例1：“5·12”汶川大地震

示例2：“五四”以来的话剧，是我国戏剧中的新形式

示例3：纪念“五四运动”90周年

4.9 括号

4.9.1 定义

标号的一种，标示语段中的注释内容、补充说明或其他特定意义的语句。

4.9.2 形式

括号的主要形式是圆括号“（ ）”，其他形式还有方括号“［ ］”、六角括号“〔 〕”和方头括号“【 】”等。

4.9.3 基本用法

4.9.3.1 标示下列各种情况，均用圆括号：

a）标示注释内容或补充说明。

示例1：我校拥有特级教师（含已退休的）17人。

示例2：我们不但善于破坏一个旧世界，还将善于建设一个新世界！（热烈鼓掌）

b）标示订正或补加的文字。

示例3：信纸上用稚嫩的字体写着：“阿夷（姨），你好！”。

示例4：该建筑公司负责的建设工程全部达到优良工程（的标准）。

c）标示序次语。

示例5：语言有三个要素：（1）声音；（2）结构；（3）意义。

示例6：思想有三个条件：（一）事理；（二）心理；（三）伦理。

d）标示引语的出处。

示例7：他说得好：“未画之前，不立一格；既画之后，不留一格。”（《板桥集·题画》）

e）标示汉语拼音注音。

示例8：“的（de）”这个字在现代汉语中最常用。

4.9.3.2 标示作者国籍或所属朝代时，可用方括号或六角括号。

示例1：［英］赫胥黎《进化论与伦理学》

示例2：〔唐〕杜甫著

4.9.3.3 报刊标示电讯、报道的开头，可用方头括号。

示例：【新华社南京消息】

4.9.3.4 标示公文发文字号中的发文年份时，可用六角括号。

示例：国发〔2011〕3号文件

4.9.3.5 标示被注释的词语时，可用六角括号或方头括号。

示例1：〔奇观〕奇伟的景象。

示例2：【爱因斯坦】物理学家。生于德国，1933年因受纳粹政权迫害，移居美国。

4.9.3.6 除科技书刊中的数学、逻辑公式外，所有括号（特别是同一形式的括号）应尽量避免套用。必须套用括号时，宜采用不同的括号形式配合使用。

示例：〔茸（rong）毛〕很细很细的毛。

4.10 破折号

4.10.1 定义

标号的一种，标示语段中某些成分的注释、补充说明或语音、意义的变化。

4.10.2 形式

破折号的形式是“——”。

4.10.3 基本用法

4.10.3.1 标示注释内容或补充说明（也可用括号，见4.9.3.1；二者的区别另见B.1.7）。

示例1：一个矮小而结实的日本中年人——内山老板走了过来。

示例2：我一直坚持读书，想借此唤起弟妹对生活的希望——无论环境多么困难。

4.10.3.2 标示插入语（也可用逗号，见4.4.3.3）。

示例：这简直就是——说得不客气点——无耻的勾当！

4.10.3.3 标示总结上文或提示下文（也可用冒号，见4.7.3.1、4.7.3.2）。

示例1：坚强，纯洁，严于律己，客观公正——这一切都难得地集中在一个人身上。

示例2：画家开始娓娓道来——

数年前的一个寒冬，……

4.10.3.4 标示话题的转换。

示例：“好香的干菜，——听到风声了吗？”赵七爷低声说道。

4.10.3.5 标示声音的延长。

示例：“嘎——”传过来一声水禽被惊动的鸣叫。

4.10.3.6 标示话语的中断或间隔。

示例1：“班长他牺——”小马话没说完就大哭起来。

示例2：“亲爱的妈妈，你不知道我多爱您。——还有你，我的孩子！”

4.10.3.7 标示引出对话。

示例：——你长大后想成为科学家吗？

　　——当然想了！

4.10.3.8 标示事项列举分承。

示例：根据研究对象的不同，环境物理学分为以下五个分支学科：

　　——环境声学；

　　——环境光学；

　　——环境热学；

　　——环境电磁学；

　　——环境空气动力学。

4.10.3.9 用于副标题之前。

示例：飞向太平洋

——我国新型号运载火箭发射目击记

4.10.3.10 用于引文、注文后，标示作者、出处或注释者。

示例1：先天下之忧而忧，后天下之乐而乐。

——范仲淹

示例2：乐浪海中有倭人，分为百余国。

——《汉书》

示例3：很多人写好信后把信笺折成方胜形，我看大可不必。（方胜，指古代妇女戴的方形首饰，用彩绸等制作，由两个斜方部分叠合而成。——编者注）

4.11 省略号

4.11.1 定义

标号的一种，标示语段中某些内容的省略及意义的断续等。

4.11.2 形式

省略号的形式是“……”。

4.11.3 基本用法

4.11.3.1 标示引文的省略。

示例：我们齐声朗诵起来：“……俱往矣，数风流人物，还看今朝。”

4.11.3.2 标示列举或重复词语的省略。

示例1：对政治的敏感，对生活的敏感，对性格的敏感，……这都是作家必须要有的素质。

示例2：他气得连声说：“好，好……算我没说。”

4.11.3.3 标示语意未尽。

示例1：在人迹罕至的深山密林里，假如突然看见一缕炊烟，……

示例2：你这样干，未免太……！

4.11.3.4 标示说话时断断续续。

示例：她磕磕巴巴地说：“可是……太太……我不知道……你一定是认错了。”

4.11.3.5 标示对话中的沉默不语。

示例：“还没结婚吧？”

“……”他飞红了脸，更加忸怩起来。

4.11.3.6 标示特定的成分虚缺。

示例：只要……就……

4.11.3.7 在标示诗行、段落的省略时，可连用两个省略号（即相当于十二连点）。

示例1：从隔壁房间传来缓缓而抑扬顿挫的吟咏声——

床前明月光，疑是地上霜。

…………

示例2：该刊根据工作质量、上稿数量、参与程度等方面的表现，评选出了高校十佳记者站。还根据发稿数量、提供新闻线索情况以及对刊物的关注度等，评选出了十佳通讯员。

…………

4.12 着重号

4.12.1 定义

标号的一种，标示语段中某些重要的或需要指明的文字。

4.12.2 形式

着重号的形式是“.”，标注在相应文字的下方。

4.12.3 基本用法

4.12.3.1 标示语段中重要的文字。

示例1：诗人需要表现而不是证明。

示例2：下面对本文的理解，不正确的一项是……

4.12.3.2 标示语段中需要指明的文字。

示例：下边加点的字，除了在词中的读法外，还有哪些读法？

着急　子弹　强调

4.13 连接号

4.13.1 定义

标号的一种，标示某些相关联成分之间的连接。

4.13.2 形式

连接号的形式有短横线“-”、一字线“—”和波纹线“~”三种。

4.13.3 基本用法

4.13.3.1 标示下列各种情况，均用短横线：

a）化合物的名称或表格、插图的编号。

示例1：3-戊酮为无色液体，对眼及皮肤有强烈刺激性。

示例2：参见下页表2-8、表2-9。

b）连接号码，包括门牌号码、电话号码，以及用阿拉伯数字表示年月日等。

示例3：安宁里东路26号院3-2-11室

示例4：联系电话：010-88842603

示例5：2011-02-15

c）在复合名词中起连接作用。

示例6：吐鲁番-哈密盆地

d）某些产品的名称和型号。

示例7：WZ－10直升机具有复杂天气和夜间作战的能力。

e）汉语拼音、外来语内部的分合。

示例8：shuoshuo－xiaoxiao（说说笑笑）

示例9：盎格鲁－撒克逊人

示例10：让－雅克·卢梭（“让－雅克”为双名）

示例11：皮埃尔·孟戴斯－弗朗斯（“孟戴斯－弗朗斯”为复姓）

4.13.3.2 标示下列各种情况，一般用一字线，有时也可用浪纹线：

a）标示相关项目（如时间、地域等）的起止。

示例1：沈括（1031—1095），宋朝人。

示例2：2011年2月3日—10日

示例3：北京—上海特别旅客快车

b）标示数值范围（由阿拉伯数字或汉字数字构成）的起止。

示例4：25～30g

示例5：第五～八课

4.14 间隔号

4.14.1 定义

标号的一种，标示某些相关联成分之间的分界。

4.14.2 形式

间隔号的形式是“·”。

4.14.3 基本用法

4.14.3.1 标示外国人名或少数民族人名内部的分界。

示例1：克里斯蒂娜·罗塞蒂

示例2：阿依古丽·买买提

4.14.3.2 标示书名与篇（章、卷）之间的分界。

示例：《淮南子·本经训》

4.14.3.3 标示词牌、曲牌、诗体名等和题名之间的分界。

示例1：《沁园春·雪》

示例2：《天净沙·秋思》

示例3：《七律·冬云》

4.14.3.4 用在构成标题或栏目名称的并列词语之间。

示例：《天·地·人》

4.14.3.5 以月、日为标志的事件或节日，用汉字数字表示时，只在一、十一和十二月后用间隔号；当直接用阿拉伯数字表示时，月、日之间均用间隔号（半角字符）。

示例1："九一八"事变 "五四"运动

示例2："一·二八"事变 "一二·九"运动

示例3："3·15"消费者权益日 "9·11"恐怖袭击事件

4.15 书名号

4.15.1 定义

标号的一种，标示语段中出现的各种作品的名称。

4.15.2 形式

书名号的形式有双书名号"《 》"和单书名号"〈 〉"两种。

4.15.3 基本用法

4.15.3.1 标示书名、卷名、篇名、刊物名、报纸名、文件名等。

示例1：《红楼梦》（书名）

示例2：《史记·项羽本记》（卷名）

示例3：《论雷峰塔的倒掉》（篇名）

示例4：《每周关注》（刊物名）

示例5：《人民日报》（报纸名）

示例6：《全国农村工作会议纪要》（文件名）

4.15.3.2 标示电影、电视、音乐、诗歌、雕塑等各类用文字、声音、图像等表现的作品的名称。

示例1：《渔光曲》（电影名）

示例2：《追梦录》（电视剧名）

示例3：《勿忘我》（歌曲名）

示例4：《沁园春·雪》（诗词名）

示例5：《东方欲晓》（雕塑名）

示例6：《光与影》（电视节目名）

示例7：《社会广角镜》（栏目名）

示例8：《庄子研究文献数据库》（光盘名）

示例9：《植物生理学系列挂图》（图片名）

4.15.3.3 标示全中文或中文在名称中占主导地位的软件名。

示例：科研人员正在研制《电脑卫士》杀毒软件。

4.15.3.4 标示作品名的简称。

示例：我读了《念青唐古拉山脉纪行》一文（以下简称《念》），收获很大。

4.15.3.5 当书名号中还需要书名号时，里面一层用单书名号，外面一层用双书名号。

示例：《教育部关于提请审议〈高等教育自学考试试行办法〉的报告》

4.16 专名号

4.16.1 定义

标号的一种，标示古籍和某些文史类著作中出现的特定类专有名词。

4.16.2 形式

专名号的形式是一条直线，标注在相应文字的下方。

4.16.3 基本用法

4.16.3.1 标示古籍、古籍引文或某些文史类著作中出现的专有名词，主要包括人名、地名、国名、民族名、朝代名、年号、宗教名、官署名、组织名等。

示例1：孙坚人马被刘表率军围得水泄不通。（人名）

示例2：于是聚集冀、青、幽、并四州兵马七十多万准备决一死战。（地名）

示例3：当时乌孙及西域各国都向汉派遣了使节。（国名、朝代名）

示例4：从咸宁二年到太康十年，匈奴、鲜卑、乌桓等族人徙居塞内。（年号、民族名）

4.16.3.2 现代汉语文本中的上述专有名词，以及古籍和现代文本中的单位名、官职名、事件名、会议名、书名等不应使用专名号。必须使用标号标示时，宜使用其他相应标号（如引号、书名号等）。

4.17 分隔号

4.17.1 定义

标号的一种，标示诗行、节拍及某些相关文字的分隔。

4.17.2 形式

分隔号的形式是“/”。

4.17.3 基本用法

4.17.3.1 诗歌接排时分隔诗行（也可使用逗号和分号，见4.4.3.1/4.6.3.1）。

示例；春眠不觉晓/处处闻啼鸟/夜来风雨声/花落知多少。

4.17.3.2 标示诗文中的音节节拍。

示例：横眉/冷对/千夫指，俯首/甘为/孺子牛。

4.17.3.3 分隔供选择或可转换的两项，表示“或”。

示例：动词短语中除了作为主体成分的述语动词之外，还包括述语动词所带的宾语和/或补语。

4.17.3.4 分隔组成一对的两项，表示“和”。

示例1：13/14次特别快车

示例2：羽毛球女双决赛中国组合杜婧/于洋两局完胜韩国名将李孝贞/李敬元。

4.17.3.5 分隔层级或类别。

示例：我国的行政区划分为：省（直辖市、自治区）/省辖市（地级市）/县（县

级市、区、自治州）/乡（镇）/村（居委会）

5 标点符号的位置和书写形式

5.1 横排文稿标点符号的位置和书写形式

5.1.1 句号、逗号、顿号、分号、冒号均置于相应文字之后，占一个字位置，居左下，不出现在一行之首。

5.1.2 问号、叹号均置于相应文字之后，占一个字位置，居左，不出现在一行之首。两个问号（或叹号）叠用时，占一个字位置；三个问号（或叹号）叠用时，占两个字位置；问号和叹号连用时，占一个字位置。

5.1.3 引号、括号、书名号中的两部分标在相应项目的两端，各占一个字位置。其中前一半不出现在一行之末，后一半不出现在一行之首。

5.1.4 破折号标在相应项目之间，占两个字位置，上下居中，不能中间断开分处上行之末和下行之首。

5.1.5 省略号占两个字位置，两个省略号连用时占四个字位置并须单独占一行。省略号不能中间断开分处上行之末和下行之首。

5.1.6 连接号中的短横线比汉字“一”略短，占半个字位置；一字线比汉字“一”略长，占一个字位置；浪纹线占一个字位置。连接号上下居中，不出现在一行之首。

5.1.7 间隔号标在需要隔开的项目之间，占半个字位置，上下居中，不出现在一行之首。

5.1.8 着重号和专名号标在相应文字的下边。

5.1.9 分隔号占半个字位置，不出现在一行之首或一行之末。

5.1.10 标点符号排在一行末尾时，若为全角字符则应占半角字符的宽度（即半个字位置），以使视觉效果更美观。

5.1.11 在实际编辑出版工作中，为排版美观、方便阅读等需要，或为避免某一小节最后一个汉字转行或出现在另外一页开头等情况（浪费版面及视觉效果差），可适当压缩标点符号所占用的空间。

5.2 竖排文稿标点符号的位置和书写形式

5.2.1 句号、问号、叹号、逗号、顿号、分号和冒号均置于相应文字之下偏右。

5.2.2 破折号、省略号、连接号、间隔号和分隔号置于相应文字之下居中，上下方向排列。

5.2.3 引号改用双引号“﹃”“﹄”和单引号“﹁”“﹂”，括号改用“︵”“︶”，标在相应项目的上下。

5.2.4 竖排文稿中使用浪线式书名号“﹏”，标在相应文字的左侧。

5.2.5 着重号标在相应文字的右侧，专名号标在相应文字的左侧。

5.2.6 横排文稿中关于某些标点不能居行首或行末的要求，同样适用于竖排文稿。

附录 A 标点符号用法的补充规则

A. 1 句号用法补充规则

图或表的短语式说明文字，中间可用逗号，但末尾不用句号。即使有时说明文字较长，前面的语段已出现句号，最后结尾处仍不用句号。

示例 1：行进中的学生方队

示例 2：经过治理，本市市容市貌焕然一新。这是某区街道一景

A. 2 问号用法补充规则

使用问号应以句子表示疑问语气为依据，而并不根据句子中包含有疑问词。当含有疑问词的语段充当某种句子成分，而句子并不表示疑问语气时，句末不用问号。

示例 1：他们的行为举止、审美趣味，甚至读什么书、坐什么车，都在媒体掌握之中。

示例 2：谁也不见，什么也不吃，哪儿也不去。

示例 3：我也不知道他究竟躲到什么地方去了。

A. 3 逗号用法补充规则

用顿号表示较长、较多或较复杂的并列成分之间的停顿时，最后一个成分前可用“以及（及）”进行连接，“以及（及）”之前应用逗号。

示例：压力过大、工作时间过长、作息不规律，以及忽视营养均衡等，均会导致健康状况的下降。

A. 4 顿号用法补充规则

A. 4. 1 表示含有顺序关系的并列各项间的停顿，用顿号，不用逗号。下例解释“对于”一词用法，“人”“事物”“行为”之间有顺序关系（即人和人、人和事物、人和行为、事物和事物、事物和行为、行为和行为等六种对待关系），各项之间应用顿号。

示例：〔对于〕表示人，事物，行为之间的相互对待关系。（误）

〔对于〕表示人、事物、行为之间的相互对待关系。（正）

A. 4. 2 用阿拉伯数字表示年月日的简写形式时，用短横线连接号，不用顿号。

示例：2010、03、02（误）

2010 - 03 - 02（正）

A. 5 分号用法补充规则

分项列举的各项有一项或多项已包含句号时，各项的末尾不能再用分号。

示例：本市先后建立起三大农业生产体系：一是建立甘蔗生产服务体系。成立糖业服务公司，主要给农民提供机耕等服务；二是建立蚕桑生产服务体系。……；三是建立热作服务体系。……。（误）

本市先后建立起三大农业生产体系：一是建立甘蔗生产服务体系。成立糖业服务

公司，主要给农民提供机耕等服务。二是建立蚕桑生产服务体系。……。三是建立热作服务体系。……。(正)

A. 6 冒号用法补充规则

A. 6. 1 冒号用在提示性话语之后引起下文。表面上类似但实际不是提示性话语的，其后用逗号。

示例 1：郦道元《水经注》记载："沼西际山枕水，有唐叔虞祠。"(提示性话语)

示例 2：据《苏州府志》载，苏州城内大小园林约有 150 多座，可算名副其实的园林之城。(非提示性话语)

A. 6. 2 冒号提示范围无论大小（一句话、几句话甚至几段话），都应与提示性话语保持一致（即在该范围的末尾要用句号点断)。应避免冒号涵盖范围过窄或过宽。

示例：艾滋病有三个传播途径：血液传播，性传播和母婴传播，日常接触是不会传播艾滋病的。(误)

艾滋病有三个传播途径：血液传播，性传播和母婴传播。日常接触是不会传播艾滋病的。(正)

A. 6. 3 冒号应用在有停顿处，无停顿处不应用冒号。

示例 1：他头也不抬，冷冷地问："你叫什么名字？"（有停顿）

示例 2：这事你得拿主意，光说"不知道"怎么行？(无停顿)

A. 7 引号用法补充规则

"丛刊""文库""系列""书系"等作为系列著作的选题名，宜用引号标引。当"丛刊"等为选题名的一部分时，放在引号之内，反之则放在引号之外。

示例 1："汉译世界学术名著丛书"

示例 2："中国哲学典籍文库"

示例 3："20 世纪心理学通览"丛书

A. 8 括号用法补充规划

括号可分为句内括号和句外括号。句内括号用于注释句子里的某些词语，即本身就是句子的一部分，应紧跟在被注释的词语之后。句外括号则用于注释句子、句群或段落，即本身结构独立，不属于前面的句子、句群或段落，应位于所注释语段的句末点号之后。

示例：标点符号是辅助文字记录语言的符号，是书面语的有机组成部分，用来表示语句的停顿、语气以及标示某些成分（主要是词语）的特定性质和作用。(数学符号、货币符号、校勘符号等特殊领域的专门符号不属于标点符号。)

A. 9 省略号用法补充规则

A. 9. 1 不能用多于两个省略号（多于 12 点）连在一起表示省略。省略号须与多点连续的连珠号相区别（后者主要是用于表示目录中标题和页码对应和连接的专门符号）。

A.9.2 省略号和“等”“等等”“什么的”等词语不能同时使用。在需要读出来的地方用“等”“等等”“什么的”等词语，不用省略号。

示例：含有铁质的食物有猪肝、大豆、油菜、菠菜……等。（误）

含有铁质的食物有猪肝、大豆、油菜、菠菜等。（正）

A.10 着重号用法补充规则

不应使用文字下加直线或波浪线等形式表示着重。文字下加直线为专名号形式（4.16）；文字下加浪纹线是特殊书名号（A.13.6）。着重号的形式统一为相应项目下加小圆点。

示例：下面对本文的理解，不正确的一项是（误）

下面对本文的理解，不正确的一项是（正）

A.11 连接号用法补充规则

浪纹线连接号用于标示数值范围时，在不引起歧义的情况下，前一数值附加符号或计量单位可省略。

示例：5公斤~100公斤（正）

5~100公斤（正）

A.12 间隔号用法补充规则

当并列短语构成的标题中已用间隔号隔开时，不应再用“和”类连词。

示例：《水星·火星和金星》（误）

《水星·火星·金星》（正）

A.13 书名号用法补充规则

A.13.1 不能视为作品的课程、课题、奖品奖状、商标、证照、组织机构、会议、活动等名称，不应用书名号。下面均为书名号误用的示例。

示例1：下学期本中心将开设《现代企业财务管理》《市场营销》两门课程。

示例2：明天将召开《关于“两保两挂”的多视角理论思考》课题立项会。

示例3：本市将向70岁以上（含70岁）老年人颁发《敬老证》。

示例4：本校共获得《最佳印象》《自我审美》《卡拉OK》等六个奖杯。

示例5：《闪光》牌电池经久耐用。

示例6：《文史杂志社》编辑力量比较雄厚。

示例7：本市将召开《全国食用天然色素应用研讨会》。

示例8：本报将于今年暑假举行《墨宝杯》书法大赛。

A.13.2 有的名称应根据指称意义的不同确定是否用书名号。如文艺晚会指一项活动时，不用书名号；而特指一种节目名称时，可用书名号。再如展览作为一种文化传播的组织形式时，不用书名号；特定情况下将某项展览作为一种创作的作品时，可用书名号。

示例1：2008年重阳联欢晚会受到观众的称赞和好评。

示例2：本台将重播《2008年重阳联欢晚会》。

示例3：“雪域明珠——中国西藏文化展”今天隆重开幕。

示例4：《大地飞歌艺术展》是一部大型现代艺术作品。

A. 13. 3 书名后面表示该作品所属类别的普通名词不标在书名号内。

示例：《我们》杂志

A. 13. 4 书名有时带有括注。如果括注是书名、篇名等的一部分，应放在书名号之内，反之则应放在书名号之外。

示例1：《琵琶行（并序）》

示例2：《中华人民共和国民事诉讼法（试行）》

示例3：《新政治协商会议筹备会组织条例（草案）》

示例4；《百科知识》（彩图本）

示例5：《人民日报》（海外版）

A. 13. 5 书名、篇名末尾如有叹号或问号，应放在书名号之内。

示例1：《日记何罪!》

示例2：《如何做到同工又同酬?》

A. 13. 6 在古籍或某些文史类著作中，为与专名号配合，书名号也可改用浪线式“﹏”，标注在书名下方。这可以看作是特殊的专名号或特殊的书名号。

A. 14 分隔号用法补充规则

分隔号又称正斜线号，须与反斜线号“\ ”相区别（后者主要是用于编写计算机程序的专门符号）。使用分隔号时，紧贴着分隔号的前后通常不用点号。

附录B 标点符号若干用法的说明

B. 1 易混标点符号用法比较

B. 1. 1 逗号、顿号表示并列词语之间停顿的区别

逗号和顿号都表示停顿，但逗号表示的停顿长，顿号表示的停顿短。并列词语之间的停顿一般用顿号，但当并列词语较长或其后有语气词时，为了表示稍长一点的停顿，也可用逗号。

示例1：我喜欢吃的水果有苹果、桃子、香蕉和菠萝。

示例2：我们需要了解全局和局部的统一，必然和偶然的统一，本质和现象的统一。

示例3：看游记最难弄清位置和方向，前啊，后啊，左啊，右啊，看了半天，还是不明白。

B. 1. 2 逗号、顿号在表列举省略的“等”“等等”之类词语前的使用

并列成分之间用顿号，末尾的并列成分之后用“等”“等等”之类词语时，“等”类词前不用顿号或其他点号；并列成分之间用逗号，末尾的并列成分之后用“等”类词时，“等”类词前应用逗号。

示例1：现代生物学、物理学、化学、数学等基础科学的发展，带动了医学科学的进步。

示例2：写文章前要想好：文章主题是什么，用哪些材料，哪些详写，哪些略写，等等。

B.1.3 逗号、分号表示分句间停顿的区别

当复句的表述不复杂、层次不多，相连的分句语气比较紧凑、分句内部也没有使用逗号表示停顿时，分句间的停顿多用逗号。当用逗号不易分清多重复句内部的层次（如分句内部已有逗号），而用句号又可能割裂前后关系的地方，应用分号表示停顿。

示例1：她拿起钥匙，开了箱上的锁，又开了首饰盒上的锁，往老地方放钱。

示例2：纵比，即以一事物的各个发展阶段作比；横比，则以此事物与彼事物相比。

B.1.4 顿号、逗号、分号在标示层次关系时的区别

句内点号中，顿号表示的停顿最短、层次最低，通常只能表示并列词语之间的停顿；分号表示的停顿最长、层次最高，可以用来表示复句的第一层分句之间的停顿；逗号介于两者之间，既可表示并列词语之间的停顿，也可表示复句中分句之间的停顿。若分句内部已用逗号，分句之间就应用分号（见B.1.3示例2）。用分号隔开的几个并列分句不能由逗号统领或总结。

示例1：有的学会烤烟，自己做挺讲究的纸烟和雪茄；有的学会蔬菜加工，做的番茄酱能吃到冬天；有的学会蔬菜腌渍、窖藏，使秋菜接上春菜。

示例2：动物吃植物的方式多种多样，有的是把整个植物吃掉，如原生动物；有的是把植物的大部分吃掉，如鼠类；有的是吃掉植物的要害部位，如鸟类吃掉植物的嫩芽。（误）。

动物吃植物的方式多种多样：有的是把整个植物吃掉，如原生动物；有的是把植物的大部分吃掉，如鼠类；有的是吃掉植物的要害部位，如鸟类吃掉植物的嫩芽。（正）。

B.1.5 冒号、逗号用于“说”“道”之类词语后的区别

位于引文之前的“说”“道”后用冒号。位于引文之后的“说”“道”分两种情况：处于句末时，其后用句号；“说”“道”后还有其他成分时，其后用逗号。插在话语中间的“说”“道”类词语后只能用逗号表示停顿。

示例1：他说：“晚上就来家里吃饭吧。”

示例2：“我真的很期待。”他说。

示例3："我有件事忘了说……"他说，表情有点为难。

示例4："现在请皇上脱下衣服，"两个骗子说，"好让我们为您换上新衣。"

B.1.6 不同点号表示停顿长短的排序

各种点号都表示说话时的停顿。句号、问号、叹号都表示句子完结，停顿最长。分号用于复句的分句之间，停顿长度介于句末点号和逗号之间，而短于冒号。逗号表示一句话中间的停顿，又短于分号。顿号用于并列词语之间，停顿最短。通常情况下，各种点号表示的停顿由长到短为：句号=问号=叹号>冒号（指涵盖范围为一句话的冒号）>分号>逗号>顿号。

B.1.7 破折号与括号表示注释或补充说明时的区别

破折号用于表示比较重要的解释说明，这种补充是正文的一部分，可与前后文连读；而括号表示比较一般的解释说明，只是注释而非正文，可不与前后文连读。

示例1：在今年——农历虎年，必须取得比去年更大的成绩。

示例2：哈雷在牛顿思想的启发下，终于认出了他所关注的彗星（该星后人称为哈雷彗星）。

B.1.8 书名号、引号在"题为……""以……为题"格式中的使用

"题为……""以……为题"中的"题"，如果是诗文、图书、报告或其他作品可作为篇名、书名看待时，可用书名号；如果是写作、科研、辩论、谈话的主题，非特定作品的标题，应用引号。即"题为……""以……为题"中的"题"应根据其类别分别按书名号和引号的用法处理。

示例1：有篇题为《柳宗元的诗》的文章，全文才2000字，引文不实却达11处之多。

示例2：今天一个以"地球·人口·资源·环境"为题的大型宣传活动在此间举行。

示例3：《我的老师》写于1956年9月，是作者应《教师报》之约而写的。

示例4："我的老师"这类题目，同学们也许都写过。

B.2 两个标点符号连用的说明

B.2.1 行文中表示引用的引号内外的标点用法

当引文完整且独立使用，或虽不独立使用但带有问号或叹号时，引号内句末点号应保留。除此之外，引号内不用句末点号。当引文处于句子停顿处（包括句子末尾）且引号内未使用点号时，引号外应使用点号；当引文位于非停顿处或者引号内已使用句末点号时，引号外不用点号。

示例1："沉舟侧畔千帆过，病树前头万木春。"他最喜欢这两句诗。

示例2：书价上涨令许多读者难以接受，有些人甚至发出"还买得起书吗？"的疑问。

示例3：他以“条件还不成熟，准备还不充分”为由，否决了我们的提议。

示例4：你这样“明日复明日”地要拖到什么时候?

示例5：司马迁为了完成《史记》的写作，使之“藏之名山”，忍受了人间最大的侮辱。

示例6：在施工中要始终坚持“把质量当生命”。

示例7：“言之无文，行而不远”这句话，说明了文采的重要。

示例8：俗话说：“墙头一根草，风吹两边倒。”用这句话来形容此辈再恰当不过。

B.2.2 行文中括号内外的标点用法

括号内行文末尾需要时可用问号、叹号和省略号。除此之外，句内括号行文末尾通常不用标点符号。句外括号行文末尾是否用句号由括号内的语段结构决定：若语段较长、内容复杂，应用句号。句内括号外是否用点号取决于括号所处位置：若句内括号处于句子停顿处，应用点号。句外括号外通常不用点号。

示例1：如果不采取（但应如何采取呢?）十分具体的控制措施，事态将进一步扩大。

示例2：3分钟过去了（仅仅才3分钟!），从跟前穿梭而过的出租车竟达32辆!

示例3：她介绍时用了一连串比喻（有的状如树枝，有的貌似星海……），非常形象。

示例4：科技协作合同（包括科研、试制、成果推广等）根据上级主管部门或有关部门的计划签订。

示例5：应把夏朝看作原始公社向奴隶制国家过渡时期。（龙山文化遗址里，也有俯身葬。俯身者很可能就是奴隶。）

示例6：问：你对你不喜欢的上司是什么态度?

答：感情上疏远，组织上服从。（掌声，笑声）

示例7：古汉语（特别是上古汉语），对于我来说，有着常人无法想象的吸引力。

示例8：由于这种推断尚未经过实践的考验，我们只能把它作为假设（或假说）提出来。

示例9：人际交往过程就是使用语词传达意义的过程。（严格说，这里的“语词”应为语词指号。）

B.2.3 破折号前后的标点用法

破折号之前通常不用点号；但根据句子结构和行文需要，有时也可分别使用句内点号或句末点号。破折号之后通常不会紧跟着使用其他点号；但当破折号表示语音的停顿或延长时，根据语气表达的需要，其后可紧接问号或叹号。

示例1：小妹说：“我现在工作得挺好，老板对我不错，工资也挺高。——我能抽支烟吗?”（表示话题的转折）

示例2：我不是自然主义者，我主张文学高于现实，能够稍稍居高临下地去看现实，因为文学的任务不仅在于反映现实。光描写现存的事物还不够，还必须记住我们所希望的和可能产生的事物。必须使现象典型化。应该把微小而有代表性的事物写成重大的和典型的事物。——这就是文学的任务。(表示对前几句话的总结)

示例3："是他——?"石一川简直不敢相信自己的耳朵。

示例4："我终于考上大学啦！我终于考上啦——!"金石开兴奋得快要晕过去了。

B.2.4 省略号前后的标点用法

省略号之前通常不用点号。以下两种情况例外：省略号前的句子表示强烈语气、句末使用问号或叹号时；省略号前不用点号就无法标示停顿或表明结构关系时。省略号之后通常也不用点号，但当句末表达强烈的语气或感情时，可在省略号后用问号或叹号；当省略号后还有别的话、省略的文字和后面的话不连续且有停顿时，应在省略号后用点号；当表示特定格式的成分虚缺时，省略号后可用点号。

示例1：想起这些，我就觉得一辈子都对不起你。你对梁家的好，我感激不尽！……

示例2：他进来了，……一身军装，一张朴实的脸，站在我们面前显得很高大，很年轻。

示例3：这，这是……?

示例4：动物界的规矩比人类还多，野骆驼、野猪、黄羊……，直至塔里木兔、跳鼠，都是各行其路，决不混淆。

示例5：大火被渐渐扑灭，但一片片油污又旋即出现在遇难船旁……。清污船迅速赶来，并施放围栏以控制油污。

示例6：如果……，那么……。

B.3 序次语之后的标点用法

B.3.1"第""其"字头序次语，或"首先""其次""最后"等做序次语时，后用逗号（见4.4.3.3）。

B.3.2 不带括号的汉字数字或"天干地支"做序次语时，后用顿号（见4.5.3.2）。

B.3.3 不带括号的阿拉伯数字、拉丁字母或罗马数字做序次语时，后面用下脚点(该符号属于外文的标点符号)。

示例1：总之，语言的社会功能有三点：1. 传递信息，交流思想；2. 确定关系，调节关系；3. 组织生活，组织生产。

示例2：本课一共讲解三个要点：A. 生理停顿；B 逻辑停顿；C. 语法停顿。

B.3.4 加括号的序次语后面不用任何点号。

示例1：受教育者应履行以下义务：（一）遵守法律、法规；（二）努力学习，完成规定的学习任务；（三）遵守所在学校或其他教育机构的制度。

示例2：科学家很重视下面几种才能：（1）想象力；（2）直觉的理解力；（3）数学能力。

B.3.5 阿拉伯数字与下脚点结合表示章节关系的序次语末尾不用任何点号。

示例：3 停顿

3.1 生理停顿

3.2 逻辑停顿

B.3.6 用于章节、条款的序次语后宜用空格表示停顿。

示例：第一课 春天来了

B.3.7 序次简单、叙述性较强的序次语后不用标点符号。

示例：语言的社会功能共有三点：一是传递信息；二是确定关系；三是组织生活。

B.3.8 同类数字形式的序次语，带括号的通常位于不带括号的下一层。通常第一层是带有顿号的汉字数字；第二层是带括号的汉字数字；第三层是带下脚点的阿拉伯数字；第四层是带括号的阿拉伯数字；再往下可以是带圈的阿拉伯数字或小写拉丁字母。一般可根据文章特点选择从某一层序次语开始行文，选定之后应顺着序次语的层次向下行文，但使用层次较低的序次语之后不宜反过来再使用层次更高的序次语。

示例：一、……

（一）……

1.……

（1）……

①/a.……

B.4 文章标题的标点用法

文章标题的末尾通常不用标点符号，但有时根据需要可用问号、叹号或省略号。

示例1：看看电脑会有多聪明，让它下盘围棋吧

示例2：猛龙过江：本店特色名菜

示例3：严防“电脑黄毒”危害少年

示例4：回家的感觉真好

——访大赛归来的本市运动员

示例5：里海是湖，还是海？

示例6：人体也是污染源！

示例7：和平协议签署之后……